教育部 财政部职业院校教师素质提高计划职教师资培养资源开发项目
国际经济与贸易专业职教师资培养资源开发（VTNE001）

货物进出口实务

HUOWU JINCHUKOU SHIWU

姜文学 张 静 主编

东北财经大学出版社
Dongbei University of Finance & Economics Press

大连

图书在版编目（CIP）数据

货物进出口实务 / 姜文学，张静主编. —大连：东北财经大学出版社，2017.4

ISBN 978-7-5654-2544-8

Ⅰ．货… Ⅱ．①姜… ②张… Ⅲ．国际贸易-贸易实务-师资培训-教材 Ⅳ．F740.4

中国版本图书馆CIP数据核字（2017）第078672号

东北财经大学出版社出版

（大连市黑石礁尖山街217号　邮政编码　116025）

网　　址：http：//www.dufep.cn

读者信箱：dufep@dufe.edu.cn

大连住友彩色印刷有限公司印刷　　东北财经大学出版社发行

幅面尺寸：185mm×260mm　字数：396千字　印张：17.25　插页：1

2017年4月第1版　　　　　　　2017年4月第1次印刷

责任编辑：李　彬　王芃南　　　　　责任校对：惠恩乐

封面设计：张智波　　　　　　　　　版式设计：钟福建

定价：38.00元

教学支持　售后服务　　联系电话：（0411）84710309

版权所有　侵权必究　　举报电话：（0411）84710523

如有印装质量问题，请联系营销部：（0411）84710711

出版说明

　　《国家中长期教育改革和发展规划纲要（2010—2020年）》颁布实施以来，我国职业教育进入加快构建现代职业教育体系、全面提高技能型人才培养质量的新阶段。加快发展现代职业教育，实现职业教育改革发展新跨越，对职业学校"双师型"教师队伍建设提出了更高的要求。为此，教育部明确提出，要以推动教师专业化为引领，以加强"双师型"教师队伍建设为重点，以创新制度和机制为动力，以完善培养培训体系为保障，以实施素质提高计划为抓手，统筹规划，突出重点，改革创新，狠抓落实，切实提升职业院校教师队伍整体素质和建设水平，加快建成一支师德高尚、素质优良、技艺精湛、结构合理、专兼结合的高素质专业化的"双师型"教师队伍，为建设具有中国特色、世界水平的现代职业教育体系提供强有力的师资保障。

　　目前，我国共有60余所高校正在开展职教师资培养，但由于教师培养标准的缺失和培养课程资源的匮乏，制约了"双师型"教师培养质量的提高。为完善教师培养标准和课程体系，教育部、财政部在"职业院校教师素质提高计划"框架内专门设置了职教师资培养资源开发项目，中央财政划拨1.5亿元，用于系统开发本科专业职教师资培养标准、培养方案、核心课程和特色教材等系列资源。其中，包括88个专业项目、12个资格考试制度开发等公共项目。该项目由42家开设职业技术师范专业的高等学校牵头，组织近千家科研院所、职业学校、行业企业共同研发，一大批专家学者、优秀校长、一线教师、企业工程技术人员参与其中。

　　经过三年的努力，培养资源开发项目取得了丰硕成果。一是开发了中等职业学校88个专业（类）职教师资本科培养资源项目，内容包括专业教师标准、专业教师培养标准、评价方案，以及一系列专业课程大纲、主干课程教材及数字化资源；二是取得了6项公共基础研究成果，内容包括职教师资培养模式、国际职教师资培养、教育理论课程、质量保障体系、教学资源中心建设和学习平台开发等；三是完成了18个专业大类职教师资资格标准及认证考试标准开发。上述成果，共计800多本正式出版物。总体来说，培养资源开发项目实现了高效益：形成了一大批资源，填补了相关标准和资源的空白；凝聚了一支研发队伍，强化了教师培养的"校-企-校"协同；引领了一批高校的教学改革，带动了"双师型"教师的专业化培养。职教师资培养资源开发项目是支撑专业化培养的一项系统化、基础性工程，是加强职教教师培养培训一体化建设的关键环节，也是对职教师资培养培训基地教师专业化培养实践、教师教育研究能力的系统检阅。

自 2013 年项目立项开题以来，各项目承担单位、项目负责人及全体开发人员做了大量深入细致的工作，结合职教教师培养实践，研发出很多填补空白、体现科学性和前瞻性的成果，有力推进了"双师型"教师专门化培养向更深层次发展。同时，专家指导委员会的各位专家以及项目管理办公室的各位同志，克服了许多困难，按照两部对项目开发工作的总体要求，为实施项目管理、研发、检查等投入了大量时间和心血，也为各个项目提供了专业的咨询和指导，有力地保障了项目实施和成果质量。在此，我们一并表示衷心的感谢。

编写委员会

2016 年 3 月

前言

　　货物进出口实务，也称国际贸易实务，是国际经济与贸易本科专业的专业必修课。货物进出口业务围绕货物进出口合同展开，货物进出口实务课程要求学生在熟悉和掌握货物进出口合同条款的基础上，了解货物进出口业务的基本流程，掌握磋商、订立和履行货物进出口合同各环节的相关知识，并初步具备从事相关业务的能力。

　　货物进出口实务课程是外贸英语函电、国际商务单证、国际商务争端与解决、国际结算、国际货物运输、国际货物运输保险、国际商务合同翻译、国际商务谈判等实务类专业课程的先修课。

　　本教材是供国际经济与贸易专业（师资本）的教学使用的，分为4个模块、12个单元：

　　模块一是对货物进出口合同条款的解析。货物进出口合同是营业地在不同国家或地区的企业或个人之间为了买卖货物而订立的合同。货物进出口合同条款是出口人（卖方）与进口人（买方）交易磋商的内容，货物进出口合同则是交易磋商达成的协议，它既是出口人与进口人履行合同的依据，也是双方解决争议的依据。在我国的对外贸易中，绝大多数货物进出口合同用英文书就。解读合同的相关条款是从事进出口相关业务人员（包括报关员、报检员、跟单员、制单员等）必备的基本技能；在此基础上，通晓货物进出口合同各个条款之间的关联性并能准确地缮制合同条款是进出口业务人员必备的基本技能。单元一简要介绍货物进出口合同的结构。单元二至单元五逐一分析了货物进出口合同的基本条款，包括品名和品质条款、数量条款、包装条款、价格条款、交货条款、保险条款、支付条款、单据条款、检验条款、索赔条款、不可抗力条款、仲裁条款等。

　　模块二是货物进出口合同的磋商与订立。单元六介绍交易磋商的主要环节，单元七介绍货物进出口合同的撰写、审查与签署。

　　从合同条款及其磋商和订立看，出口合同和进口合同并无不同，但在合同履行方面，出口方和进口方的义务和业务流程有很大差异，因此模块三和模块四分别介绍履行出口合同和进口合同的主要环节。

　　每个单元在明确学习目标的基础上，设定若干任务，每个任务由四个部分组成："任务描述"以简练的语言使学生明确"需要做什么"；"任务分析"让学生学会"怎么做"的一般性方法；"相关知识"使学生了解必需、够用的货物进出口合同条款知识；"技能训练"则使学生进一步巩固所学内容，避免出现常见的失误。

具备专业技能，并能通过讲解、训练等教学活动，使中等职业学校学生具备从事进出口相关业务的基本技能，是中等职业学校国际商贸类专业教师的专业实践能力要求之一。本教材在模块一和模块二的每个单元后、模块三和模块四的每个任务后设置教研交流栏目，明确本单元或任务的重点和难点，指出学生在学习中容易出现的问题，并提出教学建议。

教材最后提供了附录1"货物进出口合同示例"及附录2"联合国国际货物销售合同公约"，供学生学习本教材的相关内容以及未来授课时参考。

在编写过程中，编者学习和参考了近年来国内出版的有关国际贸易实务方面的著作、教材和论文等，并引用了其中许多观点和资料，限于篇幅，谅不能一一注明出处。由于编者水平所限，疏漏和错误在所难免，敬请读者批评指正，以便进一步修改完善。

本教材是教育部、财政部职教师资本科专业培养标准、培养方案、核心课程和特色教材开发项目（国际经济与贸易专业）的最终成果之一，由姜文学和张静担任主编。在教材的开发过程中，多次得到财经商贸及旅游服务类专家组郭杰忠、石伟平、王继平、夏金星、刘君义、师惠丽等老师的指导，在此谨表谢意。

编　者

2017年1月

目录

模块一
解析货物进出口合同条款

单元一 货物进出口合同的结构

学习目标

- 认识货物进出口合同的形式与总体结构
- 能从约首和约尾部分识别履行合同的必要信息

任务一 认识货物进出口合同的形式与总体结构

任务描述

了解货物进出口合同的形式与总体结构，形成对货物进出口合同的初步认识。

任务分析

（一）认识货物进出口合同的形式

在国际货物贸易中，交易双方订立合同有三种形式，即书面形式、口头形式和其他形式（主要是指以行为方式表示接受而订立的合同）。根据《联合国国际货物销售合同公约》和多数国家的法律规定，这三种形式都是合同的法定形式，因而均具有相同的法律效力。然而，货物进出口合同一般金额大，内容繁杂，履行期长，为避免产生争议和有利于解决争议，根据国际贸易的习惯做法，交易双方通过口头或书面形式达成协议后，多数情况下还要签订一定格式的书面合同。

书面合同的名称并无统一规定，其格式的繁简也不一致，主要包括合同（Contract）、确认书（Confirmation）和协议（Agreement）等，其中以"合同"和"确认书"两种形式居多。从法律效力来看，这两种形式的书面合同没有区别，所不同的只是格式和内容的繁简。

合同的内容通常全面详细，对双方的权利、义务、不可抗力、争端解决等均有详细规定，根据起草方不同可分为销售合同（Sales Contract）和购买合同（Purchase Contract），前者是指卖方草拟提出的合同，后者是指买方草拟提出的合同。确认书是合同的简化形式，根据起草方不同可分为销售确认书（Sales Confirmation）和购买确认书（Purchase

Confirmation），前者是卖方出具的确认书，后者是买方出具的确认书。附录1提供了这4种货物进出口合同的示例。

在我国对外贸易业务中，合同或确认书通常一式两份，由双方合法代表分别签字后各执一份，作为合同订立的证据和履行合同的依据。

（二）认识货物进出口合同的总体结构

书面合同的基本内容通常包括约首、基本条款和约尾三个组成部分。

1.约首部分

约首部分一般包括合同名称、合同编号、缔约双方名称和地址、联系方式等项内容。有的合同还在约首部分规定成交的价格条件、合同正本的份数（如果约尾未说明）及进口人与出口人自愿订立合同的意思表示。

2.基本条款

基本条款是合同的主体，包括品名、品质、数量、包装、价格、交货条件、运输、保险、支付、检验、索赔、不可抗力和仲裁等项内容。（详见单元二至单元五）

3.约尾部分

货物进出口合同约尾部分通常包括合同正本的份数（如果约首未说明）、合同使用的文字及其效力、当事人的签字等内容，有的合同中还包括合同生效的条件、合同修改或补充的效力、合同附件的效力、合同适用的法律、合同终止的条件等内容。

任务 二

认识约首与约尾的重要性与规定方法

任务描述

了解货物进出口合同约首与约尾两个部分，认识其重要性，并能从中查找出履行合同过程中所需要的必备信息。

任务分析

（一）识别货物进出口合同当事人

货物进出口合同的当事人——出口人与进口人的名称和地址是履行合同过程中需要填制的各类单据中不可或缺的内容。

在货物进出口合同的约首可能出现出口人与进口人的名称和地址，该名称和地址通常是各类单据所需要填写的相关内容的来源。合同条款中有时须多次重复当事人名称，如果每次都使用完整的名称，就显得很繁琐，所以，通常在约首中标明当事人再次出现的简称，例如：Seller（卖方）和Buyer（买方）、Party A（甲方）和Party B（乙方）等。

无论货物进出口合同的约首是否已经出现过出口人与进口人的名称，约尾通常都会再次出现有关当事人的名称，因为货物进出口合同需要出口人与进口人签字确认。如果进出口人是法人，约尾由法人代表或其授权人签署自己的姓名；如果进出口人是自然人，约尾由自然人或其授权人签署自己的姓名。在进出口人是法人的情况下，合同的签字人与进出口人的名称并不一致，前者是进出口企业的法人代表或其授权人（自然人），后者是进出口企业（法人）。需要注意，在有关单据中填写进出口人时，应填写进出口企业，而不是合同的签字人。例如：

The Buyer   The Seller

Shanghai Chilin Metals Co.，Ltd.   GR-TRAG Co.，Ltd.

Representative：   Representative：

李卫东   *Makoto Wada*

其中，合同的签字人分别是"李卫东"和"Makoto Wada"，合同的出口人是"GR-TRAG Co.，Ltd."，进口人是"Shanghai Chilin Metals Co.，Ltd."。

（二）识别合同生效的日期

合同生效的日期与履行合同过程中需要填制的各类单据日期有衔接关系，不能相互矛盾。

根据《中华人民共和国合同法》和有关国际惯例的规定，当事人订立合同，采取要约和承诺的方式，承诺生效时合同成立。如果合同当事人签署合同只是对已达成的协议进行确认，通常将承诺生效的日期和地点写在约首部分，在约尾不再注明签署日期和地点。

如果合同当事人约定合同在签字后生效，且当事人同时在合同上签字，通常将签约日期写在约首部分，在约尾不再注明签署日期；如果当事人于不同时间在合同上签字，通常要在约尾注明签署日期，在这种情况下，最后一个签字者签署合同的日期被视为合同的生效日期。

相关知识

（一）出口人与进口人的名称和地址、签约日期和地点的表现形式

出口人与进口人的名称和地址、签约日期和地点在合同中通常有两种表现形式：

1.列举法

在约首部分以逐项列举的方式列明出口人与进口人的名称和地址、签约日期和地点。例如：

Date of Signing of Contract：Nov.16，2015

Place of Signing of Contract：Dalian，China

Seller：ABC Cereals，Oils & Foodstuffs Import & Export Corp.

Address：123，Renmin Road，Dalian，China

Buyer：XYZ Corporation

Address：20 Church St.，New York，USA

译文：

签约日期：2015年11月16日

签约地点：中国大连

卖方：ABC粮油食品进出口公司

地址：中国大连人民路123号

买方：XYZ公司

地址：美国纽约Church大街20号

2.描述法

在约首部分以文字描述的方式写明出口人与进口人的名称和地址、签约日期和地点。例如：

This Agreement is entered into in Dalian，China on Nov.16，2015 between ABC Cereals，Oils & Foodstuffs Import & Export Corp.（hereinafter called "Party A"），a Chinese company having its registered office at 123，Renmin Road，Dalian，China and XYZ Corporation（hereinafter called "Party B"），a New York corporation having its registered office at 20 Church St.，New York，USA.

译文：ABC粮油食品进出口公司（地址：中国大连人民路123号，以下称"甲方"）与XYZ公司（地址：美国纽约Church大街20号，以下称"乙方"）于2015年11月16日在中国大连订立本合同。

（二）约首部分可能出现的其他内容

1.进口人与出口人自愿订立合同的表述

根据各国有关法律和国际惯例的规定，欺诈的、胁迫的和有重大错误的合同是无效合同，合同有关当事人通常在约首部分表明自愿订立合同，说明订立合同的目标。例如：

The Sellers agree to sell and the Buyers agree to buy the undermentioned goods on the terms and conditions stated below：

译文：买卖双方同意按照下文规定的条款买卖下列货物。

This contract is made by and between the Buyer and the Seller，whereby the Buyer agrees to buy and the Seller agrees to sell the undermentioned commodity according to the terms and conditions stipulated below：

译文：买卖双方订立本合同，同意按照下文规定的条款买卖下列货物。

2.成交的价格条件

有时进口人与出口人会在约首部分注明成交的价格条件，该内容在合同正文中通常不再重述。例如：

The Buyer and the Seller，through friendly negotiation，have signed this Contract on a basis of FOB and agreed to the terms and conditions stipulated below：

译文：买卖双方通过友好协商，同意根据下列条款按照FOB条件签订本合同。

3.合同正本的份数

This Agreement is made and concluded in duplicate in Beijing，China by and between XYZ Company，a Corporation incorporated under the law of USA having its Head Office and a place of business in the city of New York，USA，（hereinafter called XYZ）and ABC Corporation in Dalian，China（hereinafter called ABC）.

译文：本合同由按美国法律成立的，并在美国纽约设有总部和营业地的XYZ公司（以下称XYZ）和中国大连ABC公司（以下称ABC）在北京签订，一式两份。

（三）合同正本的份数、使用的文字及其效力

合同正本的份数与合同当事人的数量有关，至少每个当事人持有一份。有时为了满足

国家管理的要求，需要额外准备几份正本合同。有的合同使用两种以上的文字书写，需要在合同的约尾规定不同文本的效力。例如：

This Contract is made out in two originals，each copy written in Chinese and English languages，both texts being equally valid.In case of any divergence of interpretation，the Chinese text shall prevail.

译文：本合同正文一式两份，每份均以中文和英文书写，两种文本具有同等效力。若对其解释产生异议，则以中文本为准。

This Agreement is written in Chinese and English languages and is signed in triplicate by Party A and Party B as follows.In case of difference of interpretation，the English version shall be valid for the Parties hereto.

译文：本合同由中英文两种文字写成，一式三份，经甲乙双方签字如下。如对其解释产生异议，应以英文本为准。

（四）合同生效的条件

合同通常在承诺生效时成立，但有时当事人会约定合同于某一行为发生后（如签字后）或某一特定时间生效。在政府管制的情况下，政府往往规定合同必须获得审批后方可生效，此时要在合同的约尾规定合同生效的条件。例如：

This contract shall come into force after the signatures by the authorized representatives of both parties.

译文：本合同将在双方授权代表签字后正式生效。

This contract is signed by the representatives of both parties on Nov.20，2015.After signing the contract，both parties shall apply to their respective government authorities for approval.The date of approval last obtained shall be taken as the date of effectiveness of the contract.

译文：本合同由双方代表于2015年11月20日签署。合同签署后，由各方分别向本国政府当局申请批准，以最后一方的批准日期为合同生效日期。

（五）合同修改或补充的效力

当事人在订立合同以后，根据需要有时可能对合同内容进行修改或补充，因此合同的约尾有时会规定合同修改或补充的效力。例如：

This agreement may be changed，modified or amended in writing and signed by the parties hereto.

译文：本协议的修改必须以书面形式，并经双方签字。

Any amendment and/or supplement to this contract shall be valid only after the authorized representatives of both parties have signed written document（s），forming integral part（s）of this Contract.

译文：本合同的任何修改和/或补充，只有在双方授权的代表在书面文件上签字才能生效，并为本合同不可分割的组成部分。

（六）合同附件的效力

在内容繁多的合同中，为了避免合同文本过于冗长和内容表述不够详尽，往往使用附录（appendix、schedule、exhibit或annex）来详述某些内容的细节。如果合同中订有附件，需要在合同中另立一章列出附件的具体内容，并在合同的约尾部分明确规定附件为本合同不可分割的组成部分。例如：

Actual names and specifications of Products are shown in Appendix 1.

Details of the information offered by Party B to Party A are shown in Appendix 2.

The Appendixes attached hereto are made an integral part of this Contract and are equally binding on both parties.

译文：

产品的名称、规格详见附录1。

乙方向甲方提供的资料详见附录2。

本合同所有附件作为本合同不可分割的组成部分，对双方具有同等约束力。

The annexes as listed in Articles 19 of this Contract shall form an integral part of this Contract.

译文：本合同第19条列出的附件为本合同不可分割的组成部分。

（七）合同适用的法律

绝大多数国家的法律允许当事人在货物进出口合同中约定适用的法律，当事人可以通过协商，在合同的约尾明确适用的法律。例如：

The formation, interpretation and execution of this agreement shall be subject to the laws of the People's Republic of China.

译文：本协议的签订、解释和履行适用于中华人民共和国法律。

This contract shall be governed by the laws of the People's Republic of China as to interpretation and performance.

译文：本合同的解释和执行受中华人民共和国法律管辖。

（八）合同终止的条件与后果

合同当事人可以通过协商解除合同。由于有关当事人严重违约，使其他当事人的利益严重受损，利益受损的当事人可以提出终止合同。因此，合同的约尾有时会规定合同终止的条件以及由此引发的后果。例如：

In the event of any breach of any of the terms, conditions, or warranties of this contract with the seller, or in the event of the death, dissolution, bankruptcy of insolvency of the seller, the buyer has the right to cancel this contract with the seller.

译文：若卖方违背本合同的任何条款或担保，或在卖方死亡、解散或破产的情况下，买方有权取消本合同。

Except as provided elsewhere, this Contract may be terminated in either of the following cases：

（1）Through mutual written agreement by both parties; or

（2）If the other party for reasons solely within its responsibility seriously fails to perform its obligations within the time limit agreed upon in this Contract, and fails to eliminate or remedy such breach within 30 days following the receipt written notice thereof from the non-breaching party.In such case the non-breaching party shall give a written notice to the other party to terminate this Contract.

Termination does not affect any right of the terminating party including but not limited to its right to claim compensation for damages resulting from termination thereof in accordance with Clause 17.3.

译文：

除非另有规定，本合同在下列情况下终止：

（1）双方以书面协议的形式同意；或

（2）在本合同规定的时限内，一方由于自身原因导致严重违约，并在收到未违约方书面通知后30内仍未消除违约行为或提供补偿。此时，未违约方应以书面形式通知对方终止合同。

本合同的终止并不影响未违约方包括但不限于根据合同第17条第3款的规定就因合同终止造成的损失提出索赔的权利。

技能训练

（一）在下面的文字中找出出口人与进口人的名称和地址、签约日期和地点

（1）This contract is made on April 15th, 2015 in Beijing, China by and between ABC Company（hereinafter referred to as "SELLERS"）, a Singapore corporation having its principal office at 24 Waterfront Street, Singapore, who agree to sell, and XYZ Corporation（hereinafter referred to as "BUYERS"）, a Chinese corporation having its principal office at 277 Wu Xing Road, Shanghai, China, who agrees to buy the following goods on the terms and conditions as below：

（2）This contract is made by and between Shanghai Chilin Metals Co.Ltd（Add：No.50, Lane 1000, Gonghexin Road, Shanghai, China, hereinafter called "the Buyer"）and GR-TRAG Co., Ltd（Add：A904 Wealth Building, Kando Jinbocho Chiyodaku, Tokyo, Japan, hereinafter called "the Seller"）, whereby the Buyer agrees to buy and the Seller agrees to the undermentioned commodity according to the terms and conditions stipulated below：

（二）在下面的文字中找出出口人与进口人的名称

（1） A.B.C.Co., Ltd.   X.Y.Z.Co.

      Broadway 30   125 Renmin Road

      NYC.NY USA   Dalian, China

      Andrew Alexander   赵甆阳

      Sep.12th, 2015   Sep.27th, 2015

（2） *Frank Skinner*   孙立颖

      On behalf of   On behalf of

      D.E.F.Co., Ltd.   K.L.M.Corp.

      Oct.22nd, 2015   Nov.6th, 2015

单元教研交流

1.本单元的重点和难点

本单元的重点是约首与约尾的规定方法。难点是从约首及/或约尾中查找出履行合同过程中所需要的必备信息。

2.学生在学习中容易出现的问题

在进出口人是法人的情况下，学生在制单时，有时会将约尾的签字人误作进出口人。

3.教学建议

教师在授课中应通过介绍多种类型的货物进出口合同范本，使学生在认识合同形式与结构的基础上，明确有关当事人。

单元二 标的物与价格条款

学习目标

- 明确货物品名与品质要求
- 明确货物的数量要求
- 明确货物的包装要求
- 明确货物进出口合同的单价
- 明确货物进出口合同的总额

任务 一 解析品名、品质条款

任务描述

通过对货物进出口合同品名、品质条款的解析，明确交易标的物的名称和品质要求。

任务分析

（一）明确品名、品质条款的形式

货物进出口合同的品名、品质条款在合同中有时分别列为"品名"（Name of Commodity）、"规格或品质"（Specifications/Quality）两个条款，有时列在一起，称为"货物描述"（Description of Commodity）或者"品名与品质"（Name and Quality of Goods）。

（二）明确用文字说明表示品质的方法与内容

货物进出口合同通常采用文字说明的方法来表述货物的品质，包括规格、等级、标准、商标或牌名、说明书、图样、产地名称等。例如：

Article No.41000，"Jumping Fish" Bleach Shirting，30s×36s，35/36×42Yds

译文：货号41000，"跳鲤"牌漂布，30×36支，35/36×42码。

Chinese Green Tea Special Chunmee Grade I.

译文：中国绿茶，特珍眉茶一级。

Tetracycline HCL Tablets（Sugar Coated）250mg B.P.2001

译文：盐酸四环素糖衣片，250毫克，按2001年版英国药典。

Quality: as per the illustrations submitted by Seller.

译文：品质以卖方提供的说明书为准。

如果品质条款的内容特别复杂，通常采用附件的形式来说明，在品质条款中只注明"参见附件X"（shown in Appendix X）。

（三）明确用样品表示品质的方法与内容

对于部分工艺品、服装、土特产品等不易用文字说明品质的货物，则通常采用样品来表示货物的品质。此时要明确以哪一方提供的样品为准，由于实际交付的货物品质很难与样品完全一致，因此通常还规定货物品质与样品"大致相同"，或者表明存在某些差异时买方无权拒收货物。例如：

Quality to be considered as being about equal to the Sample submitted by Seller on Oct.12th, 2015.

译文：交货品质与2015年10月12日卖方提供的样品大致相同。

Colors slightly different from samples are permissible.

译文：色泽与样品稍有差别可以接受。

Quality shall be about as per sample.Buyer under this contract shall not be entitled to reject a tender of a higher grade of grain of the same color.

译文：质量应与样品大致相符。本合同的买方无权拒收颜色相同但等级更高的货物。

相关知识

（一）货物品质的含义

货物品质是货物的内在品质和外观形态的综合，前者包括货物的物理性能、机械性能、化学成分和生物特征等自然属性；后者包括商品的外形、色泽、款式和透明度等。

品质的英文表述除了用Quality之外，有时还用Specification（规格）。

（二）品质机动幅度

某些初级产品的质量不甚稳定，为了便于交易的顺利进行，在规定其品质的同时，通常规定一定的品质机动幅度，即在机动幅度之内，卖方可以交货，买方无拒收货物和索赔的权利，但有时可以调整价格。例如：

White Rice, long-shaped, Broken Grains (Max.) 25%, Admixture (Max.) 1.25%, Moisture (Max.) 15%。

译文：白籼米，长形，碎粒（最高）25%，杂质（最高）1.25%，水分（最高）15%。

Buyer shall accept second quality up to five percent of the total quantity with an allowance of five percent.

译文：二等品在总数量5%以内者，买方应接受，但应减价5%。

（三）品质公差

工业制成品可能存在产品误差，如果这些误差是国际公认的，在合同中无须另行规定；有些商品没有国际公认的误差，则通常需要在合同中约定：在品质公差之内，买方无拒收货物和索赔的权利，通常也不允许调整价格。例如：

Length 100mm±2%

译文：长度100毫米±2%（即长度为98毫米~102毫米均为合格产品）

Unless otherwise stated，technical and commercial latitude in workmanship，feeling，design，shade，dimension and color，etc.，shall always be allowed as a commercial allowance according to the trade customs and/or practices recognized in the country of supply.

译文：除非另有规定，在工艺、手感、图案、色泽的浓淡、尺寸和颜色等方面允许根据供应国的贸易习惯或惯例存在技术和商业误差。

（四）良好平均品质

良好平均品质（Fair Average Quality，F.A.Q.），也称"大路货"，是指在一定时期内某地出口货物的平均品质水平。

有的合同中采用"良好平均品质"来描述货物品质，例如：

Fair average quality at the time and place of loading.

译文：装运地装货时的良好平均品质

但由于对"良好平均品质"的标准并没有权威性的解释，所以较少使用。

（五）规定品名条款应注意的问题

（1）在规定品名条款时，必须订明货物的具体名称，避免空泛、笼统或含糊的规定，以确切地反映商品的用途、性能和特点，并便于合同的履行。

（2）货物名称应采用国际上通行的名称，避免产生误解。

（3）货物名称描述应实事求是，应为卖方能够有把握供应的货物，凡做不到或不必要的描述词句，都不应列入。

（4）注意选用合适的品名。有些商品有不同的名称，因而存在着同一商品因名称不同而交付关税和班轮运费不同的现象，且其所受的进出口限制也不同。为了降低关税、方便进出口和节省运费开支，在确定合同的品名时，应当选用对我方有利的名称。

（六）订立品质条款应注意的问题

（1）要正确使用货物品质的各种表示方法。究竟采用何种表示品质的方法，应视商品特性而定。一般来说，凡能用科学的指标说明其质量的商品，则适于凭规格、等级或标准买卖；有些难以规格化和标准化的商品，则适于凭样品买卖；某些质量好并具有一定特色的名优产品，适于凭商标或品牌买卖；某些性能复杂的机器、电器和仪表，则适于凭说明书和图样买卖；凡具有地方风味和特色的产品，则可凭产地名称买卖。上述这些表示品质的方法，不能随意滥用，而应当合理选择。此外，凡能用一种方法表示品质的，一般就不宜用两种或两种以上的方法来表示。如同时采用既凭样品又凭文字说明买卖，则要求交货品质，既要与样品一致，又要符合文字说明的规定，要做到两全其美，有时难以办到，给履行合同带来困难。因此在这种情况下应明确规定品质的哪些方面依据样品、哪些方面依据文字说明，例如面料的品质可规定：颜色与××号样品大致相同，羊毛含量不低于30%。

（2）要从实际出发，防止品质条件偏高或偏低。在确定出口商品的品质条件时，既要考虑国外市场的实际需要，又要考虑国内生产部门供货的可能性。凡外商对品质要求过高，而我们又实际做不到的条件不应接受。对于品质条件符合国外市场需要的商品，合同中的品质规格不应低于实际商品，以免影响成交价格和出口商品信誉。在确定进口商品的品质条件时，应从我国实际需要出发。质量过高，影响价格，也未必符合需要；质量偏低，或漏订一些主要质量指标，将影响使用，招致不应有的损失。

（3）品质条件应明确、具体，不宜采用诸如"大约""左右""合理误差"之类的笼统含糊字眼，以免在交货品质问题上引起争议。但是也不宜把品质条件订得过死，给履行交货义务带来困难。对品质规格不易做到完全统一的货物（例如某些矿产品、农副产品和轻工业品）的品质规定，要有一定的灵活性，可以根据货物特征和实际需要，采用规定品质机动幅度或品质公差的方式。

（4）贯彻平等互利的原则。合同中应规定在一定幅度内由于品质增减而价格也相应增减的条款，防止只有减价而无增价或者只有增价而无减价的片面规定。

技能训练

（一）翻译下列货物品名与品质条款

1.Heavy melting Steel SCRAP No.1
 Length：less than 1.5M

2.Article No.　　Name of Commodity & Specifications
　8065　　　　Coffee Pot 900ML
　116602　　　Tea Kettle 600ML

3.Chinese Gray Duck Down with 90% Down Content，1% more or less allowed.

（二）比较下列条款的内容有何差异？哪种规定方法更好？

中国企业出口服装面料，两个合同对品质的规定如下：

合同一：毛30%，化纤70%。蓝色，深度与DY0233号样品相似。

合同二：蓝色，毛30%，化纤70%，与DY0233号样品相似。

任务 二
解析数量条款

任务描述

通过对货物进出口合同数量条款的解析，明确卖方应交付货物的数量。

任务分析

（一）明确货物数量的计算单位

由于货物的性质不同及各国采用的度量衡制度也有差别，货物进出口合同中采用的计量单位往往也不同。

羊毛、棉花、谷物、矿产品等天然产品和部分工业制品通常按重量交易，其常用单位有：克、公斤或千克、盎司、磅、公吨、长吨、短吨等。

一般杂货及工业制成品，如成衣、文具、纸张、玩具等通常按个数交易，其常用单位有：件、双、打、罗、令、卷等。

金属绳索、纺织品等货物通常按长度交易，其常用单位有：米、英尺、码等。

木板、玻璃、地毯等货物通常按面积交易，其常用单位有：平方米、平方英尺、平方码等。

木材等通常按体积交易，其常用单位有：立方米、立方英尺、立方码等。

部分谷物（如小麦、玉米）、流体（如汽油）、气体物品（如天然气、化学气体等）通常按容积交易，其常用单位有：蒲式耳、加仑、公升等。

（二）明确计算货物重量的方法

计算货物重量的方法有4种：

1.净重

净重（Net Weight）即货物自身的实际重量，不包括包装的重量（皮重）。在国际货物贸易中，以重量计算的商品大部分是以净重计价。按重量交易的货物进出口合同中如果没有特殊说明，均以净重计价。

2.毛重

毛重（Gross Weight）即货物自身的重量加包装的重量，是净重和皮重之和。有些单位价值不高的商品通常采用按毛重计量的方法，即按毛重作为计算价格的基础，如粮食、饲料等。因此这种方法也称为"以毛作净"（Gross for Net）。例如：

Corn，60 000M/T，gross for net.

译文：玉米，60 000公吨，以毛作净。

3.公量

公量（Conditioned Weight）即使用科学方法，抽去商品中的水分，再加上标准含水量所求得的重量。这种重量计算方法适用于经济价值较高而含水量又极不稳定的商品，如羊毛、生丝等。

4.理论重量

某些有固定和统一规格的货物，只要规格一致，尺寸符合，其重量大致相同，根据长度、面积或件数即可求出重量，这种方法称为理论重量（Theoretical Weight），适用于马口铁、钢板等货物。

相关知识

（一）常用计量单位的英文表述（见表2-1）

表2-1　　　　　　　　　　　　常用计量单位的英文表述

千克	Kilogram, kg	公吨	Metric Ton, M/T	磅	Pound, lb
公升	Liter, l.	加仑	Gallon, gal.	只、件	Piece, pc
双	Pair	台、套	Set	打	Dozen, doz.
桶	Barrel, Drum	袋	Bag	码	Yard, yd.
平方米	Square Meter, m^2	平方英尺	Square Foot, ft^2	立方米	Cubic Meter, m^3

（二）常用计量单位的换算

1长吨=1.016公吨

1千克=2.205磅

1磅=0.454千克

1 盎司=28.350 克

1 短吨=0.907 公吨=2 000 磅

1 公吨=1 000 千克=2 205 磅=1.102 短吨=0.984 长吨

1 米=3.281 英尺=1.094 码

1 厘米=0.394 英寸

1 英寸=2.54 厘米

1 码=3 英尺

1 英尺=12 英寸

1 平方米=10.764 平方英尺

1 平方英寸=6.452 平方厘米

1 平方英尺=0.093 平方米

1 平方码=0.8361 平方米

1 桶（原油）=0.14 公吨

1 美加仑=3.785 升

1 英加仑=4.546 升

1 桶=0.159 立方米=42 美加仑

1 立方英寸=16.3871 立方厘米

1 立方英尺=0.0283 立方米=28.317 升

1 立方米=1 000 升=35.315 立方英尺=6.29 桶

（三）合同中的数量机动幅度条款

鉴于某些商品，如农副产品和工矿产品，因本身特性和自然条件的影响或者受包装和运输工具的限制，要求准确地按约定数量交货有时存在一定困难。为了使交货数量具有一定范围内的灵活性和便于履行合同，买卖双方可在合同中合理规定数量机动幅度。只要卖方交货数量在约定的增减幅度范围内，就算按合同规定数量交货，买方就不得以交货数量不符为由而拒收货物或提出索赔。

货物进出口合同中规定数量机动幅度有两种方法：一是溢短装，二是"约"量。

1. 溢短装条款

溢短装条款即在合同的数量条款中明确可以增减的百分比，通常还规定溢短装的选择权。例如：

100 000 yds 5% more or less at seller's（buyer's）option.

译文：100 000 码，可溢短装 5%，由卖方（买方）决定。

1 000 long ton plus/minus 10% at seller's option.

译文：1 000 长吨，可溢短装 10%，由卖方决定。

溢短装部分的作价如果没有特别约定，通常按合同价格计算，买卖双方也可在合同中约定溢短装部分的作价方法。例如：

Seller shall have the option of delivering 5% more or less on the contract quantity. Such surplus or deficiency shall be settled at the market price on the day of vessel's arrival.

译文：卖方交货数量可比合同数量多或少 5%，其价格按船到日市场价格确定。

2. 约量

约量即在交货的具体数量前加"约"（about 或 approximately）字的规定机动幅度方

式。国际上对"约"字的含义解释不一，容易引起纠纷。国际商会《跟单信用证统一惯例》（简称《UCP 600》）规定，当"约"用于信用证金额、信用证所列货物数量或单价时，应解释为允许增减10%。

（四）订立数量条款应注意的问题

（1）正确掌握成交数量。确定出口商品数量时，应考虑国外市场的供求状况、国内货源供应情况、国际市场的价格动态、国外客户的资信状况和经营能力等因素。确定进口商品数量时，应考虑国内的实际需要、国内支付能力和市场行情变化等因素。

（2）数量条款应当明确具体，以便于履行合同和避免引起争议。例如，在规定成交商品数量时，应一并明确该商品的计量单位。对按重量计算的商品，还应规定计算重量的具体方法，如"中国大米1 000公吨，新麻袋装，以毛作净"。某些商品如需要规定数量机动幅度时，一般不宜采用大约、近似、左右（about，circa，approximate）等带伸缩性的字眼，而应在条款中具体订明数量机动幅度是多少、由谁来掌握这一机动幅度以及溢短装部分如何作价。

技能训练

（一）指出下列条款中卖方可以交付货物的数量

（1）50 000 M/T with 3% more or less both in amount and quantity allowed at the Seller's option.

（2）Cotton Yarn，100 800 Pounds，5% more or less.

（3）China Rice 3 000M/T with 2% more or less at Seller's Option.

（4）Peanuts 60 000M/T 10% more or less at Buyer's Option.

（5）The Sellers are allowed to load 5% more or less and the price shall be calculated according to the contracted price.

（二）比较下列条款的内容有何差异？卖方应如何履行义务？

1.中国公司出口玉米，两个合同对数量的规定如下：

合同一：数量5 000吨，以毛作净。

合同二：数量5 000公吨，净重。

2.中国公司出口布匹，两个合同对数量的规定如下：

合同一：数量3万米，红、白、蓝色各1万米，10%溢短装，卖方选择。

合同二：数量3万米，10%溢短装，卖方选择，红、白、蓝色各1万米。

任务 三
解析包装条款

任务描述

通过对货物进出口合同包装条款的解析，明确货物包装的方式和包装标志。

任务分析

（一）明确货物的包装方式

包装方式有两种规定方法：

1.笼统规定

对货物包装要求不高或者有惯用的包装方式的货物，有时采用笼统规定的方法，例如：适合海运包装（Seaworthy Packing）、习惯包装（Customary Packing或Usual Packing）、合适包装（Suitable Packing）、出口包装（Export Packing）、卖方惯用包装（Seller's Usual Packing）等。这种规定方法由于缺少统一解释而容易引发纠纷。

2.具体规定

具体规定一般要列明包装材料和包装方式，如纸箱装、木箱装、麻袋装、铁箱装等，有时还说明用料、尺寸、每件重量等。例如：

Packed in new jute bags each containing about 300lbs. net.

译文：新黄麻袋装，每袋净重约300磅。

Packing：each pair in a box，then 24 pairs of assorted sizes and colors per strong export carton.

译文：每盒装一双，24双装一坚固出口纸箱，花色、尺码搭配。

One dozen to a polythene bag，10 polythene bags to a paper box，10 boxes to a wooden case of 1/2 inch thickness.

译文：一塑料袋装一打，10袋装一纸盒，10盒装一木箱。木箱厚度为0.5英寸。

To be packed in seaworthy export cartons，each contains 100lbs.，measurement of which is 12"×13"×13".

译文：适合海运出口纸箱包装，每箱重100磅，纸箱尺码为12×13×13英寸。

To be packed in wooden cases，each contains 12 five-pound tins，net weight 60 pounds，gross weight 70 pounds.

译文：木箱包装，每箱装12罐，每罐重5磅，每箱净重60磅，毛重70磅。

To be packed in seaworthy wooden case with tin-linking and iron hoops.

译文：以适合海运的木箱包装，内衬锡板，外加铁箍。

Packed in cartons each containing 30kgs net，24 cartons assemble a pallet，10 pallets in a 20' container.

译文：纸箱装，每箱净重30公斤，每24箱组装一托盘，每10个托盘装入一个20英尺集装箱。

（二）明确货物包装的标志

货物运输包装上的标志包括运输标志、指示标志和警告标志。

1.运输标志

运输标志通常称作"唛头"或"唛"，一般由一个简单的几何图形、字母、数字及简单文字所组成。其代表的主要内容包括收货人或发货人代号、目的港（地）名称、件号、批号等。联合国欧洲经济委员会下的国际贸易便利化工作组（现名"贸易便利化与电子业务中心"）倡议运输标志应包括：收货人缩写；订单、合同或信用证号码；目的港

（地）；件号。运输标志通常由卖方自行设计确定，并不一定在合同中列明。但有时买方也要求由其确定运输标志，这时通常要在合同中注明运输标志的样式，或者在合同中规定买方通知卖方的时间。例如：

Shipping Mark：To be designated by the Seller.

译文：

运输标志：由卖方确定。

Shipping Mark：ABC in a diamond，under which comes the destination Bremen with order number 4424 below again.

译文：

运输标志：菱形内 ABC，下面为目的地"不莱梅"，再下面为订单号"4424"。

Shipping Mark：To be designated by the Buyer and inform the Seller in L/C.

译文：

运输标志：由买方确定，并在信用证中通知卖方。

Packages must bear full marks and shipping numbers stenciled in good quality stencil ink in large plain characters on two sides and on end of each package.

译文：每件包装的两侧和一端须完整刷上标志和装运号码，采用优质印色，字大而清晰。

2.指示标志

指示标志是用图形或简单文字提示有关人员在装卸、搬运和储存时应注意的标志。如果货物进出口合同的标的物是易碎、易损、易变质的货物，合同中通常规定必要的指示标志。例如：

All bales must be marked "use no hooks".

译文：每包均须标明"请勿用钩"。

The measurement，gross weight，net weight of each package and any necessary cautions such as "Do not Stack Upside Down"，"Keep Away From Moisture"，"Handle With Care"，"Sling Here" shall be stenciled on the surface of each package with fadeless pigment.

译文：每件包装表面须用不褪色颜料刷上尺码、毛重、净重以及必要的指示性标志如"请勿倒置""防潮""小心轻放""由此吊起"等。

3.警告标志

警告标志又称危险品标志，是指在运输包装上清楚明显地标明危险性质的文字说明和图形。如果货物进出口合同的标的物是易燃品、爆炸品、有毒品、腐蚀性物品、放射性物品等危险品，合同中通常规定必要的警告标志。例如：

If the goods include any flammable，hazardous or dangerous materials，the Seller shall indicate on the surface of each package appropriate cautions.

译文：如果货物中包括易燃品或危险品，卖方应在每件包装表面标明适当的警告标志。

相关知识

(一) 常用包装种类 (见表2-2)

表2-2   常用包装种类

纸箱	carton	木箱	wooden case
麻袋	gunny bag/jute bag	塑料袋	plastic bag
包	bundle/bale	铁桶	iron drum
木桶	wooden cask	瓶	bottle
钢瓶	cylinder	罐	can
托盘	pallet	集装箱	container

(二) 常用指示与警示语 (见表2-3)

表2-3   常用指示与警示语

此面向上	this side/end up	小心轻放	handle with care
请勿用钩	no hooks/use no hooks	放置冷处	keep cool
保持干燥	keep dry	远离锅炉	keep/store away from boiler
由此开启	open here	由此吊起	sling here
竖立安放	to be kept upright	隔离热气	keep away from heat
勿使受潮	guard against damp	严禁烟火	no smoking
注意平放	keep flat/stow level	不可抛掷	not to be thrown down
易燃	inflammable	易碎	fragile
易熔	fusible	易爆	explosives
小心玻璃	glass with care	有毒	poison

（三）常用指示标志（见表2-4）

表2-4　　　　　　　　　　　　　　常用指示标志

标志名称	图示标志	含义	使用示例/备注
易碎物品 FRAGILE		运输包装件内装易碎品，因此搬运时应小心轻放	
禁用手钩 USE NO HAND HOOKS		搬运运输包装件时禁用手钩	
向上 THIS WAY UP		表明运输包装件的正确位置是竖直向上	
怕晒 KEEP AWAY FROM SUNLIGHT		表明运输包装件不能直接照晒	
怕辐射 PROTECT FROM RADIOACTIVE SOURCES		包装物品一旦受辐射便会完全变质或损坏	
怕雨 KEEP AWAY FROM RAIN		包装件怕雨淋	
重心 CENTRE OF GRAVITY		表明一个单元货物的重心	本标志应标在实际的重心位置上
禁止翻滚 DO NOT ROLL		不能翻滚运输包装	
此面禁用手推车 DO NOT USE HAND TRUCK HERE		搬运货物时此面禁放手推车	

续表

标志名称	图示标志	含义	使用示例/备注
禁用叉车 USE NO FORKS		不能用升降叉车搬运的包装件	
由此夹起 CLAMP AS INDICATED		表明装运货物时夹钳放置的位置	
此处不能卡夹 DO NOT CLAMP AS INDICATED		表明装卸货物时此处不能用夹钳夹持	
堆码重量极限 STACKING LIMIT BY MASS		表明该运输包装件所能承受的最大重量极限	
堆码层数极限 STACKING LIMIT BY NUMBER		相同包装的最大堆码层数，n表示层数极限	
禁止堆码 DO NOT STACK		该包装件不能堆码，并且其上也不能放置其他负载	
由此吊起 SLING HERE		起吊货物时挂链条的位置	本标志应标在实际的起吊位置上
温度极限 TEMPERATURE LIMITS		表明运输包装件应该保持的温度极限	a) b)

（四）联合国危险货物运输标志（如图2-1所示）

爆炸品
UN Transport symbol for explosives

不产生重大危害的爆炸品
UN Transport symbol for Class 1.4 Explosive substances which present no significant hazard

具有大规模爆炸性，但极不敏感的物品
UN Transport symbol for Class 1.5 Very insensitive substances which have a mass explosion hazard

不燃气体
UN Transport symbol for non-inflammable gases

易燃气体
UN Transport symbol for inflammable gases

有毒物品（气体第2类和其他有毒物品第6.1类）
UN Transport symbol for poisonous substances (gases Class 2, other poisonous substances Class 6.1)

易燃气体（第2类）或者易燃液体（第3类）
UN Transport symbol for inflammable gases (Class 2) or liquids (Class 3)

易燃固体（第4类）
UN Transport symbol for inflammable solids (Class 4)

易自燃物品
UN Transport symbol for substances liable to spontaneous combustion

遇水释放出易燃气体的物品
UN Transport symbol for substances which, in contact with water, emit inflammable gases

氧化剂和有机过氧化物
UN Transport symbol for oxidizing substances and for organic peroxides

感染性物品
UN Transport symbol for infectious substances

续图

放射性物品（第Ⅰ级）
UN Transport symbol for
radioactive substances,
Category I

放射性物品（第Ⅱ级）
UN Transport symbol for radioactive
substances, Category II

放射性物品（第Ⅲ级）
UN Transport symbol for radioactive
substances, Category III

放射性物品
UN Transport symbol for
radioactive substances

腐蚀性物品
UN Transport symbol for corrosive
substances

危险性类别编号的位置：**
Location of serial number: **

图2-1　联合国危险货物运输标志

（五）包装费用

包装费用通常包括在货价之内，一般不需要在合同中另外列明。有时为防止买方在合同订立后再对货物包装提出特殊要求，可以在合同中约定特别包装的费用由买方负担。例如：

Goods shall be packed in the manner customary for the merchandise，special arrangement being subject to extra charges.

译文：货物以习惯方式包装和标志，特别包装须另付费用。

（六）订立包装条款应注意的问题

（1）要考虑商品特点和不同运输方式的要求。

（2）对包装的规定要明确具体，不宜笼统规定。例如，一般不宜采用"适合海运包装"（Seaworthy Packing）、"习惯包装"（Customary Packing）和"出口包装"（Export Packing）之类的术语。

（3）要考虑有关国家和地区法律法规对包装材料、包装标志的要求。

（4）买方对货物包装有特殊要求的，应明确包装费用由哪方负担。

（5）买方决定运输标志的，应明确规定买方提出运输标志的最后期限，如逾期，则由卖方决定。

技能训练

（一）翻译下列包装条款

（1）Packing：in wooden or plywood cases

（2）Packing：in gunny bags of 40kgs，gross for net.

（3）Packing：in cloth bales each containing 20 pieces of 42 yards.

（4）Packing：in cases of 25lbs，net each containing 50 tins.

（5）Packing：in cartons lined with water-proof paper of about 20kgs net each.

（6）Packing must be suitable for ocean shipment and sufficiently strong to withstand rough handling.

（7）All goods shall be packaged to prevent damage from dampness，rust，moisture，erosion and shock，and shall be suitable for multimodal transport.

（二）比较下列条款的内容有何差异？卖方应如何履行义务？

中国公司出口谷子，两个合同对包装的规定如下：

合同一：Packing：in new gunny bag of 100 kgs each，gross for net.

合同二：Packing：in sound gunny bag of 100 kgs each，gross for net.

任务 四
解析价格条款

任务描述

通过对货物进出口合同价格条款的解析，明确合同单价的构成、单价金额、计价货币和贸易术语，明确成交货物总额的计算与表述方式。

任务分析

（一）明确货物进出口合同的单价金额

货物进出口合同中的单价通常采用固定价格的作价方法，即合同双方在协商一致的基础上，明确地规定具体价格。按照各国法律的规定，合同价格一经确定，就必须严格执行。除非合同另有约定，或经双方当事人一致同意，任何一方都不得擅自更改。

固定价格具有明确、具体和便于核算的特点，但是原料、运费、保费等市场价格的变化会给某一方造成损失，从而使履约发生困难。为了减少风险，促成交易，提高履约率，在合同价格的规定方面，有时也采取一些变通做法，允许卖方保留调整价格的权利。例如：

At US $25 per piece CFR San Francisco.Seller reserves the right to adjust the contracted price，if prior to delivery there is any substantial variation in the cost of raw material or component parts used.

译文：每件25美元，CFR旧金山，若装运前其原料或部件成本大幅度上涨，卖方可调整合同价格。

The prices herein stated are based on current freight rates and any increase or decrease in freight rates at time of shipment is to be the benefit of the buyer, with seller assuming the payment of all transportation charges to the point or place of delivery.

译文：合同价格是以现行运费计算，装运时运费的增减均属买方。卖方承担至交货地的全部运费。

Fluctuations in the freight and contingent imposition of export levies, after the date of sale, shall be for buyer's account.

译文：合同生效后，运费和出口税的变化均由买方负担。

（二）明确货物进出口合同的计价货币

在货物进出口合同中，价格都表现为一定量的特定货币（如每公吨为300美元）。除买卖双方国家订有贸易协定和支付协定，而交易本身又属于上述协定的交易，必须按规定的货币进行清算外，一般货物贸易合同都是采用可兑换的、国际上通用的或双方同意的支付手段进行计价和支付。

货物进出口合同中常用的计价货币包括：美元（US dollar，符号为US$或USD）、欧元（EURO，符号为€或EUR）、英镑（Pound Sterling，符号为£）、日元（Japanese Yen，符号为JP￥）、港元（H.K.dollar，符号为HK$）、加元（Canadian dollar，符号为Can$）、澳元（Australian dollar，符号为Aus$）、瑞士法郎（Swiss Franc，符号为S.Fr.）等。

（三）明确货物进出口合同使用的贸易术语

贸易术语（Trade Terms）是用来表明商品的价格构成以及买卖双方所承担的责任、风险和费用的专门用语，通常以简短的概念或简短的外文缩写字母表示。贸易术语的运用能简化交易洽商和合同的内容，节省时间和费用，加速交易进程。

国际商会《2010年国际贸易术语解释通则》（INCOTERMS 2010）解释了11种贸易术语（见表2-5），根据适用的运输方式不同，分为两类：一是适用于任何运输方式或多种运输方式的贸易术语，包括EXW、FCA、CPT、CIP、DAT、DAP和DDP，二是适用于海运及内河水运的贸易术语，包括FAS、FOB、CFR和CIF。

表2-5   贸易术语

英文缩写（全称）	中文名称
EXW（Ex Works）	工厂交货
FCA（Free Carrier）	货交承运人
FAS（Free Alongside Ship）	装运港船边交货
FOB（Free on Board）	装运港船上交货
CFR（Cost and Freight）	成本加运费
CIF（Cost, Insurance and Freight）	成本加保险费、运费
CPT（Carriage Paid To）	运费付至
CIP（Carriage and Insurance Paid To）	运费、保险费、付至
DAT（Delivered at Terminal）	运输终端交货
DAP（Delivered at Place）	目的地交货
DDP（Delivered Duty Paid）	完税后交货

（四）明确货物进出口合同单价的构成

1.单价中是否包含装卸费

在班轮运输情况下，班轮运费包括在装运港的装船费用和在目的港的卸货费用。在定程租船的情况下，买卖双方为了明确有关装货费的划分，往往在贸易术语后加列说明或缩写表示附加条件，即贸易术语的变形。例如：

US$1 200 per M/T FOB stowed and trimmed Vancouver.

译文：每公吨1 200美元，FOB温哥华，包括理舱费和平舱费。

贸易术语的变形主要有如下几种：

（1）FOB Liner Terms（FOB班轮条件）：是指装船费用按照班轮的做法处理，即由船方或买方承担，卖方不负担装船的有关费用。

（2）FOB Under Tackle（FOB吊钩下交货）：是指卖方负担将货物交到买方指定船只的吊钩所及之处的费用，而吊装入舱以及其他各项费用，概由买方负担。

（3）FOB Stowed（FOB理舱费在内）：是指卖方负责将货物装入船舱并承担包括理舱费在内的装船费用。理舱费是指货物入舱后进行安置和整理的费用。

（4）FOB Trimmed（FOB平舱费在内）：是指卖方负责将货物装入船舱并承担包括平舱费在内的装船费用。平舱费是指对装入船舱的散装货物进行平整所需的费用。

在许多标准合同中，为表明由卖方承担包括理舱费和平舱费在内的各项装船费用，常采用FOB Stowed and Trimmed（FOB平理舱在内，缩写为FOBST）来表示。

（5）CFR Liner Terms（CFR班轮条件）或CIF Liner Terms（CIF班轮条件）：是指卸货费按班轮做法办理，即由卖方或船方负担，买方不负担卸货费。

（6）CFR Ex Tackle（CFR吊钩下交货）或CIF Ex Tackle（CIF吊钩下交货）：是指卖方负责将货物从船舱吊起一直卸到吊钩所及之处（码头上或驳船上）的费用，船舶不能靠岸时，驳船费用由买方负担。

（7）CFR Ex Ship's Hold（CFR舱底交货）或CIF Ex Ship's Hold（CIF舱底交货）：指货物运到目的港后，由买方自行启舱，并负担货物由舱底卸到码头上的费用。

（8）CFR Landed（CFR卸到岸上）或CIF Landed（CIF卸到岸上）：是指由卖方承担卸货费，包括因船不能靠岸需将货物用驳船卸到岸上支出的驳船费。

2.单价中是否包含佣金与折扣

根据单价中是否包含佣金与折扣，货物进出口合同的单价可分为净价、含佣价和含折扣价三种类型。

（1）净价。

净价是指价格中不包含佣金和折扣。一般而言，如果合同中没有特别说明，合同的单价指的是净价。

有时为了明确表示双方成交的价格是净价，在贸易术语后可以加注"净价"（net）字样，例如：

Unit Price：USD 4.20 per dozen FOB Shanghai net

译文：每打4.20美元FOB净价上海

Prices shall be FOB net in U.S.dollar without the buyer's commission unless otherwise stipulated or agreed upon between the parties.

译文：价格以美元FOB净价计算，不包括买方佣金，双方另有约定除外。

（2）含佣价。

凡价格中包含佣金的称为含佣价。在商品价格中包含佣金时，通常应以文字来说明，例如：

The price includes 5% commission of FOB basis

译文：FOB价，包括5%佣金

Unit Price：US$200 per M/T CIF San Francisco including 2% commission

译文：单价：每公吨200美元CIF旧金山，包括2%佣金

含佣价也可用在贸易术语后加佣金的缩写英文字母"C"和佣金的百分比来表示，例如：

Unit Price：US$200 per M/T CIFC2% San Francisco

译文：单价：每公吨200美元CIFC2%旧金山

（3）含折扣价。

凡价格中包含折扣的称为含折扣价。在商品价格中包含折扣时，通常以文字来说明。例如：

Unit Price：US$200 per Metric Ton CIF London including 3% discount

译文：单价：每公吨200美元CIF伦敦，折扣3%

Unit Price：US$200 per Metric Ton CIF London less 3% discount

译文：单价：每公吨200美元CIF伦敦，减3%折扣

折扣也可以用绝对数来表示。例如：

USD 20.00 discount per metric ton

译文：每公吨折扣20美元

（五）明确货物进出口合同总额的计算

货物进出口合同的总额（amount或total amount或total value）是该笔交易的总金额，如果合同项下的商品单价相同，则总额是单价和数量的乘积。如果一份合同中有两种以上不同的单价，则总额是各个单价和相应数量乘积之和。例如：

900毫升咖啡壶240只，每只23.95美元；600毫升水壶480只，每只28.00美元；300毫升保温杯400只，每只6.50美元。

合同总额=23.95×240 + 28.00×480 + 6.50×400=21 788.00（美元）

（六）明确货物进出口合同总额的表述方式

货物进出口合同总额通常同时用阿拉伯数字（in figure）和用文字（in words）表示。如果一份合同中有两种以上不同的单价，通常分别计算出每个单价对应的总额，相加后得出数字形式的合同总额，并用文字表示合同总额（以SAY开头，以ONLY结尾，表示"计……整"）。如上例，合同中的总额条款见表2-6。

表2-6   合同总额填写示例

Name of Commodity & Specifications	Quantity	Unit Price	Amount
			CIF TORONTO
COFFEE POT 900ML	240 PCS	US$23.95	US$5 748.00
TEA KETTLE 600ML	480 PCS	US$28.00	US$13 440.00
S/S CUP 300ML	400 PCS	US$6.50	US$2 600.00
			US$21 788.00
Total Amount in Words: SAY US DOLLARS TWENTY ONE THOUSAND SEVEN HUNDRED AND EIGHTY-EIGHT ONLY			

相关知识

（一）货物进出口合同单价的组成

货物进出口合同的单价通常由四个部分组成，即计量单位（如公吨）、单价金额（如200）、计价货币（如美元）和贸易术语（如CIF伦敦）。在价格条款中可规定："每公吨200美元，CIF伦敦"（USD 200 per M/T CIF London）。

（二）净价与含佣价之间的换算

净价与含佣价的差别是佣金，佣金的计算基础通常是含佣价。

佣金=含佣价×佣金率

净价=含佣价 – 佣金=含佣价 – 含佣价×佣金率=含佣价×（1 – 佣金率）

$$含佣价 = \frac{净价}{1 - 佣金率}$$

（三）有关贸易术语的国际惯例

有关贸易术语的国际贸易惯例主要有三种，即《1932年华沙–牛津规则》、《1941年美国对外贸易定义修订本》和《2010年国际贸易术语解释通则》。其中《2010年国际贸易术语解释通则》包括的贸易术语最多、使用范围最广。

1.《1932年华沙–牛津规则》

《1932年华沙–牛津规则》（Warsaw-Oxford Rules 1932）是国际法协会专门为解释CIF合同而制定的。19世纪中叶，CIF贸易术语在国际贸易中得到广泛采用，然而对使用这一术语时买卖双方各自承担的具体义务，并没有统一的规定和解释。对此，国际法协会于1928年在波兰首都华沙开会，制定了关于CIF买卖合同的统一规则，称之为《1928年华沙规则》，共包括22条。其后，在1930年的纽约会议、1931年的巴黎会议和1932年的牛津会议上，将此规则修订为21条，并更名为《1932年华沙–牛津规则》，沿用至今。这一规则对于CIF的性质、买卖双方所承担的风险、责任和费用的划分以及货物所有权转移的方式等问题都作了比较详细的解释。

2.《1941年美国对外贸易定义修订本》

《美国对外贸易定义》是由美国几个商业团体制定的。它最早于1919年在纽约制定，原称为《美国出口报价及其缩写条例》。后来于1941年在美国第27届全国对外贸易会议上对该条例作了修订，命名为《1941年美国对外贸易定义修订本》（Revised American Foreign Trade Definitions 1941）。这一修订本经美国商会、美国进口商协会和全国对外贸易协会所组成的联合委员会通过，由全国对外贸易协会予以公布。《1941年美国对外贸易定义》中所解释的贸易术语共有6种，分别为：

（1）Ex（Point of Origin）（产地交货）；

（2）FOB（Free on Board）（在运输工具上交货）；

（3）FAS（Free Alongside Ship）（在运输工具旁边交货）；

（4）C&F（Cost and Freight）（成本加运费）；

（5）CIF（Cost，Insurance and Freight）（成本加保险费、运费）；

（6）Ex Dock（named port of importation）（目的港码头交货）。

《美国对外贸易定义》主要在美洲国家采用，由于它对贸易术语的解释，特别是对第（2）和第（3）种术语的解释与国际商会制定的《国际贸易术语解释通则》有明显的差异，所以，在同美洲国家交易时应注意。

3.《2010年国际贸易术语解释通则》

《国际贸易术语解释通则》原文为 International Rules for the Interpretation of Trade Terms，缩写形式为 INCOTERMS，它是国际商会为了统一对各种贸易术语的解释而制定的。最早的《国际贸易术语解释通则》产生于1936年，后来为适应国际贸易业务发展的需要，国际商会先后进行过多次修改和补充。现行的《2010年国际贸易术语解释通则》是国际商会根据国际贸易的发展和国际贸易实践领域发生的新变化，在《2000年国际贸易术语解释通则》的基础上修订产生的，于2011年1月1日起生效。

由于《国际贸易术语解释通则》多次变更，如果当事人愿意采纳《2010年国际贸易术语解释通则》，应在合同中予以特别注明，例如：

This contract is governed by INCOTERMS 2010.

译文：本合同受《2010年国际贸易术语解释通则》管辖。

Unless otherwise stipulated in this Contract，the terms and conditions of this Contract shall be interpreted in accordance with the "International Rules for the Interpretation of Trade Terms"（INCOTERMS 2010）provided by International Chamber of Commerce，International Chamber of Commerce Publication No.715.

译文：除非本合同另有规定，合同条款根据国际商会第715号出版物《国际贸易术语解释通则》（INCOTERMS 2010）进行解释。

（四）国际贸易中主要贸易术语的含义与买卖双方的基本义务

在国际贸易中，FOB、CFR和CIF是被广泛使用于水运的三个传统的贸易术语。随着运输技术的发展，在这三个传统贸易术语基础上又发展起来FCA、CPT和CIP三个术语，这三个贸易术语适用面广，可以适用于各种运输方式，在国际货物贸易中被采用的范围在不断扩大。

1.FOB

FOB的全称是 Free on Board（…named port of shipment），即船上交货（……指定装运港），通常称为"装运港船上交货"。根据《2010年国际贸易术语解释通则》的解释，按该术语成交，由买方负责派船接运货物，卖方应在合同规定的期限内，在指定的装运港将符合合同要求的货物装上买方指派的船只，并及时通知买方。货物在装上买方所派船只后，风险即由卖方转移至买方。

在FOB条件下，卖方要负担风险和费用，领取出口许可证或其他官方证件，并负责办理出口手续。同时，卖方还要自费提供证明其已按规定完成交货义务的证件。如果该证件并非运输单据，在买方要求下，并由买方承担风险和费用的情况下，卖方可给予协助取得提单或其他运输单据。

FOB术语只适用于海运和内河运输。

采用FOB术语时，买卖双方各自承担的基本义务如下：

（1）卖方义务

①自负风险和费用，取得出口许可证或其他官方批准证件，并办理货物出口所需的一切海关手续。

②在合同规定的期限和装运港口，将符合合同要求的货物交到买方指派的船上，并及时通知买方。

③负担货物在装运港装上买方所派船只为止的一切费用和风险。

④提供商业发票和证明卖方已按规定交货的清洁单据。

⑤应买方要求并由其承担风险和费用，卖方必须给予买方一切协助，以帮助其取得由装运地国和/或原产地国所签发或传送的、为买方进口货物可能要求的和必要时从他国过境所需的任何单据或有同等作用的电子讯息。

⑥应买方要求，向买方提供投保所需的信息。

（2）买方义务

①订立从指定装运港口运输货物的合同，支付运费，并将船名、装货地点和要求交货的时间及时通知卖方。

②接受卖方提供的有关单据，受领货物，并按合同规定支付货款。

③负担货物在装运港装上买方所派船只后的一切费用和风险。

④自负风险和费用，取得进口许可证或其他官方批准证件，并办理货物进口所需的一切海关手续。

2.CFR

CFR的全称是Cost and Freight（…named port of destination），即成本加运费（……指定目的港）。根据《2010年国际贸易术语解释通则》的解释，采用这种贸易术语成交，卖方应负责按惯常航线租船或订舱，支付货物运至指定目的港所需要的运费，在合同规定的期限内，在装运港将符合合同要求的货物装上船，并及时通知买方。货物在装运港置于船上时风险即由卖方转移至买方。

在CFR条件下，卖方要负担风险和费用，领取出口许可证或其他官方证件，并负责办理出口手续。同时，卖方还要自费提供证明其已按规定完成交货义务的证件，如商业发票和通常的运输单据。

CFR术语只适用于海运和内河运输。

CFR与FOB条件下卖方承担义务的不同之处在于，与船方订立运输合同的责任和费用改由卖方承担。

采用CFR术语时，买卖双方各自承担的基本义务如下：

（1）卖方义务

①签订从装运港将货物运往指定目的港的运输合同，并支付至目的港的正常运费。

②自负风险和费用，取得出口许可证或其他官方批准证件，并办理货物出口所需的一切海关手续。

③在合同规定的期限内，在装运港将符合合同要求的货物装上船，并及时通知买方。

④负担货物在装运港置于船上时为止的一切费用和风险。

⑤提供商业发票和货物运往指定目的港的通常运输单据，或具有同等作用的电子讯息。

⑥应买方要求并由其承担风险和费用，卖方必须给予买方一切协助，以帮助买方取得由装运地国和/或原产地国所签发或传送的、为买方进口货物可能要求的和必要时从他国过境所需的任何单据或有同等作用的电子讯息。

⑦应买方要求，向买方提供投保所需的信息。

（2）买方义务

①接受卖方提供的有关单据，受领货物，并按合同规定支付货款。

②负担货物在装运港置于船上后的一切费用和风险。

③自负风险和费用，取得进口许可证或其他官方批准证件，并办理货物进口所需的一切海关手续。

3.CIF

CIF的全称是Cost，Insurance and Freight（…named port of destination），即成本加保险费、运费（……指定目的港）。根据《2010年国际贸易术语解释通则》的解释，采用CIF术语成交时，卖方应负责按惯常航线租船或订舱，支付货物运至指定目的港所需要的运费，办理货物运输保险，支付保险费，在合同规定的期限内，在装运港将符合合同要求的货物装上船，并及时通知买方。货物在装运港置于船上时风险即由卖方转移至买方。

在CIF条件下，卖方要负担风险和费用，领取出口许可证或其他官方证件，并负责办理出口手续。同时，卖方还要自费提供证明其已按规定完成交货义务的证件，如商业发票、保险单据和通常的运输单据。

CIF术语只适用于海运和内河运输。

CIF与CFR条件下卖方承担义务的不同之处在于，卖方增加了订立货物运输保险合同的责任和费用。

采用CIF术语时，买卖双方各自承担的基本义务如下：

（1）卖方义务

①签订从装运港将货物运往指定目的港的运输合同，并支付至目的港的正常运费。

②办理货物运输保险，并支付保险费。

③自负风险和费用，取得出口许可证或其他官方批准证件，并办理货物出口所需的一切海关手续。

④在合同规定的期限内，在装运港将符合合同要求的货物装上船，并及时通知买方。

⑤负担货物在装运港置于船上时为止的一切费用和风险。

⑥提供商业发票、保险单据和货物运往指定目的港的通常运输单据，或具有同等作用的电子讯息。

⑦应买方要求并由其承担风险和费用，卖方必须给予买方一切协助，以帮助买方取得由装运地国和/或原产地国所签发或传送的、为买方进口货物可能要求的和必要时从他国

过境所需的任何单据或有同等作用的电子讯息。

⑧应买方要求，向买方提供额外投保所需的信息。

（2）买方义务

①接受卖方提供的有关单据，受领货物，并按合同规定支付货款。

②负担货物在装运港置于船上后的一切费用和风险。

③自负风险和费用，取得进口许可证或其他官方批准证件，并办理货物进口所需的一切海关手续。

④应卖方要求，向其提供投保所需的信息。

4.FCA

FCA 的全称是 Free Carrier（…named place），即货交承运人（……指定地点）。根据《2010年国际贸易术语解释通则》的解释，采用这一贸易术语时，买方要自费订立从指定地点启运的运输合同，并及时通知卖方有关承运人名称和向其交货的时间。卖方在规定的期限内，在指定地点将已经出口清关的货物交给买方指定的承运人或其他人，并及时通知买方。货物在交给买方指定的承运人或其他人接管时，风险即由卖方转移至买方。

在 FCA 条件下，卖方除须提交符合合同要求的货物外，还须提交约定的交货凭证及有关单据。

FCA 术语适用于各种运输方式，包括公路、铁路、江河、海洋、航空运输以及多式联运。

采用 FCA 术语时，买卖双方各自承担的基本义务如下：

（1）卖方义务

①自负风险和费用，取得出口许可证或其他官方批准证件，并办理货物出口所需的一切海关手续。

②在合同规定的期限和地点，将符合合同要求的货物交给买方指定的承运人或其他人接管，并及时通知买方。

③负担货物交给承运人或其他人接管时为止的一切费用和风险。

④提供商业发票或具有同等作用的电子讯息，并自负费用提供通常的交货凭证。

⑤应买方要求并由其承担风险和费用，卖方必须给予买方一切协助，以帮助买方取得由装运地国和/或原产地国所签发或传送的、为买方进口货物可能要求的和必要时从他国过境所需的任何单据或有同等作用的电子讯息。

⑥应买方要求，向买方提供投保所需的信息。

（2）买方义务

①订立从指定地点承运货物的合同，支付有关的运费，并将承运人名称及交货时间等有关情况及时通知卖方。

②接受卖方提供的有关单据，受领货物，并按合同规定支付货款。

③负担货物被承运人或其他人接管之后的一切费用和风险。

④自负风险和费用，取得进口许可证或其他官方批准证件，并办理货物进口所需的一切海关手续。

5.CPT

CPT 的全称是 Carriage Paid to（…named place of destination），即运费付至（……指定

目的地）。根据《2000年国际贸易术语解释通则》的解释，采用CPT条件成交时，卖方应负责订立将货物运往目的地指定地点的运输合同，支付货物运至指定目的地所需要的运费，办理货物出口报关手续，在合同规定的期限内，将符合合同要求的货物交给承运人接管，并及时通知买方。货物在交给承运人接管时，风险即由卖方转移至买方。

CPT术语适用于各种运输方式，包括公路、铁路、江河、海洋、航空运输以及多式联运。

CPT与FCA条件下卖方承担义务的不同之处在于，与承运人订立运输合同的责任和费用改由卖方承担。

采用CPT术语时，买卖双方承担的基本义务如下：

（1）卖方义务

①订立将货物运往指定目的地的运输合同，并支付有关运费。

②自负风险和费用，取得出口许可证或其他官方批准证件，并办理货物出口所需的一切海关手续。

③在合同规定的期限和地点，将符合合同要求的货物交给承运人接管，并及时通知买方。

④负担货物交给承运人接管时为止的一切费用和风险。

⑤提供商业发票和货物运往指定目的地的通常运输单据，或具有同等作用的电子讯息。

⑥应买方要求并由其承担风险和费用，卖方必须给予买方一切协助，以帮助买方取得由装运地国和/或原产地国所签发或传送的、为买方进口货物可能要求的和必要时从他国过境所需的任何单据或有同等作用的电子讯息。

⑦应买方要求，向买方提供投保所需的信息。

（2）买方义务

①接受卖方提供的有关单据，受领货物，并按合同规定支付货款。

②负担货物被承运人接管之后的一切费用和风险。

③自负风险和费用，取得进口许可证或其他官方批准证件，并办理货物进口所需的一切海关手续。

6.CIP

CIP的全称为Carriage and Insurance Paid to（…named place of destination），即运费保险费付至（……指定目的地）。根据《2000年国际贸易术语解释通则》的解释，按照CIP条件成交，卖方应负责订立将货物运往目的地指定地点的运输合同，支付货物运至指定目的地所需要的运费，办理货物运输保险，支付保险费，办理货物出口报关手续，在合同规定的期限内，将符合合同要求的货物交给承运人接管，并及时通知买方。货物在交给承运人接管时，风险即由卖方转移至买方。

CIP术语适用于各种运输方式，包括公路、铁路、江河、海洋、航空运输以及多式联运。

CIP与CPT条件下卖方承担义务的不同之处在于，卖方增加了订立货物运输保险合同的责任和费用。

采用CIP术语时，买卖双方承担的基本义务如下：

（1）卖方义务

①订立将货物运往指定目的地的运输合同，并支付有关运费。

②办理货物运输保险，并支付保险费。

③自负风险和费用，取得出口许可证或其他官方批准证件，并办理货物出口所需的一切海关手续。

④在合同规定的期限和地点，将符合合同要求的货物交给承运人接管，并及时通知买方。

⑤负担货物交给承运人接管时为止的一切费用和风险。

⑥提供商业发票、保险单据和货物运往指定目的地的通常运输单据，或具有同等作用的电子讯息。

⑦应买方要求并由其承担风险和费用，卖方必须给予买方一切协助，以帮助买方取得由装运地国和/或原产地国所签发或传送的、为买方进口货物可能要求的和从他国过境所需的任何单据或有同等作用的电子讯息。

（2）买方义务

①接受卖方提供的有关单据，受领货物，并按合同规定支付货款。

②负担货物被承运人接管之后的一切费用和风险。

③自负风险和费用，取得进口许可证或其他官方批准证件，并办理货物进口所需的一切海关手续。

④应卖方要求，向卖方提供办理投保所需用的信息。

7.FOB、FCA、CFR、CPT、CIF与CIP的异同（见表2-7）

表2-7　　　　　　　　FOB、FCA、CFR、CPT、CIF与CIP的异同

	不同点			相同点	
	适用的运输方式	交货地点	风险转移界限	价格构成	风险转移与费用负担
FOB	水运	装运港口	装运港船上	都不包括运费、保险费	一致
FCA	各种运输方式	出口国内地/港口	承运人接管货物		
CFR	水运	装运港口	装运港船上	都包括运费，不包括保险费	不一致，卖方承担风险的区间小于负担费用的区间
CPT	各种运输方式	出口国内地/港口	承运人接管货物		
CIF	水运	装运港口	装运港船上	都包括运费和保险费	不一致，卖方承担风险的区间小于负担费用的区间
CIP	各种运输方式	出口国内地/港口	承运人接管货物		

8.FOB、CFR和CIF价格的换算

CFR=FOB+运费

保险费=CIF×保险加成×保险费率

CFR = CIF − 保险费 = CIF − CIF×保险加成×保险费率= CIF×（1−保险加成×保险费率）

$$CIF = \frac{CFR}{1 - 保险加成 \times 保险费率}$$

9.FCA、CPT 和 CIP 价格的换算

CPT=FCA+运费

保险费=CIP×保险加成×保险费率

CPT = CIP − 保险费= CIP − CIP×保险加成×保险费率= CIP×（1 − 保险加成×保险费率）

$$CIP = \frac{CFP}{1 - 保险加成 \times 保险费率}$$

（五）国际贸易中其他贸易术语的含义与买卖双方的基本义务

1.EXW

EXW 的全称是 Ex Works（…named place），即工厂交货（……指定地点）。EXW 术语代表了在商品的产地或所在地交货的条件。根据《2000 年国际贸易术语解释通则》的解释，按这一术语成交时，卖方要在规定的时间和约定的交货地点将符合合同要求的货物准备好，由买方自己安排运输工具到交货地点接收货物。从卖方将货物交给买方或其代理人控制时起，风险及其他相关的责任、费用即由卖方转移给买方。由此可见，采用 EXW 条件成交时，卖方承担的风险、责任以及费用都是最小的。

在交单方面，卖方只需提供商业发票或具有同等作用的电子讯息，如合同有要求，才需提供证明所交货物与合同规定相符的证件。至于货物出境所需的出口许可证或其他官方证件，卖方无义务提供。但在买方的要求下，并由买方承担风险和费用的情况下，卖方也可协助买方取得上述证件。在买方不能直接或间接办理出口手续时，不应使用该术语，而应使用 FCA。

EXW 术语适用于各种运输方式。

采用 EXW 术语时，买卖双方各自承担的基本义务如下：

（1）卖方义务

①通知买方交货的时间和地点。

②在合同规定的时间、地点，将符合合同要求的货物置于买方的处置之下。

③承担将货物交给买方处置之前的一切费用和风险。

④提交商业发票或具有同等作用的电子讯息。

⑤应买方要求并由其承担风险和费用，卖方必须给予买方一切协助，以帮助其取得由交货地国和/或原产地国所签发或传送的为买方出口和/或进口货物可能要求的和必要时从他国过境所需要的任何单据或有同等作用的电子讯息。

⑥应买方要求，向买方提供投保所需的信息。

（2）买方义务

①在合同规定的时间、地点，受领卖方提交的货物，并按合同规定支付货款。

②向卖方提供已受领货物的适当凭证。

③承担受领货物之后的一切费用和风险。

④自负费用和风险，取得出口和进口许可证或其他官方批准证件，并办理货物出口和进口的一切海关手续。

2.FAS

FAS 的全称是 Free Alongside Ship（…named port of shipment），即船边交货（……指定

装运港），通常称作装运港船边交货。根据《2000年国际贸易术语解释通则》的解释，按这一术语成交，卖方要在约定的期限内，在指定的装运港将符合合同要求的货物交到买方指派的船只的船边，在船边完成交货义务。买卖双方负担的风险和费用均以船边为界。如果买方所派的船只不能靠岸，卖方需自负费用租用驳船把货物运至船边，仍在船边交货。装船的责任和费用由买方承担。

在 FAS 条件下，卖方要负担风险和费用，领取出口许可证或其他官方证件，并负责办理出口手续。同时，卖方要提供商业发票或电子讯息，并自负费用和风险，提供通常的证明其完成交货义务的单据，如码头收据。在买方要求且由买方承担费用和风险的情况下，卖方可协助买方取得进口所要求的或通关过境所需的任何证件，或有相同作用的电子信息。

FAS 术语只适用于海运和内河运输。

采用 FAS 术语时，买卖双方各自承担的基本义务如下：

（1）卖方义务

①自负风险和费用，取得出口许可证或其他官方批准证件，并办理货物出口所需的一切海关手续。

②在合同规定的期限和装运港口，将符合合同要求的货物交到买方所派船只的旁边，并及时通知买方。

③负担货物交至装运港船边的一切费用和风险。

④提交商业发票或具有同等作用的电子讯息，并且自负费用提供通常的交货凭证。

⑤应买方要求并由其承担风险和费用，卖方必须给予买方一切协助，以帮助买方取得由装运地国和/或原产地国所签发或传送的、为买方进口货物可能要求的或从他国过境所需的任何单据或有同等作用的电子讯息。

⑥应买方要求，向买方提供投保所需的信息。

（2）买方义务

①订立从指定装运港口运输货物的合同，支付运费，并将船名、装货地点和要求交货的时间及时通知卖方。

②在合同规定的时间、地点，受领卖方提交的货物，并按合同规定支付货款。

③负担受领货物之后所发生的一切费用和风险。

④自负风险和费用，取得进口许可证或其他官方批准证件，并办理货物进口所需的一切海关手续。

3.DAT

DAT 的全称是 Delivered at Terminal（…named terminal at port or place of destination），即运输终端交货（……指定港口或目的地的运输终端）。根据《2010年国际贸易术语解释通则》的解释，采用 DAT 术语成交，卖方的基本义务是完成出口清关手续，在规定时间按照通常的路线和惯常的方式，将货物运到指定的目的港或目的地运输终端，将货物卸下，并置于买方的处置之下，即完成交货，卖方承担的风险和费用也相应终止。买方负责在指定的目的港或目的地运输终端受领货物，办理进口手续，并承担受领货物之后的一切风险和费用。

按照 DAT 术语成交时，买卖双方各自承担的基本义务如下：

（1）卖方义务

①订立将货物运往指定的目的港或目的地运输终端的运输合同，支付有关运费，并通知买方。

②自负风险和费用，取得进口许可证或其他官方批准证件，并办理货物进口所需的一切海关手续。

③在合同规定的期限内，在指定的目的港或目的地运输终端将货物卸下，并交给买方处置。

④承担将货物在指定的目的港或目的地运输终端交给买方控制之前的风险和费用。

⑤提交商业发票，并自负费用向买方提供提取货物所需的运输单证，或者合同约定的具有同等作用的电子讯息。

⑥支付为交货所需进行的查对费用，以及装运前由出口国主管部门进行的任何强制检查的费用。采用适合运输的包装，对其进行适当标记，并支付包装费用。

⑦应买方要求并在买方承担风险和费用的前提下，及时向买方提供货物进口或运输至最后目的地所需的文件和信息，并给予协助。

（2）买方义务

①接受卖方提供的有关单据，在指定的目的港或目的地运输终端受领货物，并按合同规定支付货款。

②承担在指定的目的港或目的地运输终端受领货物之后的风险和费用。

③自负风险和费用，取得进口许可证或其他官方批准证件，并办理货物进口所需的一切海关手续。

④应卖方请求并在卖方承担风险和费用的前提下，及时向卖方提供货物运输和出口或通过任何国家所需的文件和信息，并给予协助。

⑤支付装运前检查的费用，由出口国主管部门进行的强制检查产生的费用除外。

4.DAP

DAP的全称是 Delivered at Place（…named place of destination），即目的地交货（……指定目的地）。根据《2010年国际贸易术语解释通则》的解释，按这一术语成交，卖方要负责在规定的期限内，将符合合同要求的货物按照通常的路线和惯常的方式运到指定的目的地，在目的地的运输工具上将货物置于买方的处置之下，即完成交货。卖方承担货物运至指定的目的地卸货前的一切风险和费用。

采用DAP术语时，买卖双方各自承担的基本义务如下：

（1）卖方义务

①签订将货物运往约定目的地的运输合同，支付有关运费，并及时通知买方。

②自负风险和费用，取得出口许可证或其他官方批准证件，并办理货物出口所需的一切海关手续，支付关税及其他有关费用。

③在合同规定的时间，将货物运至约定目的地，并在运输工具上将货物置于买方处置之下。

④承担在目的地运输工具上将货物置于买方处置之前的风险和费用。

⑤提交商业发票，并自负费用向买方提供提取货物所需的运输单证，或者合同约定的具有同等作用的电子讯息。

⑥支付为交货所需进行的查对费用，以及装运前由出口国主管部门进行的任何强制检查的费用。采用适合运输的包装，对其进行适当标记，并支付包装费用。

⑦应买方要求并在买方承担风险和费用的前提下，及时向买方提供货物进口或运输至最后目的地所需的文件和信息，并给予协助。

（2）买方义务

①接受卖方提供的有关单据，在目的地运输工具上受领货物，并按合同规定支付货款。

②自负风险和费用，取得进口许可证或其他官方证件，并办理货物进口所需的海关手续，支付关税及其他有关费用。

③承担在约定目的地运输工具上受领货物之后的风险和费用。

④应卖方请求并在卖方承担风险和费用的前提下，及时向卖方提供货物运输和出口或通过任何国家所需的文件和信息，并给予协助。

⑤支付装运前检查的费用，由出口国主管部门进行的强制检查产生的费用除外。

5.DDP

DDP的全称是 Delivered Duty Paid（…named place of destination），即完税后交货（……指定目的地）。根据《2010年国际贸易术语解释通则》的解释，DDP是指卖方在规定的期限内，在指定的目的地办理完进口清关手续，将在交货运输工具上尚未卸下的货物交给买方，完成交货。卖方必须承担将货物运至指定的目的地的一切风险和费用，包括在需要办理海关手续时在目的地应交纳的任何进口"税费"（包括办理一切海关手续、交纳海关手续费、关税、税款和其他费用的责任和风险）。

DDP是《2010年国际贸易术语解释通则》中包含的11种贸易术语中卖方承担风险、责任和费用最大的一种术语，适用于各种运输方式。

采用DDP术语时，买卖双方各自承担的基本义务如下：

（1）卖方义务

①订立将货物按照惯常路线和习惯方式运至进口国内约定目的地的运输合同，支付有关运费，并及时通知买方。

②自负风险和费用，取得出口和进口许可证及其他官方批准证件，并且办理货物出口和进口所需的海关手续，支付关税及其他有关费用。

③在合同规定的时间、地点，将合同规定的货物置于买方处置之下。

④承担在指定目的地约定地点，将货物置于买方处置下之前的风险和费用。

⑤提交商业发票，自负费用向买方提交提货单，为买方在目的港提取货物所需的通常的运输单证，或具有同等作用的电子讯息。

⑥应买方要求，向买方提供投保所需的信息。

（2）买方义务

①接受卖方提供的有关单据，在进口国内约定地点受领货物，并按合同规定支付货款。

②承担在目的地约定地点受领货物之后的风险和费用。

③应卖方要求并由其承担风险和费用，买方必须给予卖方一切协助，以帮助卖方取得货物进口所需的进口许可证或其他官方批准证件。

6.《2010年国际贸易术语解释通则》中删除的贸易术语

《2010年国际贸易术语解释通则》删除了《2000年国际贸易术语解释通则》中的DDU（未完税交货）、DAF（边境交货）、DES（目的港船上交货）、DEQ（目的港码头交货）等贸易术语，其中前3个被新贸易术语DAP所涵盖，DEQ被新贸易术语DAT所涵盖。

（六）《2010年国际贸易术语解释通则》11个贸易术语的比较（见表2-8）

表2-8   11个贸易术语的比较

贸易术语	交货地点	风险转移界限	出口报关的责任与费用负担	进口报关的责任与费用负担	适用的运输方式
EXW	商品产地/所在地	买方处置货物时	买方	买方	任何方式
FCA	出口国内地/港口	承运人处置货物后	卖方	买方	任何方式
FAS	装运港口	货交船边	卖方	买方	水上运输
FOB	装运港口	装运港船上	卖方	买方	水上运输
CFR	装运港口	装运港船上	卖方	买方	水上运输
CIF	装运港口	装运港船上	卖方	买方	水上运输
CPT	出口国内地/港口	承运人处置货物后	卖方	买方	任何方式
CIP	出口国内地/港口	承运人处置货物后	卖方	买方	任何方式
DAT	进口国内地/港口	买方在指定地点收货后	卖方	买方	任何方式
DAP	进口国内地/港口	买方在指定地点收货后	卖方	买方	任何方式
DDP	进口国内地	买方在指定地点收货后	卖方	卖方	任何方式

（七）订立单价条款应注意的问题

为了使单价条款的规定明确合理，必须注意下列事项：

（1）做好市场调研，合理确定商品的单价，防止定价偏高或偏低。

（2）单价中涉及的计量单位、计价货币、装卸地名称等要书写规范、正确。

（3）根据经营意图和实际情况，在权衡利弊的基础上选用适当的贸易术语。

（4）争取选择有利的计价货币，以免遭受汇率波动带来的风险，如采用不利的计价货币时，应当加订保值条款。

（5）灵活运用各种不同的作价办法，降低价格变动的风险。

（6）参照国际贸易的习惯做法，注意佣金和折扣的合理运用。

（7）如交货品质和数量约定有一定的机动幅度，则对机动部分的作价也应一并规定。

（8）如包装材料和包装费另行计价时，对其计价办法也应一并规定。

（八）订立总额条款应注意的问题

（1）金额填写要准确，数字形式的金额与文字形式的金额应完全一致。

（2）如果合同的数量条款规定了溢短装，总额条款通常也应加注相同的内容，即允许总额根据实际交货数量有相同幅度的增减。例如：

Total Amount：USD 23 000.00 （SAY US DOLLARS TWENTY - THREE THOUSAND ONLY）with 3% more or less according to the delivered quantity.

译文：总额：23 000美元（计贰万叁仟美元整），根据交货数量可有3%增减。

技能训练

（一）指出下列条款中货物的单价

（1）USD 10.00 per dozen，Ex Seller's Factory，15 Zhongshan Road，Qingdao.

（2）USD 15.00 per dozen FCA Capital Airport，Beijing，China.

（3）USD 190.00 per metric ton FAS San Francisco，USA.

（4）USD 500.00 per set FOB Tianjin，China.

（5）USD 350.00 per set CFR New York，USA less 2% discount.

（6）USD 80.00 per M/T CIFC2% New York，USA.

（7）USD 110.00 per set CPT Chicago.

（8）HK\$ 1 250.00 per set CIP Mudanjiang City，China.

（9）USD 80.00 per carton DAF Manzhouli，China.

（10）EUR 800.00 per M/T DES Hamburg，Germany.

（11）£ 85.00 per dozen，DEQ London.

（12）USD 130.00 per set DDU at No.10 Wall Street，New York City.

（13）USD 3.00 per set DDP at No.10 Wall Street，New York City.

（二）指出下列单价条款的内容有什么不妥

（1）美国企业出口大豆合同，单价条款规定：1 200美元，FOB洛杉矶。

（2）中国企业进口化工原料合同，单价条款规定：每公吨4 300美元，CIF太原。

（三）计算并填写下列合同条款中的总额（见表2-9）

表2-9 合同条款示例

Name of Commodity & Specifications	Quantity	Unit Price	Amount
			CIF San Francisco
54-pc Kitchen Set	200 Sets	US\$35.00	
5-pc Vacuum Mug Set	1 200 Sets	US\$31.00	
16-pc Tableware	2 400 Sets	US\$16.00	

Total Amount in Words:

单元教研交流

1.本单元的重点和难点

本单元重点是用文字说明表示品质的方法与内容；计算货物重量的方法；包装方式的规定方法；单价的构成；总额的表述方式。难点是品质机动幅度；品质公差；数量机动幅度条款；净价与含佣金价的换算；FOB、CFR和CIF价格的换算；FCA、CPT和CIP术语与FOB、CFR、CIF术语的比较。

2.学生在学习中容易出现的问题

学生在解析品名、品质与数量条款时，有时会忽略品质机动幅度、品质公差和数量机动幅度条款；在解析数量条款时，经常会忽略计量单位的准确性，例如将"公吨"写为

"吨";在运输标志规定为"由卖方确定"时，很多学生认为在制单时也应在相应位置照样填写"由卖方确定";很多学生在换算不同贸易术语的净价与含佣金价时，错误地直接套用公式，而没有进行两步换算。

3.教学建议

教师在授课中应注重培养学生细致、耐心的工作态度，通过多做练习、纠正错误等方法使学生加深印象。

单元三　交货条款和保险条款

学习目标

- 明确合同对交货的有关规定
- 明确投保人、投保金额、投保险别、适用的保险条款、保险费和保险单据

任务一　解析交货条款

任务描述

通过对货物进出口合同交货条款的解析，明确交货时间、装运港（地）和目的港（地）、分批装运和转运、装卸时间、滞期费和速遣费、买卖双方的通知义务及卖方需要提交的运输单据。

任务分析

（一）明确交货条款的主要内容

货物进出口合同的交货条款通常规定交货时间、装运港（地）和目的港（地）、分批装运和转船及买卖双方的通知义务。卖方需要提交的运输单据既可以在交货条款中规定，也可以在支付条款中规定，还可以在单独的单据条款中规定。在定程租船的情况下，交货条款还需要根据所使用的贸易术语及租船合同条款规定卖方的装货时间或买方的卸货时间，并规定滞期费和速遣费。

（二）明确交货时间

交货时间（Time of Delivery）通常称为交货期，是货物进出口合同的主要内容，卖方必须严格按规定时间交付货物，不得任意提前或延迟，否则会构成违约。在卖方违约的情况下，买方有权拒收货物，解除合同，并要求损害赔偿。

在使用FOB、CIF、CFR以及FCA、CIP、CPT等贸易术语签订的合同中，交货时间与"装运时间"（Time of Shipment）或装运期是同义语，因为在这些贸易术语下，卖方在装运港（地）将货物装上船只或交给承运人处置，即完成交货义务，交货（Delivery）和装运

（Shipment）的概念是一致的。然而采用DAT、DAP等达成交易时，装运不等于交货，因此交货时间和装运时间又是截然不同的两个概念，交货时间是指货物运到目的港（地）交给买方的时间，装运时间是指卖方在装运港（地），将货物装上船或其他运输工具的时间。

交货时间的规定方法有如下三种：

1.规定明确、具体的交货时间

规定明确、具体的交货时间通常有两种规定方法：

（1）规定一段时间交货，例如：

Shipment during July，2015.或者Shipment in July，2015.

译文：2015年7月份装运。

Shipment during the first half of March，2015.

译文：2015年3月上半月装运。

Shipment within the first ten-day period of November，2015.

译文：2015年11月上旬装运。

Shipment within the last ten-day period of December，2015.

译文：2015年12月下旬装运。

Shipment during the second half of June and the first half of July，2015.

译文：2015年6月下半月至7月上半月装运。

Shipment during the last ten-day period of October and the first ten-day period of November，2015.

译文：2015年10月下旬至11月上旬装运。

Shipment during July/Aug./Sep.，2015.

译文：2015年7/8/9月份装运。

（2）规定交货的最迟期限，例如：

Time of delivery：On or before May 31st，2015.

译文：交货时间：2015年5月31日或以前。

Time of delivery：Not later than July 31st.

译文：交货期：不迟于7月31日。

Shipment at or before the end of Sep.

译文：9月底或以前装运。

规定明确、具体的交货时间，既可以使卖方有确定的备货和安排运输的时间，也有利于买方预先掌握货物的装运日期，做好支付货款和接受货物的准备。但出现买卖双方为了防止出现申领不到进出口许可证或因舱位紧张无法订到等影响按时交货的情况，有时也加列一些限制条款，例如：

Shipment during August subject to shipping space available.

译文：8月间交货，但以订到舱位为限。

Shipment during February/March subject to approval of export licence.或者Shipment during February/March subject to export permit being granted by government authority.

译文：2、3月间装运，但以获得出口许可证为限。

2.规定收到信用证后或收到预付货款后若干天装运

合同订立后,买方可能因申请不到进口许可证或其国家不批准外汇,无法及时开出信用证或预付货款,买方也可能因为遇到经营困难或货物市场价格下跌等不利情况,有意拖延开证或者根本不想开证或预付货款。卖方为降低交易风险,往往规定收到信用证后或收到预付货款后若干天装运,例如:

Shipment within 30 days after receipt of L/C.

译文:收到信用证后30天内装运。

Shipment within one month after receipt of T/T.

译文:收到电汇后1个月内装运。

为防止买方不按时开证或预付货款,导致合同无法履行,一般还补充规定开证或预付货款的最迟期限,例如:

The relevant L/C must reach the seller not later than May 31st, 2015.

译文:买方必须不迟于2015年5月31日将信用证开到卖方。

The buyer shall pay 30% of the sales proceeds in advance by T/T to reach the sellers not later than May 31st, 2015.

译文:买方必须不迟于2015年5月31日将30%的货款电汇至卖方。

3.规定尽快交货

买卖双方在货物贸易合同中有时采用一些术语仅规定尽快交货,例如"立即装运"(Immediate Shipment)、"即期装运"(Prompt Shipment)、"尽快装运"(Shipment as Soon as Possible)、"有船即装"(Shipment by First Available Steamer)、"首次机会即装"(Shipment by First Opportunity)。但由于这些表示"尽快交货"的术语在各国、各行业中解释不一,容易引发纠纷,因此不宜使用。

(三)明确装运港(地)和目的港(地)

装运港(Port of Shipment)是指货物起始装运的港口。目的港(Port of Destination)是指最终卸货的港口。在国际贸易中,装运港(地)一般由卖方提出,经买方同意后确认;目的港(地)一般由买方提出,经卖方同意后确认。

在货物贸易合同中,装运港(地)和目的港(地)的规定方法有以下几种:

1.规定一个装运港(地)和一个目的港(地)

在一般情况下,装运港(地)和目的港(地)分别规定一个,例如:

Port of Shipment: Shanghai

Port of Destination: London

译文:装运港:上海;目的港:伦敦。

Port of Loading and Unloading: From Shanghai to New York

译文:装卸港:上海装货,纽约卸货。

Port of Dispatch: Dalian

Port of Destination: Liverpool

译文:装运港:大连;目的港:利物浦。

2.规定两个或两个以上的装运港(地)或目的港(地)

有时由于最终的买家在不同地点,为节省买方的转运费用,可能规定多个目的港

（地），例如：

> Loading Port：Shanghai
>
> Unloading Port：Rotterdam/Antwerp

译文：装货港：上海；卸货港：鹿特丹/安特卫普。

有时由于国内供货商在不同地点，为节省卖方的转运费用，可能规定多个装运港（地），例如：

> Port of Shipment：Dalian/Qingdao/Shanghai
>
> Port of Destination：London

译文：装运港：大连/青岛/上海；目的港：伦敦。

3.规定选择港

在磋商交易时，如果明确规定装运港或目的港有困难，可以采用规定选择港（Optional Ports）的办法。规定选择港有两种方式：

（1）在两个或两个以上港口中选择一个，例如：

> Port of Shipment：Shanghai
>
> Port of Destination：London，optional Hamburg/Rotterdam 或者 Port of Destination：London or Hamburg or Rotterdam

译文：装运港：上海；目的港：伦敦，汉堡或鹿特丹。

（2）笼统规定某一航区为装运港或目的港，例如：

> Port of Shipment：China Port
>
> Port of Destination：OSAKA

译文：装运港：中国港口；目的港：大阪。

> Port of Shipment：Dalian
>
> Port of Destination：European Main Port

译文：装运港：大连；目的港：欧洲主要港口。

在使用 CFR 或 CIF 贸易术语的合同中，由于卖方负责租船订舱，因此笼统规定装运港的方法不会给交货带来困难；如果使用 FOB 成交，由于买方负责租船订舱，因此卖方必须在交货期前一定时期确定最终的装运港，以便买方派船接货。

在使用 FOB 贸易术语的合同中，由于买方负责租船订舱，因此笼统规定目的港的方法不会给交货带来困难；如果使用 CFR 或 CIF 成交，买方必须在交货期前一定时期确定最终的目的港，以便卖方租船订舱。

（四）明确分批装运和转运

在货物贸易合同中，分批装运和转运通常与装运时间结合起来规定。

1.分批装运

分批装运（Partial Shipment）又称分期装运（Shipment by Installments），是指一个合同项下的货物分若干批或若干期装运。

出现分批装运的情况很多，例如，成交量大，超过了运输工具的单次承载能力；运输市场紧张，难以找到整批运输的运输工具；市场急需而货源不充分，难以在短期内整批供货，需要逐批生产；买方为节约仓储成本不愿一次接收整批货物等。

根据国际商会《跟单信用证统一惯例》的规定，除非信用证另有规定，允许分批装运。如果买方坚持不允许分批装运且卖方能够做到，可以在货物贸易合同中规定"Partial shipment not allowed"（不允许分批装运），此外，为了避免不必要的争议和防止交货时发生困难，原则上应明确在货物贸易合同中规定允许分批装运。

分批装运有三种规定方法：

（1）只规定"允许分批装运"，不加任何限制。例如：

Partial shipment：allowed.

译文：允许分批装运。

这里的"允许"分批装运不等于"必须"分批装运，而仅仅是对卖方的一项授权，即卖方也可以不分批装运，卖方可根据需要决定是否分批装运。

（2）订明分若干批次装运，而不规定每批装运的数量。例如：

During June/July in two shipments. 或者 During June/July in two lots.

译文：6/7月份分两批装运。

在这种情况下，卖方"必须"分批装运。

（3）订明每批装运的时间和数量，即限批、限时、限量装运。在这种情况下，卖方也"必须"分批装运。例如：

Time of Shipment：Mar./April/May in three equal monthly shipments.

译文：装运时间：3/4/5月份每月平均装运。

Shipment during March/June in four equal monthly lots.

译文：3月到6月份分4批每月平均装运。

Shipment in three months in equal installments commencing in April. 或者

In three equal monthly shipments commencing in April. 或者

Shipment to be spread equal over three months beginning in April.

译文：从4月开始分3个月装运，每月各装1/3。

Ship 200 M/T during September and 100 M/T during October.

译文：9月装运200公吨，10月装运100公吨。

Ship half in May and balance in June.

译文：5月装运半数，其余6月装运。

Shipment at interval of about 30 days.

译文：每隔30天左右装运一次。

2. 转运

转运（Transhipment）是指货物装运后在中途换装另一运输工具转至目的港（地），包括转船、转机以及从一种运输工具卸下再装上另一种运输工具的行为。

货物需要转运的情况主要有：驶往目的港（地）没有直达的运输工具；船期不定或航次间隔太长，无法确保在规定的交货期内交货。

根据国际商会《跟单信用证统一惯例》的规定，除非信用证另有规定，允许转运。如果买方坚持不允许转运且卖方能够做到，可以在货物贸易合同中规定"Transhipment not allowed"或"Transhipment Prohibited"（不允许转运），此外，为了便于装运，原则上应明确在货物贸易合同中规定允许转运。

转运有两种规定方法：

（1）只规定"允许转运"，不加任何限制。例如：

Transhipment：allowed.

译文：允许转运。

这里的"允许"转运不等于"必须"转运，而仅仅是对卖方的一项授权，即卖方也可以不转运，卖方可根据需要决定是否转运，

（2）规定转运地点。例如：

Shipment：During Nov./Dec.in two equal monthly shipments，to be transhipped at Hong Kong.

译文：11/12月份分两次平均装运，由香港转运。

在这种情况下，卖方"必须"在指定的转运地点进行转运。按国际航运习惯，转运事宜都是由第一承运人根据具体情况办理的，无须事先征得货主同意，因此对指定转运地点的条款，卖方一般不宜接受。

（五）明确装卸时间、滞期费和速遣费

在国际贸易中，大宗货物贸易大多使用定程租船运输。由于装卸时间直接关系到船方的经营效益，如果装卸货物由承租人负责，船方对装卸货物的时间都要作出规定。如承租人未能在约定的装卸时间内将货物装完和卸完，而延长了船舶在港停泊时间，从而延长了航次时间，这对船舶所有人来说，既可能因在港停泊时间延长而增加了港口费用的开支，又因航次时间延长意味着相对降低了船舶的周转率，从而相对地减少了船舶所有人的营运收入。与此相反，如果承租人在约定的装卸时间以前，将全部货物装完和卸完，从而缩短了船舶在港停泊时间，使船舶所有人可以更早地将船投入下一航次的营运，取得了新的运费收入，这对船舶所有人来说是有利的。正由于装卸时间的长短直接关系到船方的利害得失，故船方出租船舶时，都要求在定程租船合同中规定装卸时间，并规定延误装卸时间和提前完成装卸任务的罚款与奖励办法，以约束承租人。

但是在实际业务中，负责装卸货物的不一定是承租人，而是货物贸易合同的一方当事人，例如FOB合同的买方是船舶承租人，而装货由卖方负责；反之，CFR和CIF合同的卖方是船舶承租人，而卸货由买方负责。因此，负责租船的一方为了促使对方及时完成装卸任务，使定程租船合同与货物贸易合同相互衔接，在货物贸易合同中也要求规定装卸时间、滞期费和速遣费。

1.装卸时间

装卸时间的规定方法主要有以下几种：

（1）以"日"规定装卸时间

以"日"规定装卸时间是指就一定数量的货物明确约定完成装卸的日数。常采用下面几种方法对"日"进行定义：

①"日"或"连续日"

"日"（days）或"连续日"（running days；consecutive days）是指从00：00时起至24：00时止的连续24小时的时间，不足一天的按比例计算。例如：

Laytime for loading：two days

译文：装货时间：2天

以"日"表示装卸时间时，从装货开始到卸货结束，全部使用的日数就是总的装货或

卸货时间。在此期间内，不考虑雨天、施工或其他不可抗力等影响装卸作业的因素，也不排除星期日或法定节假日等非工作时间。

②"工作日"或"连续工作日"

"工作日"（Working Days）或"连续工作日"（Running Working Days）是指不包括星期日和法定节假日的港口工作日数。例如：

Laytime for discharge：two working days

译文：卸货时间：2个工作日

这种规定方法仅适用于星期日和法定节假日不工作的港口。

③"好天气工作日"

"好天气工作日"（Weather Working Days，WWD）又称"天气适宜工作日"或"晴天工作日"，是指在工作日中不受天气影响可以进行装卸作业的时间。例如：

Laytime for discharge：two weather working days

译文：卸货时间：2个好天气工作日

④"24小时好天气工作日"

"24小时好天气工作日"（Weather Working Days of 24 Hours）是将累计24小时的良好天气时间作为一个工作日，而不论这24小时跨越几天。如果港口的工作时间是每天8小时，则一个24小时好天气工作日就是3个正常工作日。

⑤"连续24小时好天气工作日"

"连续24小时好天气工作日"（Weather Working Days of 24 Consecutive Hours）是以连续的24小时为一日，但星期日、法定节假日及影响装卸的不良天气时间除外。使用这一用语时，不论港口正常工作日规定工作几个小时，均按24小时计算，这样就避免了"24小时好天气工作日"可能要跨越几个正常工作日的情况。这种规定方法一般适用于昼夜作业的港口。

由于各国港口习惯和规定不同，在采用这种规定办法时，对星期日和法定节假日是否计算也应具体订明。如在工作日之后加订"星期日和节假日除外，除非使用"（Sundays and holidays excepted，unless used，SHEX UU），即星期日和节假日不用不算，用了要算；或者规定"星期日和节假日除外，即便使用"（Sundays and holidays excepted，even used），即星期日和节假日不用不算，即使用了也不算。例如：

The cargo to be loaded in two weather working days of 24 consecutive hours.Sundays and holidays excepted，unless used.

译文：货物应在2个连续24小时好天气工作日内完成装货。星期日和节假日除外，除非使用。

（2）用装卸率规定装卸时间

装卸率是指每日完成装卸货物的定额。以此定额去除所要装卸货物的数量，即可计算出允许装卸的时间。装卸率的规定方法有如下三种：规定每舱口装卸率（Rate Per Hatch）、规定每吊钩的装卸率（Rate Per Hook）和规定每个可作业舱口的装卸率（Rate Per Working Hatch 或 Rate Per Available Hatch 或 Rate Per Workable Hatch）。例如：

250 M/T per working hatch WWD SHEX UU.

译文：每个可作业舱口每好天气工作日250公吨，星期日和节假日除外，除非使用。

（3）按港口习惯尽快装卸

"按港口习惯尽快装卸"（To load/discharge in customary quick despatch，CQD）是指承担装卸责任的一方保证按照港口习惯的装卸方法和能力，以尽可能快的速度进行货物装卸作业。这种规定不明确，容易引起争议，所以较少采用。

2.滞期费和速遣费

使用定程租船运输货物时，在规定的装卸期限内，承租人未能完成装卸作业，为补偿船方由此造成船舶延期所产生的经济损失，由承租人向船方支付的一定罚金，此项罚金称为滞期费（Demurrage）。如果在规定的装卸期限内，承租人提前完成装卸作业，使船方节省了船期，船方为鼓励承租人而向其支付一定的奖金，此项奖金称为速遣费（Despatch Money）。

定程租船合同中通常规定滞期费率（Demurrage Rate），即每滞期一天若干金额，不足一天者，按比例计算。按惯例，速遣费一般为滞期费的一半。例如：

Demurrage rate：USD800 per day.Despatch half demurrage.

译文：滞期费率：每天800美元。速遣费是滞期费的一半。

（六）明确买卖双方的通知义务

买卖双方为了互相配合，共同做好运输工具与货物的衔接和办理货运保险，不论采用何种贸易术语成交，交易双方都要承担互相通知的义务。

1.FOB、FAS和FCA条件下的货物备妥通知和派船通知（或指定承运人通知）

在按FOB或FAS条件成交时，卖方应在约定的装运期开始以前（一般是30天或45天前）向买方发出货物备妥通知，以便买方及时派船接货。买方接到卖方发出的备货通知后，应按约定的时间发出派船通知，将船名、船舶到港受载日期等通知卖方，以便卖方及时安排货物出运和准备装船。例如：

The Buyer shall book shipping space in accordance with the time of shipment stipulated in this Contract.The Seller shall，at least 30 days before the date of shipment stipulated in this Contract，advise the Buyer by Telex，Fax or Cable of the Contract number，the name of the commodity，the quantity，the total amount，the package numbers，the total weight and volume and the date when the goods should be ready for shipment at the port of shipment.The Buyer shall，at least 15 days before the estimated date of arrival of the vessel at the port of shipment，notify the Seller of the name of the vessel，the estimated date of arrival and the contract number for the Seller to effcct shipment.In case the carrying vessel or the date of arrival has to be changed，the Buyer or its shipping agent shall advise the Seller in time，however not later than 7 days prior to the scheduled date of arrival，to make necessary arrangement.

译文：买方应按合同规定的装运期订舱。在合同规定的装运期前至少30天，卖方应以电传、传真或电报通知买方合同号码、品名、数量、总额、件数、总重量和总体积、货物在装运港备妥待运的日期。在载货船舶预计到达装运港前至少15天，买方应通知卖方载货船舶名称、预计到达日期和合同号码，以便卖方办理装运。如果需要变更载货船舶名称或到达日期，买方或其运输代理人应在不迟于预定到达日期前7天及时通知卖方，以便作出必要的安排。

货物贸易条款中往往还规定买卖双方违反通知义务的违约责任，例如：

Should the vessel fail to arrive at the port of shipment within 3 days after the arrival date advised by the Buyer, the Buyer, without prejudice to any other claims of the Seller under this Contract and the provisions of the Incoterms, shall bear all actual expenses, including the storage expenses and interest charges.

The Seller shall be liable for any dead freight or demurrage, should they fail to have the quantity of the goods ready for loading in time as stipulated, if the carrying vessel has arrived at the port of shipment as advised.

译文：如果载货船舶在买方通知的到达日期后3天内仍未抵达装运港，买方应承担一切实际发生的费用，包括仓储费和利息，并不损害卖方根据本合同和《国际贸易术语解释通则》的规定提出索赔的权利。

如果载货船舶已按通知的日期抵达装运港，而卖方未能按规定及时将货物备妥装运，卖方应承担空舱费或滞期费。

在按FCA条件成交时，卖方应在约定的交货期开始以前（一般是30天或45天前）向买方发出货物备妥通知，以便买方及时指定承运人。买方接到卖方发出的备货通知后，应按约定的时间发出指定承运人通知，将指定承运人名称、联系方式及交付货物的日期等通知卖方，以便卖方及时交付货物。

2.CFR、CIF、CPT和CIP条件下指定承运人的通知与确认

在按CFR和CIF成交时，由卖方租船订舱，但货物的风险在装运港置于船上时即转移给买方，因此，买方非常关心载货船舶的质量，往往在货物贸易合同中规定卖方指定的载货船舶需经过买方确认。例如：

The Seller shall, not later than 30 days before the time of shipment, inform the Buyer by Telex, or Fax of the name, nationality, age and other details of the carrying vessel as well as the contract number for each shipment.The shipment shall not be effected without the confirmation from the Buyer with respect to the acceptability of the vessel; provided that, the Buyer shall not unreasonably withhold such confirmation.The Buyer shall confirm the vessel by Telex or Fax within 3 working days; otherwise, the vessel shall be regarded as confirmed.

译文：卖方应在不迟于装运期前30天以电传或传真通知买方载货船舶名称、船籍、船龄、其他具体信息及货物贸易合同号码。在收到买方关于接受载货船舶的确认通知前不得办理装运，除非买方不合理地拒绝确认。买方应在3个工作日内以电传或传真确认是否接受载货船舶，否则视为买方接受。

在按CPT和CIP成交时，由卖方指定承运人，但货物的风险在承运人接管货物后即转移给买方，因此，买方也往往在货物贸易合同中规定卖方指定的承运人需经过买方确认。

3.FOB、FAS、CFR、CIF、FCA、CPT和CIP条件下的装运通知

在按FOB、FAS、CFR和CIF成交时，卖方应在货物装运后，按约定时间，将合同号码、货物的品名、件数、重量、发票金额、船名及装船日期等项内容电告买方；在按FCA、CPT和CIP术语成交时，卖方应在把货物交付承运人接管后，将交付货物的具体情况及交付日期电告买方，以便买方做好接货准备，并及时办理进口报关手续。例如：

The Seller shall, immediately upon the completion of the loading of the goods, provide the Buyer and/ or the consignee appointed by the Buyer, with notice of shipment by Telex, Fax or

Cable.The notice shall include the contract number, name of commodity, quantity, net and gross weight, measurements, invoiced value, bills of lading number, sailing date and the estimated date of arrival at the port of unloading.

译文：卖方应在货物装运结束后立即用电传、传真或电报向买方及/或买方指定的收货人发出装运通知。装运通知的内容包括合同号码、品名、数量、净重和毛重、体积、合同金额、提单号码、起航日期和预计抵达卸货港的日期。

买卖双方按 FOB、FAS、CFR、FCA 和 CPT 条件成交时，卖方交货后及时向买方发出装运通知具有更为重要的意义，因为买方将依据该通知办理货运保险。如果卖方未能履行其通知义务，有可能导致货物漏保，所以货物贸易合同中通常还规定，在这种情况下由卖方承担运输途中的风险和损失。例如：

Should the Seller fail immediately to provide the shipment notice to the buyer and/ or the consignee appointed by the Buyer, and the Buyer can not procure the insurance in time, the Seller shall be responsible for any damage to and/ or loss of the goods incurred in the course of transport.

译文：如果卖方没有立即向买方及/或买方指定的收货人发出装运通知，买方未能及时办理保险，卖方应对运输过程中发生的一切货损负责。

（七）明确卖方需要提交的运输单据

根据货物运输的方式不同，卖方需要提交的运输单据主要有如下几种：

1.海运单据

海运单据主要包括海运提单和海运单两大类。

（1）海运提单

海运提单（Ocean Bill of Lading，B/L）简称提单，是指用以证明海上货物运输合同和货物已经由承运人接收或装船，以及承运人据以保证交付货物的所有权凭证。

海运提单是承运人或其代理人出具的货物收据，证明其已按提单所列内容收到或接管货物。海运提单是货物所有权的凭证，在法律上具有物权证书的作用。载货船舶抵达目的港后，承运人应向提单的合法持有人交付货物；载货船舶抵达目的港之前，提单可以通过背书转让，从而转让货物的所有权，或者凭以向银行办理押汇贷款。海运提单是承运人与托运人之间订立的运输契约的证明。在班轮运输的条件下，提单条款明确规定了承、托双方之间的权利、义务、责任与豁免，是处理承运人与托运人间争议的法律依据；在租船运输的情况下，运输契约是租船合同，提单则是运输契约的证明。

（2）海运单

海运单（Sea Waybill 或 Ocean Waybill）是指用以证明海上货物运输合同和货物已经由承运人接收或装船，以及承运人据以保证将货物交付给单证所载明的收货人的一种不可流通的单证。

海运单不是物权凭证，因而不可转让，所以又称"不可转让海运单"（Non-negotiable Sea Waybill）。海运单收货人一栏填写的是实际收货人的名称和地址，收货人不凭海运单提货，而是凭到货通知提货。海运单能方便买方及时提货，简化手续，节省费用，还可以在一定程度上减少以假单据进行诈骗的情况。另外，由于电子数据交换（Electronic Data Interchange，EDI）技术在国际贸易中的广泛使用，不可转让海运单更适用于电子数据交换信息。

2.铁路运输单据

铁路运单（Consignment Note）是铁路承运人收到货物后签发的铁路运输单据。铁路运输按营运方式分为国际铁路联运和国内铁路运输两种方式，前者使用国际铁路联运运单，后者使用国内铁路运单。在我国对外贸易中，由于国内铁路运单不能作为对外结汇的凭证，因而通过铁路对港、澳出口的货物使用承运货物收据这种特定性质和格式的单据。

（1）国际铁路联运运单

国际铁路联运运单是参加联运的发送国铁路机构与发货人之间订立的运输契约，其中规定了参加联运的各国铁路和收、发货人的权利和义务，对收、发货人和铁路都具有法律约束力。当发货人向始发站提交全部货物，并付清应由发货人支付的一切费用，经始发站在运单和运单副本上加盖始发站承运日期戳记，证明货物已被接管承运后，即认为运输合同已经生效。

运单正本随同货物到达终到站，并交给收货人，它既是铁路承运货物出具的凭证，也是铁路与货主交接货物、核收运杂费和处理索赔与理赔的依据。运单副本于运输合同缔结后交给发货人，是卖方凭以向收货人结算货款的主要证件。

（2）承运货物收据

承运货物收据（Cargo Receipt）是我国内地对港、澳地区以铁路运输出口中使用的一种结汇单据，它既是承运人出具的货物收据，也是承运人与托运人签订的运输契约，同时还是出口人办理结汇手续的凭证。

承运货物收据的格式和内容与海运提单基本相同，主要区别是它只有第一联为正本。在该正本的背面印有"承运简章"，载明承运人的责任范围。

3.航空运单

航空运单（Air Waybill）是承运人与托运人之间签订的运输契约，也是承运人或其代理人签发的货物收据，但航空运单不是代表货物所有权的凭证，也不能通过背书转让。在航空运单的收货人栏内，必须详细填写收货人的全称和地址，而不能做成指示性抬头。收货人不能凭航空运单提货，而是凭航空公司的提货通知单在目的地机场或仓库提取货物。

航空运单共有正本一式三份：第一份正本注明"Original for the Shipper"，应交托运人；第二份正本注明"Original for the Issuing Carrier"，由航空公司留存；第三份正本注明"Original for the Consignee"，由航空公司随机带交收货人。其余副本则分别注明"For Airport of Destination""Delivery Receipt""For Second Carrier""Extra Copy"等，由航空公司按规定和需要进行分发，作为报关、结算、国外代理中转分拨等用途分别使用。《跟单信用证统一惯例》规定，空运单据的签发日期即为装运日期，如信用证要求实际发运日期（Actual Date of Despatch），应对此日期作出专项批注，则所批注的日期即为装运日期。

航空运单根据签发人的不同分为主运单（Master Air Waybill，MAWB）和分运单（House Air Waybill，HAWB）。前者是由航空公司签发的，后者是集中托运人（航空货运代理公司）在办理集中托运业务时签发的，两者在内容上基本相同，法律效力相当，对于收、发货人而言，只是承担货物运输的当事人不同。

4.多式联运单据

多式联运单据（Multimodal Transport Document，MTD）是指证明多式联运合同以及证明多式联运经营人接管货物并负责按照合同条款交付货物的单据。多式联运公约规定，多式联运单据是多式联运合同的证明，也是多式联运经营人收到货物的收据和凭以交付货物的凭证。根据发货人的要求，它可以做成可转让的，也可以做成不可转让的。多式联运单据如签发一套一份以上的正本单据，应注明份数，其中一份完成交货后，其余各份正本即失效，副本单据没有法律效力。在实际业务中，对多式联运单据正本和副本的份数规定不一，主要视发货人的要求而定。

5.邮政收据

邮政收据主要包括邮包收据、邮寄证明和专递收据。

邮包收据（Parcel Post Receipt）既是邮局收到寄件人的邮包后所签发的凭证，也是收件人凭以提取邮件的凭证，当邮包发生损坏或丢失时，它还可以作为索赔和理赔的依据，但邮包收据不是物权凭证。

邮寄证明（Certificate of Posting）是邮政局出具的证明文件，据此证实所寄发的单据或邮包确已寄出和作为邮寄日期的证明。有的信用证规定，卖方寄送有关单据、样品或包裹后，除要出具邮包收据外，还要提供邮寄证明，作为结汇的一种单据。

专递收据（Courier Receipt）是特快专递机构收到寄件人的邮件后签发的凭证。

相关知识

（一）国际货物运输方式

目前国际货物运输方式包括海洋运输、铁路运输、航空运输、公路运输、邮政运输、内河运输、管道运输、多式联运等。

1.海洋运输

海洋运输（Ocean Transport）是指利用船舶在国内外港口之间通过海上航道进行货物运输的一种方式。

海洋运输具有通过能力强、货运量大、运费低廉等优点，因此成为国际货物运输中最主要的运输方式，其运量在国际货物运输总量中占80%以上。海洋运输也存在不足之处，包括易受自然条件和气候的影响，风险较大，运输的速度也相对较慢。对于不能经受长途运输的货物、易受气候条件影响的货物以及急需的货物，一般不宜采用海洋运输。

按照海洋运输船舶经营方式的不同，可分为班轮运输和租船运输。

（1）班轮运输

班轮运输（Liner Transport）又称定期船运输，是指船舶沿着固定的航线，停挂固定的港口，按照事先公布的船期表航行，从事货物运输业务，并按事先公布的费率收取运费。

班轮具有下列特点：

①"四固定"，即航线固定、停挂港口固定、船期固定、费率相对固定。

②由船方负责配载装卸，装卸费包括在运费中，货方不再另付装卸费。不规定装卸时间，船货双方也不计算滞期费和速遣费。

③船、货双方的权利、义务与责任豁免，以船方签发的提单条款为依据。

④船方通常出租部分舱位，也可以出租全部舱位，因此不论货物数量多少，一般都可承运，且一般在码头仓库交接货物，故为货主提供了较便利的条件。

班轮运费（freight）是班轮承运人为承运货物收取的报酬。班轮运费包括基本运费

（Basic Freight Rate）和附加费（Additional 或 Surcharges）两部分。前者是指货物从装运港到卸货港所应收取的基本运费，它是构成全程运费的主要部分；后者是指对一些需要特殊处理的货物，或者由于突然事件的发生或客观情况变化等原因而需另外加收的费用。

运费计算的依据是由船方制定的班轮运价表（Liner Freight Tariff）。在班轮运价表中，基本运费根据不同的商品，通常采用下列几种计收标准：

①按货物的毛重计收，又称重量吨（Weight Ton），运价表中用"W"表示。一般以1公吨作为计算单位。

②按货物的体积/容积计收，又称尺码吨（Measurement Ton），运价表中用"M"表示。一般以1立方米或40立方英尺作为计算单位。

③按货物的毛重或体积计收，由船公司选择其中收费较高的作为计费吨，运价表中以"W/M"表示。

④按货物的价格计收，又称从价运费，运价表中用"A.V."或"Ad.Val"表示，适用于高值货物。从价运费通常按货物FOB价格的百分比收取，一般不超过5%。

⑤按货物的毛重、体积或价格计收，由船公司选择最高的一种计收，运价表中用"W/M or ad.val."表示。

⑥按货物的毛重或体积计收，再加从价运费，即在重量吨或尺码吨两种计算标准中，按较高的一种计收，再加上一定百分比的从价运费。运价表中以"W/M plus ad.val."表示。

⑦按货物的件数计收，如活牲畜按"头"、车辆按"辆"计费。

⑧临时议定价格，即由货主和船公司临时协商议定。通常适用于承运粮食、矿石、煤炭等大宗低值货物。在运价表中一般只列出"议价货"品名。

附加费是对一些需要特殊处理的货物或由于客观情况的变化使运输费用大幅度增加，班轮公司为弥补损失而额外加收的费用。附加费的计算办法主要有两种：一种是以百分比表示，即在基本运费的基础上增加一定百分比；另一种是用绝对数表示，即每运费吨加收若干金额。在班轮运输中常见的附加费包括：超重附加费（Over Weight Surcharge）、超长附加费（Over Length Surcharge）、选卸附加费（Optional Discharging Port）、直航附加费（Direct Additional）、转船附加费（Transshipment Surcharge）、绕航附加费（Deviation Surcharge）、港口附加费（Port Surcharge）、港口拥挤附加费（Port Congestion Surcharge）、燃料附加费（Bunker Surcharge 或 Bunker Adjustment Factor，缩写为BAF）、货币贬值附加费（Devaluation Surcharge 或 Currency Adjustment Factor）等。除上述各项附加费外，还有变更卸货港附加费（Additional for Alteration of Destination）、洗舱费（Cleaning Charge）、熏蒸费（Fumigation Charge）、冰冻附加费（Ice Additional）等。

（2）租船运输

租船运输（Shipping by Chartering）又称不定期船（Tramp）运输，它和班轮运输不同，船舶没有预定的船期表、航线和停挂港口，须按承租人和船东双方签订的租船合同来安排。根据租船合同，船东将船舶出租给承租人使用，以完成特定的货运任务，并按商定的运价收取运费。

国际租船运输包括定程租船、定期租船和光船租船三种方式。

定程租船（Voyage Charter）又称航次租船，是指由船舶所有人提供船舶，在指定港口之间进行一个航次或数个航次，承运指定货物的租船运输。定程租船就其租赁方式的不同可分为单程租船（又称单航次租船）、来回航次租船、连续单航次租船和连续来回航次租船。定程租船的特点是：船舶的经营管理由船东负责；在租船合同中规定一定的航线和装运货物的种类、名称、数量及装卸港口；船东除对船舶航行、驾驶、管理负责外，还对货物运输负责；运费一般按承运货物总量计算或整船包价计费；租船合同中要规定装卸时间或装卸率，并计算滞期费和速遣费；船东和承租人的权利和义务以双方签订的定程租船合同为准。

定期租船（Time Charter）简称期租船，是指由船舶所有人将船舶出租给承租人，供其使用一定时期的租船运输。定期租船的特点是：租船期间，船舶的经营管理由承租人负责，船东负担船舶营运费用，包括船员工资、给养、船舶维修保养、船壳机器保险等，其他日常开支，如船用燃料、港口使用费、港口代理费、捐税以及装货、平舱、理舱、卸货等费用都由承租人负担；在租船合同中不规定航线和装卸港口，只规定船舶航行区域；除特别规定外，凡合法货物均可以装运；租船合同中不规定装卸时间或装卸率，也不计算滞期费和速遣费；租金按租期每月每吨若干金额计算；船东和承租人的权利和义务以双方签订的定期租船合同为准。

光船租船（Bareboat Charter）是指船东将船舶出租给承租人使用一个时期，但船东所提供的船舶是一艘空船，承租人自己要任命船长、配备船员，负责船长、船员的工资、给养和船舶营运管理所需的一切费用。船东除收取租金外，不负任何责任，也不承担任何费用。光船租船实际上属于财产租赁，所以说，光船租船合同是财产租赁合同，而不是海上运输合同。

2.铁路运输

铁路运输（Rail Transport）是国际货物运输的主要方式，在有陆地连接的国家之间的货物运输中尤为重要。

铁路货物运输的优点是：一般不受气候条件的影响，可保障全年的正常运输，有高度的连续性；运输速度较快，运量较大；运输成本较低；运输过程中可能遭受的风险较小。

铁路货物运输可分为国际铁路货物联运和国内铁路货物运输。

凡是使用一份统一的国际联运票据，由铁路承运人负责经过两个或两个以上国家铁路的全程运送，并由一国铁路向另一国铁路移交货物时，不需要发货人和收货人参加，这种运输称为国际铁路货物联运。采用国际铁路货物联运，有关当事国事先必须有书面的约定。欧洲国家的铁路联运主要适用于1980年《国际铁路货物运送公约》（简称《国际货约》）。从1951年11月，苏联与东欧各国签订了《国际铁路货物联运协定》（简称《国际货协》），1954年1月我国参加了《国际货协》，接着朝鲜、蒙古国和越南也参加了《国际货协》。两德统一和东欧剧变后，民主德国、匈牙利和捷克先后终止了《国际货协》。

国内铁路运输是指仅在本国范围内按《国内铁路货物运输规程》的规定办理的货物运输。我国出口货物经铁路运至港口装船及进口货物卸船后经铁路运往各地，均属国内铁路运输的范畴。供应港澳地区的物资经铁路运往香港、九龙，也属于国内铁路运输的范围。

3.航空运输

航空运输（Air Transport）是一种现代化的运输方式，它与海洋运输、铁路运输相比的优点是：运输速度快，货运质量高，节约包装、保险、利息等费用，不受地面条件的限制，尤其适宜运送急需物资、鲜活商品、易腐易烂商品、精密仪器和贵重物品。缺点是运量较小，不适于运送大件或大批货物，运费较高，易受气候条件的影响。

国际航空运输的运营方式有班机运输、包机运输、集中托运和航空快递。

班机运输有固定的航线、固定的停靠港、固定的航期。包机运输是指包租整架飞机或由几个发货人（或航空运输代理公司）联合包租一架飞机来运送货物。集中托运是指航空货运代理公司把若干批单独发运的货物组成一整批货物，向航空公司办理托运，采用一份航空总运单整批发运到预定目的地，由航空货运代理公司在目的地指定的代理收货、报关，并分拨给各个实际收货人。航空快递是目前国际航空运输中最快捷的运输方式，它是由一个专门经营此项业务的机构与航空公司密切合作，设专人以最快的速度在货主、机场、收件人之间传送货物，特别适用于急需的药品、医疗器械、贵重物品、图纸资料、货样及单证等的传送，被称为"桌到桌运输"（Desk to Desk Service）。

4.集装箱运输

集装箱运输（Container Transport）是以集装箱作为包装和运输单位进行货物运输的一种现代化运输方式。集装箱运输具有装卸效率高、运输质量高、货运成本较低、货运手续简便等优点，目前已经成为国际上普遍采用的一种重要的运输方式，可适用于海洋运输、铁路运输及国际多式联运等。

在国际航运上运用的集装箱规格主要是20英尺和40英尺两种。即8′×8′×20′（可装货物重量约17.5公吨，可装货物体积约25立方米）和8′×8′×40′（可装货物重量约25公吨，可装货物体积约55立方米）。为适应运输各类货物的需要，集装箱除通用的干货集装箱外，还有冷藏集装箱、罐式集装箱、散装集装箱、台架式集装箱、平台集装箱、敞顶集装箱、牲畜集装箱、汽车集装箱等。

集装箱货物的装箱方式有整箱货（Full Container Load，FCL）和拼箱货（Less Than Container Load，LCL）之分。整箱货由发货人在工厂或仓库进行装箱后直接运交集装箱堆场（Container Yard，CY）等待装运，货到目的地（港）后，收货人可直接从目的港（地）集装箱堆场提走。拼箱货是指货量不足一整箱，需由承运人在集装箱货运站（Container Freight Station，CFS）负责将不同发货人的少量货物拼在一个集装箱内，货到目的地（港）后，由承运人拆箱分拨给各收货人。

5.国际多式联运

国际多式联运（International Multimodal Transport 或 International Combined Transport）是在集装箱运输的基础上产生和发展起来的一种综合连贯运输方式，它是由多式联运经营人按照多式联运合同，以至少两种不同的运输方式，把货物从一国境内接运货物的地点运至另一国境内指定交付货物的地点。国际多式联运使用一份包括全程的多式联运单据，由多式联运经营人对全程运输负总的责任，并实行全称单一的运输费率。

6.公路运输

公路运输（Road Transport）是一种现代化的运输方式，它不仅可以直接运进或运出对外贸易货物，而且也是铁路车站、港口和机场集散进出口货物的重要手段，是联结铁路、水运、航空运输的起端和末端不可缺少的条件。

公路运输具有机动灵活、速度快和方便等特点，尤其是在"门到门"的运输中，更离不开公路运输。但公路运输也有一定的不足之处，如载货量有限，运输成本高，容易造成货损事故等。

7.内河运输

内河运输（Inland Water Transport）是水上运输的重要组成部分，它是连接内陆腹地与沿海地区的纽带，在运输和集散进出口货物中起着重要的作用。

8.邮政运输

邮政运输（Parcel Post Transport）是一种较简便的运输方式。各国邮政部门之间订有协定和公约，通过这些协定和公约，各国的邮件包裹可以互相传递，从而形成国际邮包运输网。

国际邮政运输具有国际多式联运和"门到门"运输的性质，托运人只需按邮局章程一次托运、一次付清足额邮资，取得邮政包裹收据（Parcel Post Receipt），交货手续即告完成。邮件在国际间的传递由各国的邮政部门负责办理，邮件到达目的地后，收件人可凭邮局到件通知向邮局提取。所以，邮政运输适用于重量轻、体积小的货物的传递。

9.管道运输

管道运输（Pipeline Transport）是一种特殊的运输方式，它是货物在管道内借助于高压气泵的压力输往目的地的一种运输方式，主要适用于运输液体和气体货物，具有固定投资大、建成后运输成本低的特点。

（二）定程租船的装卸费

在定程租船运输情况下，有关货物的装卸费用由承租人和船东协商确定后在定程租船合同中作出具体规定，具体做法主要有以下四种：

（1）船方负担装货费和卸货费，又称"班轮条件"（Gross Terms，Liner Terms或Berth Terms）。

（2）船方负担装货费，但不负担卸货费（Free Out，FO）。

（3）船方负担卸货费，而不负担装货费（Free In，FI）。

（4）船方既不负担装货费，也不负担卸货费（Free In and Out，FIO）。采用这一规定方法时，必要时还需明确规定理舱费和平舱费由谁负担，如规定由承租人负担，则称为"船方不管装卸、理舱和平舱"（Free In and Out，Stowed and Trimmed，FIOST）条款。

定程租船合同关于装卸费的规定必须与货物贸易合同所使用的贸易术语及其变形相吻合，否则可能导致无人承担装卸义务或者重复付费，二者的对应关系见表3-1。

表3-1 货物贸易合同与定程租船合同中对应关系

货物贸易合同	定程租船合同	说明
FOB Liner Terms	Gross Terms 或 FO	承租人（买方）负担装货费
FOB Stowed	FI 或 FIO	承租人（买方）不负担装货费
FOB Trimmed	FI 或 FIO	承租人（买方）不负担装货费
FOB Under Tackle	Gross Terms 或 FO	承租人（买方）负担装货费
CFR/CIF Liner Terms	Gross Terms 或 FI	承租人（卖方）负担卸货费
CFR/CIF Ex Ship's Hold	FO 或 FIO	承租人（卖方）不负担卸货费
CFR/CIF Landed	Gross Terms 或 FI	承租人（卖方）负担卸货费
CFR/CIF Ex Tackle	Gross Terms 或 FI	承租人（卖方）负担卸货费

（三）海运提单的种类

海运提单可以从不同角度予以分类，主要有以下几种：

1.根据货物是否已装船，分为已装船提单和备运提单

已装船提单（On Board B/L 或 Shipped B/L）是指承运人已将货物装上指定船舶后所签发的提单。这种提单在国际贸易中被广泛使用，其特点是提单上注明载货船舶名称和装船日期。在以信用证为付款方式的国际贸易中，《跟单信用证统一惯例》规定，如信用证要求以海运提单作为运输单据，则银行将接受注明货物已装船或已装指定船舶的提单。

备运提单（Received for Shipment B/L）又称收妥待运提单，是指承运人在接管托运货物后，在装船前应托运人的要求签发的提单。由于货物尚未装船，所以这种提单不填载货船舶名称和装船日期。托运人可在货物装船后凭以换取已装船提单，也可经承运人或其代理人在备运提单上批注载货船舶名称和装船日期，并签署后使之成为已装船提单。

2.根据提单对货物表面状况有无不良批注，分为清洁提单和不清洁提单

清洁提单（Clean B/L）是指货物在装船时表面状况良好，承运人在签发提单时未加注任何有关货物及/或包装有缺陷状况或其他有碍结汇批注的提单。清洁提单是收货人转让提单时必须具备的条件，同时也是履行货物贸易合同规定的交货义务的必要条件。

不清洁提单（Unclean B/L或Foul B/L）是指承运人在签发的提单上加注了货物及/或包装有缺陷状况批注的提单。例如，在提单上批注"…packages in damaged condition"（……件损坏）、"iron strap loose or missing"（铁条松失）、"insufficiently packed"（包装不固）等。

3.根据提单收货人抬头的不同，分为记名提单、不记名提单和指示提单

记名提单（Straight B/L）又称收货人抬头提单，是指提单上的收货人栏内填明特定收货人名称，只能由该特定收货人提货。记名提单可以避免提单转让过程中可能给货方带来的风险，但由于这种提单原则上不能转让，所以在国际贸易中很少使用。

不记名提单（Bearer B/L）是指提单收货人栏内没有指明任何收货人，只注明"To Bearer"（交持有人）字样，或者收货人栏空白。不记名提单无须背书，仅凭交付转让，谁持有提单，谁就可以提货或转让。这种提单流通性极强，但由于在提单遗失时容易造成货物丢失或引起纠纷，因此风险很大，在国际贸易中很少使用。

指示提单（Order B/L）是指在提单收货人栏内填写"To order"（凭指示）或"To order of …"（凭某人指示）字样的提单。这种提单的持有人可以通过背书的方式将其转让给第三者，在国际贸易中广为使用。背书的方式又有"空白背书"和"记名背书"之分。前者是指背书人（提单转让人）在提单背面签名，而不注明被背书人（提单受让人）名称；后者是指背书人除在提单背面签名外，还列明被背书人名称。目前在实际业务中使用最多的是"凭指示"并经空白背书的提单，习惯上称其为"空白抬头、空白背书"（to order, blank endorsed）提单。

4.按运输方式，分为直达提单、转船提单和联运提单

直达提单（Direct B/L）是指货物从装运港装船后，中途不经过换船而直接运到目的港使用的提单。凡合同和信用证规定不准转船者，卖方必须取得承运人签发的直达提单。

转船提单（Transhipment B/L）是指货物从装运港装船后，需在中途换装另外的船舶

才能到达目的港而由承运人在装运港签发的全程提单。转船提单内一般注明"在××港转船"的字样。

联运提单（Through B/L）是指经过海运和其他运输方式联合运输时由第一程承运人所签发的包括全程运输的提单。联运提单虽然包括全程运输，但签发联运提单的承运人一般都在提单中规定只承担自己直接承运区段发生的货损责任。

5.根据船舶营运方式的不同，分为班轮提单和租船提单

班轮提单（Liner B/L）是指由班轮公司承运货物后签发给托运人的提单。

租船提单（Charter Party B/L）是指承运人根据租船合同签发的提单。这种提单上注明"一切条件、条款和免责事项按照×年×月×日的租船合同"或批注"根据××租船合同出立"字样。这种提单受租船合同条款的约束，银行或买方在接受这种提单时，通常要求卖方提供租船合同的副本。

6.根据提单内容的繁简，分为全式提单和略式提单

全式或繁式提单（Long Form B/L）是指提单背面列有承运人和托运人权利、义务、责任和豁免等详细条款的提单。班轮提单通常是全式提单。

略式或简式提单（Short Form B/L）是指提单背面无条款，而只列出提单正面的必须记载事项。租船提单通常是略式提单。

7.根据提单的使用效力，分为正本提单和副本提单

（1）正本提单（Original B/L）是指提单上有承运人、船长或其代理人签名盖章并注明签发日期的提单。这种提单在法律上是有效的单据。正本提单上必须标明"Original"（正本）字样。正本提单一般签发一式两份或三份，凭其中的任何一份提货后，其余即告作废。根据《跟单信用证统一惯例》规定，银行接受仅有一份的正本提单，如签发一份以上正本提单时，应包括全套正本提单。买方与银行通常要求卖方提供船公司签发的全部正本提单，即所谓"全套提单"（Full Set B/L）。

（2）副本提单（Copy B/L）是指提单上没有承运人、船长或其代理人签字盖章，而仅供工作上参考之用的提单。在副本提单上一般都标明"Copy"（副本）或"Non-negotiable"（不作流通转让）字样，以区别于正本提单。

8.其他种类提单

舱面提单（On Deck B/L）又称甲板货提单，是指承运人对装在船舶甲板上的货物所签发的提单。这种提单上一般都有"on deck"（装舱面）字样。由于货物装在甲板上风险较大，根据《海牙规则》规定，承运人对甲板货的损坏或灭失不负责任，因此买方和银行一般都不愿意接受舱面提单。但有些易燃、易爆、剧毒、体积大的货物和活牲畜等必须装在甲板上，在这种情况下，合同和信用证中应规定"On-deck shipment is allowed"（货物可以装在甲板上）或"On Deck B/L is acceptable"（接受舱面提单）。

过期提单（Stale B/L）有两种：一种是错过规定的交单日期的提单。根据《跟单信用证统一惯例》规定，如信用证无特殊规定，银行将拒绝接受在运输单据签发日后超过21天才提交的单据。另一种是晚于货物到达目的港的提单。由于银行单据流转速度过慢，或者在近洋运输时因航线较短，以致货物到达目的港时，收货人尚未收到提单。在近洋国家间的货物贸易合同中，一般都订有"Stale B/L is acceptable"（过期提单可以接受）的条款。

（四）海运提单的内容

海运提单的内容一般包括提单正面的记载事项和提单背面印就的运输条款。

1.提单正面的内容

提单正面的记载事项，分别由托运人和承运人或其代理人填写，通常包括下列事项：

（1）托运人（Shipper），一般是出口人。

（2）收货人（Consignee）。

（3）被通知人（Notify Party），一般是进口人。

（4）收货地或装货港（Place of Receipt or Port of Loading）。

（5）目的地或卸货港（Destination or Port of Discharge）。

（6）船名及航次（Vessel's Name & Voyage Number）。

（7）唛头及件号（Shipping Marks & Numbers）。

（8）货名及件数（Description of Goods & Number of Packages）。

（9）重量和体积（Weight & Measurement）。

（10）运费（Freight）。除信用证另有规定外，提单上不必列出运费的具体金额。若按CIF或CFR条件成交，在提单上应注明"Freight Prepaid"（运费预付或运费已付）。若按FOB条件成交，在提单上则注明"Freight to Collect"（运费到付）。

（11）正本提单的张数（Number of Original B/L）。

（12）船公司或其代理人的签章（Name & Signature of the Carrier）。

（13）签发提单的地点及日期（Place & Date of Issue）。

2.提单背面的条款

在班轮提单背面，通常都有印就的运输条款，这些条款是作为确定承运人与托运人之间以及承运人与收货人及提单持有人之间的权利和义务的主要依据。提单背面条款的内容由各船公司自行确定，其内容不尽一致，但大致相同。

（五）订立交货条款应注意的问题

1.规定交货期应注意的问题

（1）交货期的规定既要明确具体，又不宜订得过死，力求避免使用可能出现分歧的装运术语，同时也不宜规定某年某月某日交货。

（2）交货期限应当适度，应考虑货源和航运市场的实际情况，使运输工具与货物衔接。

（3）应根据货物的特性、不同市场需求和交货地点的特殊季节因素确定交货期，例如在无妥善装载工具和设备的情况下，易受潮、易腐烂、易溶化的货物一般不宜在夏季、雨季装运；北欧、加拿大东海沿岸港口冬季易封冻结冰，交货期不宜订在冰冻时期。

（4）采用信用证支付时，应确保交货期和开证日期互相衔接。

2.规定装运港（地）和目的港（地）应注意的问题

（1）规定国外装运港（地）和目的港（地）应注意的问题。

①对国外装运港（地）或目的港（地）的规定应力求具体明确。

②注意装运港（地）和目的港（地）与相关贸易术语的衔接。在按FOB、CFR和CIF等适用于水运的贸易术语成交时，不能接受内陆城市作为装运港或目的港，否则我方要承

担从港口到内陆城市这段路程的运费和风险。

③必须注意装卸港（地）的具体条件，主要有：有无直达航线、装卸港（地）的装卸条件以及运费和附加费水平等。如果租船运输，还应考虑码头泊位的深度、冰封期以及对船舶国籍有无限制等港口制度。

④应注意国外港口或城市有无重名。如果有重名港口或城市，在货物贸易合同中应明确注明装运港（地）和目的港（地）所在国家或地区的名称。

⑤目的港采用选择港规定时，要规定买方宣布最后目的港的时间。选择港的数目一般不超过三个，而且必须在同一航区和同一航线上。同时在合同中应明确规定：所选择的目的港如增加运费、附加费时，应由买方负担。

（2）规定国内装运港（地）或目的港（地）应注意的问题。

在出口业务中，对国内装运港（地）的规定主要应考虑接近货源地，以方便运输和节省运费。在进口业务中，对国内目的港（地）的规定主要应考虑接近用货单位或消费地区。

3.其他应注意的问题

（1）如出口是按CFR或CIF贸易术语成交，不宜指定航线和转运地，对交货条件中的海运承载船只不宜规定使用某国籍、某班轮公司的轮船或指定具体船名。例如"10月装运，取道巴拿马运河，由××船装运"（Shipment during October via panama Canal，to be effected per ×× steamer）。

（2）对于按FOB条件成交的合同，应写明卖方于交货期前××天（一般为30天或45天）向买方发出货物备妥待运通知；买方应从卖方发出通知之日起××天内将装货船只的船名、船籍、预计到港日期通知卖方，并在船到港××天前通知该船肯定的到港日期。

（3）如无特殊情况，一般应规定允许分批装运和允许转运。

（4）在定程租船情况下，货物贸易合同中的装卸时间、滞期费和速遣费的规定应与租船合同相互衔接，装卸费应与所采用的贸易术语变形相互衔接。

技能训练

（一）翻译下列交货条款。

（1）Shipment during May/June 2015.

（2）Shipment on or before 15th November 2015.

（3）Shipment on or before the end of May 2015.

（4）Shipment within 30 days after receipt of L/C.The relevant L/C must reach the seller not later than March 31st，2015.

（5）Port of Loading and Discharging：From Shanghai to Bahrain.

（6）Shipment during May/June/July，with partial shipments and transhipment allowed.

（7）During Sep./Oct.in two shipments，transhipment is prohibited.

（8）Shipment

①Time of Shipment：in April，2015.

②Port of shipment：Dalian，China.

③Port of Unloading： Bangkok， Thailand.

④ "On-deck" shipment is not allowed.

⑤Transshipment is allowed.

⑥ Partial shipment is not allowed.

（9） The Seller shall notify the Buyer by Telex or Fax of the Contract number， the name of the commodity， the quantity， the total amount， the package numbers， the total weight and volume and the date when the goods should be ready for shipment at the port of shipment at least 30 days before the date of shipment.The Buyer shall notify the Seller of the name of the vessel， the estimated date of arrival and the contract number at least 15 days before the estimated date of arrival of the vessel at the port of shipment for the Seller to effect shipment.In case the carrying vessel or the date of arrival has to be changed， the Buyer or its shipping agent shall advise the Seller in time， however not later than 7 days prior to the scheduled date of arrival， to make necessary arrangement.Should the vessel fail to arrive at the port of shipment within 3 days after the arrival date advised by the Buyer， the Buyer shall bear all actual expenses， including the storage expenses and interest charges.

The Seller shall be liable for any dead freight or demurrage， should they fail to have the quantity of the goods ready for loading in time as stipulated， if the carrying vessel has arrived at the port of shipment as advised.

（10） The Seller shall inform the Buyer by Telex or Fax of the name， nationality， age and other details of the carrying vessel as well as the contract number for each shipment not later than 30 days before the time of shipment.The shipment shall not be effected without the confirmation from the Buyer with respect to the acceptability of the vessel.The Buyer shall confirm the vessel by Telex or Fax within 3 working days; otherwise， the vessel shall be regarded as confirmed.

（11） The Seller shall inform the Buyer and/ or the consignee appointed by the Buyer of the contract number， name of commodity， quantity， net and gross weight， measurements， invoiced value， bills of lading number， sailing date and the estimated date of arrival at the port of unloading by Telex， Fax or Cable immediately upon the completion of the loading of the goods. Should the Seller fail immediately to provide such notice to the buyer and/ or the consignee appointed by the Buyer， and the Buyer can not procure the insurance in time， the Seller shall be responsible for any damage to and/ or loss of the goods incurred in the course of transport.

（二） 指出下列条款的内容有什么不妥。

中国公司向英国某公司按CIF利物浦条件出售一批核桃仁，由于该商品季节性强，合同规定："买方须于9月底前将信用证开到卖方，卖方保证运货船只不迟于12月2日抵目的港，否则买方有权取消合同。如货款已收，卖方须将货款退还买方。"

（三） 下列条款中，卖方应如何交货？

（1） 数量9 000公吨，交货期4—6月，可分批装运。

（2） 数量9 000公吨，交货期4—6月，分3批装运。

（3） 数量9 000公吨，交货期4—6月，每月装运1批。

（4） 数量9 000公吨，交货期4—6月，每月等量装运。

任务 二 解析保险条款

任务描述

通过对货物进出口合同保险条款的解析，明确投保人、投保金额、投保险别、适用的保险条款、保险费的负担和保险单据。

任务分析

（一）明确保险条款的主要内容

保险条款并非所有货物进出口合同必不可缺的条款，根据《2010年国际贸易术语解释通则》的规定，涉及保险的贸易术语只有两个，即 CIF 和 CIP。在这两个贸易术语下，商品价格中包含了保险费，办理货运保险是卖方的义务，但货物风险自货物在装运港置于船上时或货物交给承运人接管时转移给买方，即运输途中的风险由买方承担，因此，卖方是为买方的利益办理保险。

按 CIF 和 CIP 条件成交时，由于运输途中的风险由买方承担，因此买方会在货物贸易合同中通过保险条款对卖方的投保行为进行约束。保险条款的内容主要包括保险投保人、保险金额、投保险别、保险费率、适用的保险条款和保险单据等事项。

在按其他贸易术语成交的情况下，由当事方自己决定是否要办理保险以及投保到什么程度，因此货物贸易合同中可以没有保险条款。然而，虽然通过贸易术语可以明确货物贸易合同有关当事人的保险义务，但买卖双方可以通过合同约定修改相关保险义务。例如，在 FOB 或 CFR 贸易术语下，从装运港到目的港的货运保险由买方办理，但合同中也可以约定由卖方替买方代办货运保险，并由买方负担保险费。为避免纠纷和便于合同的履行，在按其他贸易术语成交的情况下，货物贸易合同中也往往订有保险条款。如果买卖双方对贸易术语规定的保险义务作了修改，保险条款应详细规定投保人、保险金额、投保险别、适用的保险条款和保险单据等事项。如果买卖双方并未修改贸易术语规定的保险义务，则保险条款仅明确投保人即可。

（二）明确投保人

在国际贸易中，投保人无非是买方或者是卖方，因此合同中明确投保人的方式就是在保险条款中规定"Insurance to be effected by Buyers"（保险由买方办理）或者"Insurance to be covered by the seller"（保险由卖方办理）。

按 EXW、FCA、FAS、FOB、CFR 或 CPT 条件成交时，通常仅需规定"保险由买方办理"。卖方可根据货物的性质，建议买方投保适当的险别，并规定若买方未按卖方的建议投保，万一货物受损，卖方不负任何责任。例如：

Insurance to be covered by Buyer and any kind of loss/damage after loading, such as breakage, shortage, theft and pilferage shall be covered by insurance by Buyer at Buyer's option.

译文：买方负责投保，装船后的任何损失如破碎、短量、偷窃等，均由买方自行决定投保。

如果双方约定由卖方代为保险，保险条款中应规定卖方的投保义务、投保金额和投保险别等内容，并规定由买方负担保险费，例如：

Insurance to be effected by the sellers on behalf of the buyers for 110% of invoice value against All Risks, premium to be for Buyer's account.

译文：由买方委托卖方按发票金额110%代为投保一切险，保险费由买方负担。

按 DES、DEQ 或 DDU、DDP 等条件成交时，由卖方负责办理保险并负担保险费，通常仅规定"保险由卖方办理"。

按 CIF 和 CIP 条件成交时，则必须规定"保险由卖方办理"。

在货物贸易合同中，办理保险的"办理"一词可用 effect、arrange、cover、make、procure、provide、insure、take out 等动词或词组表述。

（三）明确投保金额

投保金额是计算保险费的基础，也是被保险货物发生保险范围内损失时，保险公司赔偿的最高限额。在国际货物贸易实践中，保险金额一般按货物的 CIF 或 CIP 总额加成计算，即按发票金额再加一定的百分率（保险加成率），通常是加10%。如果买方要求的保险加成率超过10%，卖方也可酌情接受。如果买方要求保险加成率过高，则卖方应在同有关保险公司商妥后方可接受。

货物的投保金额由买卖双方约定。在按 CIF 或 CIP 条件成交的情况下，如果买卖双方没有约定投保金额，根据《2010年国际贸易术语解释通则》的规定，卖方应投保"最低保险金额"——合同规定价款另加10%（即合同总额的110%）。

在货物贸易合同的保险条款中，关于保险金额的表述通常以介词"for"开头。保险加成有两种表述方法：一是"110% of the invoice value"（发票金额的110%）；二是"10% over the invoice value"或"invoice value plus 10%"（发票金额加10%）。例如：

Insurance shall be procured by the Seller for 110% of the invoice value against F.P.A.

译文：由卖方按发票金额110%投保平安险。

Insurance shall be effected for not less than CIF value plus 10% of the merchandise, covering All Risks and War Risk.

译文：按不少于 CIF 金额加货价10%投保一切险和战争险。

Insurance to be covering All Risks and War Risk for 10% over CIF invoice value.

译文：按 CIF 发票金额加10%投保一切险和战争险。

在个别合同中，也存在不加成而按发票金额等额投保的情形。例如：

Marine All Risks insurance and War Risk insurance to be covered by the seller for a sum equal to the amount of the invoice.

译文：卖方按发票金额投保海洋运输一切险和战争险。

（四）明确投保险别

投保险别涉及保险公司的承保责任范围，也影响到保险费的高低。一般而言，保险公司承保责任范围越大，保险费率越高；相关风险发生的几率越大，保险费率越高。

货物的投保险别由买卖双方约定。在按 CIF 或 CIP 条件成交的情况下，如果买卖双方没有约定投保险别,《2010年国际贸易术语解释通则》规定,"卖方至少要投保ICC(C)或其他类似的最低限度的保险险别。如买方需要更高的保险险别,则需要与卖方明确地达成协议,或者自行作出额外的保险安排。"

在按CIF或CIP条件成交的情况下,买卖双方约定的险别通常为平安险(F.P.A.)、水渍险(W.P.A.或W.A.)、一切险(All Risks)三种基本险中的一种,并可根据货物特性和实际情况加保一种或若干种附加险。买卖双方也可约定采用英国伦敦保险协会货物保险条款中的ICC(A)、ICC(B)和ICC(C),并可根据需要加保协会战争险条款(货物)(Institute War Clauses Cargo)、协会罢工险条款(货物)(Institute Strikes Clauses Cargo)和恶意损害险条款(Malicious Damage Clauses)。

在货物贸易合同的保险条款中,关于投保的表述通常以介词"against"开头,后面加列投保的险别。例如:

Insurance to be covered by Sellers against W.A.and T.P.N.D.

译文:卖方投保水渍险和偷窃提货不着险。

Seller shall effect marine insurance against All Risks including War Risk.

译文:卖方投保海洋运输一切险和战争险。

(五)明确保险公司和适用的保险条款

在按CIF或CIP条件成交时,保险公司的资信情况与买方有直接的利害关系,因此,买方有时要求在合同中限定保险公司,在货物贸易合同的保险条款中通常以介词"with"开头。例如:

Insurance to be covered by Sellers with the People's Insurance Company of China against F.P.A.and War Risk.

译文:由卖方向中国人民保险公司投保平安险和战争险。

由于不同国家的保险公司对有关保险险别的承保范围规定有差异,买卖双方在货物贸易合同中约定投保险别的同时,往往还要注明所适用的保险条款,以避免争议和便于日后保险索赔工作的顺利进行。

在货物贸易合同的保险条款中,关于适用保险条款的表述通常以介词"as per"开头,后面加列所适用的保险条款。例如:

Insurance to be covered by Sellers against W.A.and T.P.N.D.as per the Clauses of the People's Insurance Company.

译文:卖方按中国人民保险公司的保险条款投保水渍险和偷窃提货不着险。

Insurance to be covered against all risks including war risk as per ocean marine cargo clauses and air transportation cargo insurance clauses and ocean marine cargo war risk clauses and air transportation cargo war risk clauses of the people's insurance company of China.

译文:按照中国人民保险公司海洋运输货物保险条款和航空运输货物保险条款以及海洋运输货物战争险条款和航空运输货物战争险条款投保一切险和战争险。

Insurance:to be covered by the Seller for 110% of total invoice value against All Risks and War Risk, as per and subject to the relevant Ocean Marine Cargo Clauses of the People's Insurance Company of China dated 1/1/1981.

译文:保险:由卖方按发票金额的110%投保一切险和战争险,以中国人民保险公司

1981年1月1日的有关海洋运输货物保险条款为准。

（六）明确保险费的负担

在按 CIF 或 CIP 条件成交时，由于货价中已包含了保险费，因此无须约定保险费的负担，或者仅约定"保险费由卖方负担"。为避免订立合同后买方要求增加保险金额或者加保其他险别而引发争议，货物贸易合同中通常规定"由此产生的额外保费由买方负担"。在保险市场不稳定的情况下，卖方为了避免承担保险费率上涨的风险，往往要求在合同中规定："货物出运时，如保险费率上涨，其增加的部分应由买方负担。"例如：

Any additional premium for insurance coverage over 110% of the invoice amount, if so required, shall be borne by Buyer and be added to the invoice amount, for which the L/C shall stipulate accordingly.

译文：若买方要求投保金额超过发票金额110%，其超过金额的保费由买方负担，并加到发票金额中，对此信用证应作相应规定。

Insurance shall be covered on W.A.Any additional insurance required by Buyer shall be effected at his own expense.Seller may, if necessary, insure against War Risk for account of Buyer.

译文：投保水渍险。买方要求增加保险，费用自负。必要时卖方可投保战争险，但费用由买方负担。

Marine insurance shall be effected by the seller against F.P.A.for invoice amount plus ten percent only.Any additional insurance required by the buyer shall be effected by him and for his account.

译文：卖方按发票金额加10%投保平安险。买方如需加保，由其自行投保并负担费用。

Marine insurance shall be covered by seller against W.A.for 110% of invoice amount, and the War Risk to be covered only at the specific request of Buyer and for his account.

译文：卖方按发票金额110%投保水渍险。战争险只有在买方要求并负担费用时方予投保。

Insurance shall be effected against F.P.A.for the amount of Seller's invoice plus 10%.Any additional insurance required by Buyer shall be at his own expense.Seller may insure against War Risk at Buyer's request and expenses.In case the rate of relevant insurance premium should be raised between the time of closing contract and that of Buyer's shipment, the excess premium shall be for Buyer's account.

译文：按卖方发票金额加10%投保平安险。若买方加保，其费用自负。如买方要求并负担费用，卖方可投保战争险。若在合同签订和装船期间保费增加，则由买方负担。

Insurance to cover W.A.plus T.P.N.D.and War Risk for 110% of the CIF value and to provide for claims, if any, payable in New York in U.S.currency.

War Risk premium is calculated at 0.1%.If it is higher than 0.1% after the conclusion of the contract, the excess premium shall be for Buyer's account and if War Risk insurance is not obtainable, Seller may be exempted from providing such insurance.Therefore, L/C must include the following clause: "If War Risk premium is higher than 0.1%, beneficiary is authorized to draw the difference in excess of L/C amount, or to exempt from providing such insurance."

译文：按 CIF 金额加 110%投保水渍险、偷窃提货不着险和战争险，若发生索赔，则在纽约以美元支付。

战争险保费按 0.1%计算，若成交后保费超过 0.1%，其超额部分由买方负担；若战争险无人承保，卖方可不保此险。因此，信用证必须规定："若战争险保费超过 0.1%，受益人有权收取超过信用证金额部分的保险费，或不投保此险。"

（七）明确卖方需要提交的保险单据

在货物贸易合同中，如约定由卖方投保，通常还规定卖方应向买方提供保险单据的类型，如被保险的货物在运输过程中发生承保范围内的风险损失，买方即可凭卖方提供的保险单向有关保险公司索赔。

卖方需要提交的保险单据既可以在保险条款中规定，也可以在支付条款中规定，还可以在单独的单据条款中规定。

卖方提交的保险单据（Insurance Documents）主要有保险单和保险凭证两种。

1.保险单

保险单（Insurance Policy）是保险人和被保险人之间订立正式保险合同的书面凭证。保险单的正面载有证明双方当事人建立保险关系的文句、被保险货物的情况、承保险别和金额、理赔地点等内容；背面载有承保责任范围、除外责任、责任起讫、被保险人的义务、索赔期限等明确保险人与被保险人之间权利义务关系的保险条款。

2.保险凭证

保险凭证（Insurance Certificate）是保险人签发给被保险人，用以证明保险合同已经生效的文件。保险凭证仅载有证明双方当事人建立保险关系的文句、被保险货物的情况、承保险别和金额、理赔地点等内容，而关于保险人与被保险人之间的权利义务等方面的详细条款不予载明。保险凭证具有与保险单同等的效力。

如果信用证内规定提供"保险单据时"，受益人提供"保险单"或"保险凭证"均可。但是如果信用证内规定提供"保险单"时，受益人一般不能以"保险凭证"代替。

为便于索赔，买方有时还要求对保险单据的具体内容进行约定，例如：

Insurance policy or certificate shall indicate settling agent's name.

译文：保险单或凭证须表明理赔代理人的名称。

相关知识

（一）海运货物保险承保的范围

海运货物保险承保的范围包括海上风险、海上损失与费用以及外来原因所引起的风险损失。

1.海上风险

根据国际保险市场的一般解释和习惯做法，保险公司所承保的海上风险并不包括所有发生在海上的风险，同时也不局限于海上所发生的风险，凡是与海运相连的，包括陆上、内河、驳船运输过程中的风险也都包含在海上风险之内予以承保。

海上风险一般包括自然灾害和意外事故两种。

（1）自然灾害

所谓自然灾害，是指恶劣气候、雷电、洪水、流冰、地震、海啸、火山爆发以及其他人力不可抗拒的灾害。

（2）意外事故

意外事故包括船舶搁浅、触礁、互撞、与流冰或其他物体碰撞、爆炸、火灾、沉没、船舶失踪或其他类似事故。

2.海上损失

海上损失（简称海损）是指被保险货物在海运过程中，由于海上风险所造成的损坏或灭失。根据国际保险市场的一般解释，凡与海陆连接的陆运过程中所发生的损坏或灭失，也属海损范围。

就货物损失的程度而言，海损可分为全部损失和部分损失。

（1）全部损失

全部损失（Total Loss）有实际全损（Actual Total Loss）和推定全损（Constructive Total Loss）两种。前者是指货物全部灭失、完全变质或不可能归还被保险人；后者是指货物发生事故后，认为实际全损已不可避免，或者为避免实际全损所需支付的费用与继续将货物运抵目的地的费用之和超过保险价值。

（2）部分损失

在海洋运输中，当保险标的发生承保责任范围内的损失，凡不属于实际全损和推定全损的为部分损失（Partial Loss）。

部分损失可分为共同海损（General Average）和单独海损（Particular Average）。

在海洋运输途中，船舶、货物或其他财产遭遇共同危险，为了解除共同危险，有意采取合理的救难措施，所直接造成的特殊牺牲和支付的特殊费用，称为共同海损。在船舶发生共同海损后，凡属共同海损范围内的牺牲和费用，均可通过共同海损理算，由有关获救受益方（即船方、货方和运费收入方）根据获救价值按比例分摊。这种分摊，称为共同海损分摊。

共同海损的成立一般应具备以下几个条件：

①共同海损的危险必须是共同的，采取的措施是合理的，这是共同海损成立的前提条件。如果危险还没有危及船货各方的共同安全，即使船长有意作出合理的牺牲和支付了额外的费用，也不能算作共同海损。

②共同海损的危险必须是真实存在的而不是臆测的，或者不可避免地发生的。

③共同海损的牺牲必须是自动的和有意采取的行为，其费用必须是额外的。

④共同海损必须是非常情况下的损失。

单独海损是指仅涉及船舶或货物所有人单方面利益的损失，它与共同海损的主要区别是：

①造成海损的原因不同。单独海损是承保风险所直接导致的船、货损失；共同海损则不是承保风险所直接导致的损失，而是为了解除或减轻共同危险人为地造成的一种损失。

②承担损失的责任不同。单独海损的损失一般由受损方自行承担；而共同海损的损失，则应由受益的各方按照受益比例共同分摊。

3.海上费用

海上风险还会造成费用上的损失。由海上风险所造成的海上费用（Maritime Charges）

主要有施救费用和救助费用。

所谓施救费用（Sue and Labour Charge），是指被保险的货物在遭受承保责任范围内的灾害事故时，被保险人或其代理人与受让人为了避免或减少损失，采取的各种抢救或防护措施而支付的合理费用。

救助费用（Salvage Charge）则是指被保险货物在遭受了承保责任范围内的灾害事故时，由保险人和被保险人以外的第三者采取了有效的救助措施，在救助成功后，由被救方付给救助人的一种报酬。

4.外来风险

外来风险是指海上风险以外由于其他各种外来的原因所造成的风险和损失，外来风险和损失包括下列两种类型：

一种是一般的外来原因造成的风险和损失。这类风险损失通常是指偷窃、短量、破碎、雨淋、受潮、受热、发霉、串味、玷污、渗漏、钩损和锈损等。

另一种是特殊的外来原因造成的风险和损失。这类风险损失主要是指由于军事、政治、国家政策法令和行政措施等原因所致的风险损失，如战争和罢工等。

除上述各种风险损失外，保险货物在运输途中还可能发生其他损失，如运输途中的自然损耗以及由于货物本身特点和内在缺陷所造成的货损等。这些损失不属于保险公司承保的范围。

（二）我国海运货物保险条款简介

为了适应国际货物海运保险的需要，中国人民保险公司根据我国保险实际情况并参照国际保险市场的习惯做法，分别制定了各种条款，总称为"中国保险条款"（China Insurance Clauses，CIC），其中包括"海洋运输货物保险条款""海洋运输货物战争险条款"以及其他专门条款。投保人可根据货物特点和航线与港口实际情况自行选择投保适当的险别。

按中国保险条款规定，我国海运货物保险的险别包括下列几种类型：

1.基本险

中国人民保险公司所规定的基本险包括平安险（Free from Particular Average，FPA）、水渍险（With Average or With Particular Average，WA or WPA）和一切险（All Risks）。

（1）平安险

投保了平安险，保险公司对下列损失负赔偿责任：

①被保险的货物在运输途中由于恶劣气候、雷电、海啸、地震、洪水等自然灾害造成整批货物的全部损失或推定全损。若被保险的货物用驳船运往或运离海轮时，则每一驳船所装的货物可视作一个整批。

②由于运输工具搁浅、触礁、沉没、互撞、与流冰或其他物体碰撞以及失火、爆炸等意外事故所造成的货物全部或部分损失。

③在运输工具已经发生搁浅、触礁、沉没、焚毁等意外事故的情况下，货物在此前后又在海上遭受恶劣气候、雷电、海啸等自然灾害所造成的部分损失。

④在装卸或转船时由于一件或数件甚至整批货物落海所造成的全部或部分损失。

⑤被保险人对遭受承保责任内的危险货物采取抢救、防止或减少货损的措施所支付的合理费用，但以不超过该批被毁货物的保险金额为限。

⑥运输工具遭遇海难后，在避难港由于卸货引起的损失，以及在中途港或避难港由于卸货、存仓和运送货物所产生的特殊费用。

⑦共同海损的牺牲、分摊和救助费用。

⑧运输契约中如订有"船舶互撞责任"条款，则根据该条款规定应由货方偿还船方的损失。

上述责任范围表明，在投保平安险的情况下，保险公司对由于自然灾害所造成的单独海损不负赔偿责任，而对于因意外事故所造成的单独海损则要负赔偿责任。此外，如在运输过程中运输工具发生搁浅、触礁、沉没、焚毁等意外事故，则在事故发生之前或之后由于自然灾害造成的单独海损，保险公司也要负赔偿责任。

（2）水渍险

投保水渍险后，保险公司除担负上述平安险的各项责任外，还对被保险货物由于恶劣气候、雷电、海啸、地震、洪水等自然灾害所造成的部分损失负赔偿责任。

（3）一切险

投保一切险后，保险公司除担负平安险和水渍险的各项责任外，还对被保险货物在运输途中由于一般外来原因而遭受的全部或部分损失，也负赔偿责任。

从上述三种基本险别的责任范围来看，平安险的责任范围最小，它对自然灾害造成的全部损失和意外事故造成的全部和部分损失负赔偿责任，而对自然灾害造成的部分损失，一般不负赔偿责任。水渍险的责任范围比平安险的责任范围大，凡因自然灾害和意外事故所造成的全部和部分损失，保险公司均负责赔偿。

一切险的责任范围是三种基本险别中最大的一种，它除包括平安险、水渍险的责任范围外，还包括被保险货物在运输过程中，由于一般外来原因所造成的全部或部分损失，如货物被盗窃、钩损、碰损、受潮、发热、淡水雨淋、短量、包装破裂和提货不着等。由此可见，一切险是水渍险加一般附加险的总和。需要特别指出的是，一切险并非保险公司对一切风险损失均负赔偿责任，它只对水渍险和一般外来原因引起的可能发生的风险损失负责，而对货物的内在缺陷、自然损耗以及由于特殊外来原因（如战争、罢工等）所引起的风险损失，概不负赔偿责任。

我国的《海洋运输货物保险条款》除规定了上述各种基本险别的责任外，还对保险责任的起讫作了具体规定。在海运保险中，保险责任的起讫主要采用"仓至仓"条款（Warehouse to Warehouse Clause，W/W），即保险责任自被保险货物运离保险单所载明的起运地仓库或储存处所开始生效，包括正常运输过程中的海上、陆上、内河和驳船运输在内，直至该项货物运抵保险单所载明的目的地收货人的最后仓库或储存处所或被保险人用作分配、分派或非正常运输的其他储存处所为止。如未抵达上述仓库或储存处所，则以被保险的货物在最后卸载港全部卸离海轮后满60天为止。

如果买方对保险公司承包责任的区间有特别要求，需要在货物进出口合同的保险条款中明确规定。例如：

Marine insurance covering All Risks, War Risk and S.R.C.C. for full CIF value shall be effected by the seller and shall be covered up to the buyer's store in Manila.

译文：卖方按CIF金额投保一切险、战争险和罢工、暴动、民变险，保至买方马尼拉仓库。

This insurance must be valid for a period of 60 days after arrival of merchandise at inland destination.

译文：本保险扩展到货物到达内地的目的地后60天有效。

Marine insurance policies or certificates in negotiable form, for 110% full CIF invoice covering the risks of War & W.A.as per the People's Insurance Company of China with extended cover up to Kuala Lumpur with claims payable in (at) Kuala Lumpur in the currency of draft.

译文：作为可议付格式的海运保险单或凭证按照到岸价的发票金额110%投保中国人民保险公司的战争险和水渍险，负责到吉隆坡为止。按照汇票所使用的货币在吉隆坡赔付。

2.附加险

在海运保险业务中，进出口商除了投保货物的上述基本险别外，还可根据货物的特点和实际需要，酌情再选择若干适当的附加险。附加险包括一般附加险（General Additional Coverage）和特殊附加险（Special Additional Coverage）。

（1）一般附加险

一般附加险不能作为一个单独的项目投保，而只能在投保平安险或水渍险的基础上，根据货物的特性和需要加保一种或若干种一般附加险。如加保所有的一般附加险，即为投保一切险。可见一般附加险被包括在一切险的承保范围内，故在投保一切险时，不存在再加保一般附加险的问题。

由于被保险货物的品种繁多，货物的性能和特点各异，而一般外来的风险又多种多样，所以一般附加险的种类也很多，其中主要包括：偷窃提货不着险（Theft, Pilferage and Non-delivery, T.P.N.D.）、淡水雨淋险（Fresh Water Rain Damage, F.W.R.D.）、短量险（Risk of Shortage）、混杂玷污险（Risk of Intermixture and Contamination）、渗漏险（Risk of Leakage）、碰损破碎险（Risk of Clash and Breakage）、串味险（Risk of Odor）、受潮受热险（Risk of Heating and Sweating）、钩损险（Hook Damage）、包装破裂险（Loss or Damage Caused by Breakage of Packing）、锈损险（Risks of Rust）等。

（2）特殊附加险

①战争险（War Risk）和罢工险（Strikes Risk）

凡加保战争险时，保险公司则按加保战争险条款的责任范围，对由于战争和其他各种敌对行为所造成的损失负赔偿责任。

按中国人民保险公司的保险条款规定，战争险不能作为一个单独的项目投保，而只能在投保上述三种基本险别之一的基础上加保。

战争险的保险责任起讫和货物运输险不同，它不采取"仓至仓"条款，而是从货物装上海轮开始至货物运抵目的港卸离海轮为止，即只负责水面风险。

罢工险又称"罢工、暴动、民变险"（Strides, Riot and Civil Commotion, S.R.C.C.）。根据国际保险市场的习惯做法，一般将罢工险与战争险同时承保。如投保了战争险又需加保罢工险时，仅需在保单中附上罢工险条款即可，保险公司不再另行收费。

②其他特殊附加险

为了适应对外贸易货运保险的需要，中国人民保险公司除承保上述各种附加险外，还承保交货不到险（Failure to Delivery Risk）、进口关税险（Import Duty Risk）、舱面险（On Deck Risk）、拒收险（Rejection Risk）、黄曲霉素险（Aflatoxin Risk）以及我国某些出口货物运至港澳存仓期间的火险（Fire Risk Extension Clause for Storage of Cargo at Destination Hong Kong, including Kowloon or Macao, F.R.E.C.）等特殊附加险。

（三）我国陆运、空运货物与邮包运输保险条款简介

1.陆运货物保险

（1）陆运风险与损失

货物在陆运过程中，可能遭受各种自然灾害和意外事故。常见的风险有：车辆碰撞、倾覆和出轨，路基坍塌、桥梁折断和道路损坏，以及火灾和爆炸等意外事故；雷电、洪水、地震、火山爆发、暴风雨以及霜雪冰雹等自然灾害；战争、罢工、偷窃、货物残损、短少、渗漏等外来原因所造成的风险。这些风险会使运输途中的货物出现损失，货主为了转嫁风险损失，就需要办理陆运货物保险。

（2）陆运货物保险的险别

根据中国人民保险公司《陆上运输货物保险条款》的规定，陆运货物保险的基本险别有陆运险（Overland Transportation Risks）、陆运一切险（Overland Transportation All Risks）两种。此外，还有陆上运输冷藏货物险，它也具有基本险性质。

陆运险的承保责任范围与海洋运输货物保险的"水渍险"相似，陆运一切险的承保责任范围同海洋运输货物保险的"一切险"相似。上述责任范围，均适用于铁路和公路运输，并以此为限。陆运险与陆运一切险的责任起讫，也采用"仓至仓"责任条款。

陆运货物在投保上述基本险之一的基础上可以加保附加险。如投保陆运险，则可酌情加保一般附加险和战争险等特殊附加险；如投保陆运一切险，就只能加保战争险等特殊附加险，而无须再加保一般附加险。陆运货物在加保战争险的前提下，再加保罢工险，不另收保险费。陆运货物战争险的责任起讫是以货物置于运输工具时为限。

2.空运货物保险

（1）空运风险与损失

货物在空运过程中，有可能因自然灾害、意外事故和各种外来风险而导致货物全部或部分损失。常见的风险有：雷电、火灾、爆炸、飞机遭受碰撞、倾覆、坠落、失踪、战争破坏以及被保险物由于飞机遇到恶劣气候或其他危难事故而被抛弃等。为了转嫁上述风险，空运货物一般都需要办理保险，以便当货物遭到承保范围内的风险损失时，可以从保险公司获得赔偿。

（2）空运货物保险的险别

空运货物保险的基本险别有航空运输险（Air Transportation Risks）和航空运输一切险（Air Transportation All Risks）。这两种基本险都可单独投保，在投保其中之一的基础上，经投保人与保险公司协商可以加保战争险等附加险。加保时须另付保险费。在加保战争险前提下，再加保罢工险，则不另收保险费。

航空运输险和航空运输一切险的责任起讫也采用"仓至仓"条款。航空运输货物战争险的责任区间，是自货物装上飞机时开始至卸离保险单所载明的目的地的飞机时为止。

3.邮包运输保险

（1）邮包运输风险与损失

邮包运输通常须经海、陆、空辗转运送，实际上属于"门到门"运输，在长途运送过

程中遭受自然灾害、意外事故以及各种外来风险的可能性较大。寄件人为了转嫁邮包在运送当中的风险损失，需要办理邮包运输保险，以便在发生损失时能从保险公司得到承保范围内的经济补偿。

（2）邮包运输保险的险别

根据中国人民保险公司《邮政包裹保险条款》的规定，有邮包险（Parcel Post Risks）和邮包一切险（Parcel Post All Risks）两种基本险，其责任起讫是，自被保险邮包离开保险单所载起运地点寄件人的处所运往邮局时开始生效，直至被保险邮包运达保险单所载明的目的地邮局发出通知书给收件人当日午夜起算为止，但在此期限内，邮包一经递交至收件人处所时，保险责任即告终止。

在投保邮包运输基本险之一的基础上，经投保人与保险公司协商可以加保邮包战争险等附加险。加保时，也须另加保险费。在加保战争险的基础上，如加保罢工险，则不另收费。邮包战争险承保责任的起讫，是自被保险邮包经邮政机构收讫后自储存处所开始运送时生效，直至该邮包运达保险单所载明的目的地邮政机构送交收件人为止。

（四）英国伦敦保险协会海运货物保险条款简介

在国际保险市场上，英国伦敦保险协会制定的"协会货物保险条款"（Institute Cargo Clauses，ICC）对世界各国有着广泛的影响。目前，世界上许多国家在海运保险业务中直接采用该条款，还有许多国家在制定本国保险条款时参考或采用该条款的内容。在我国，按CIF条件出口，虽然一般以中国人民保险公司所制定的保险条款为依据，但如果国外客户要求按英国伦敦保险协会所制定的货物保险条款为准，我们也可酌情接受。

1.协会货物保险条款的种类

协会货物保险条款主要有以下六种：

（1）协会货物条款（A）（Institute Cargo Clauses（A），ICC（A））；

（2）协会货物条款（B）（Institute Cargo Clauses（B），ICC（B））；

（3）协会货物条款（C）（Institute Cargo Clauses（C），ICC（C））；

（4）协会战争险条款（货物）（Institute War Clauses-Cargo）；

（5）协会罢工险条款（货物）（Institute Strikes Clauses-Cargo）；

（6）恶意损害险条款（Malicious Damage Clauses）。

上述ICC（A）、ICC（B）、ICC（C）三种险别都有独立完整的结构，对承保风险及除外责任均有明确规定，因而都可以单独投保。

上述战争险和罢工险，也具有独立完整的结构，如征得保险公司同意，必要时也可作为独立的险别投保。唯独恶意损害险属附加险别，故其条款内容比较简单。

2.协会货物保险主要险别的承保风险与除外责任

（1）ICC（A）的承保风险与除外责任

ICC（A）的责任范围广，采用"一切风险减去除外责任"的规定办法，其承保风险包括：

①承保除外责任4、5、6、7条款规定以外的一切风险所造成的被保险标的物损失。

②承保共同海损和救助费用。

③根据运输契约上船舶互撞责任条款的规定，对被保险人应承担的责任进行赔偿。在

上述条款下由承运人向被保险人提起的索赔中，被保险人同意通知保险人，保险人有权自负费用为被保险人就此项索赔进行辩护。

ICC（A）的除外责任包括下列几个方面：

①除外条款4。

A.归因于被保险人蓄意恶性的行为所造成的损失、损害或费用。

B.归因于保险标的物自然渗漏、正常的重量或体积的损失、自然磨损所造成的损失或费用。

C.保险标的物的包装不固或包装不当或配装不当造成的无法抵抗运输途中发生的通常事故而产生的损失或费用；此情况仅适用于：该种包装或配载是由被保险人或其雇员完成或该种包装或配载是在本保单责任生效前完成（本条所称的"包装"，包括集装箱；本条所称的"雇员"，不包括独立合同商）。

D.归因于保险标的物的内在缺陷或特性所造成的损失或费用。

E.由于延迟所造成的损失或费用，即使该延迟系由承保风险所引起的（上述②条共同海损条款可予赔付之费用除外）。

F.由于船舶所有人、经理人、承租人或经营人破产或经济困难造成的损失或费用，此情况适用于：在保险标的物装上船舶之时，被保险人知道，或者被保险人在正常业务经营中应当知道，此种破产或者经济困难会导致该航程取消。本条除外条款不适用于：当保险合同已经转让给另一方，即另一方已经受保险合同的约束购买或同意购买保险标的物且善意受让该保险合同。

G.使用任何原子或核子裂变和（或）聚变或其他类似反应或放射性物质的武器或设备直接或间接所造成的损失或费用。

②除外条款5。

A.本保险决不承保的损失、损害或费用，如其起因于：

a.被保险人在货物装船时已经知道船舶或驳船的不适航，及船舶或驳船不适合安全运输保险标的物所引起的损失或费用。

b.集装箱或运输工具不适合安全运输保险标的物，适用于：在本保险合同生效前装货已经开始，或被保险人或其雇员在货物装船时已经知道上述情况。

B.上述a除外条款不适用于：当保险合同已经善意转让给另一方，另一方已经受保险合同的约束购买或同意购买保险标的物。

C.保险人放弃船舶适航或船舶适合运输保险标的物运往目的地的默示保证。

③除外条款6。

A.因战争、内战、革命、叛乱、颠覆，或由此引起的内战或交战方之间的敌对行为。

B.因捕获、扣押、拘留、拘禁或羁押（海盗行为除外），及此种行为引起的后果或企图进行此种行为的结果。

C.遗弃的水雷、鱼雷、炸弹或其他遗弃战争武器。

④除外条款7。

A.罢工者、被迫停工工人，或参加工潮、暴动或民变的人员所造成的损失或费用。

B.罢工、停工、工潮、暴动或民变所造成的损失或费用。

C.恐怖主义行为，或与恐怖主义行为相联系的任何组织通过武力或暴力直接实施的旨在推翻或影响法律上承认的或非法律上承认的政府的行为。

D.任何人出于政治、信仰或宗教目的实施的行为。

（2）ICC（B）的承保风险与除外责任

ICC（B）的承保风险包括：

①承保除外责任条款规定以外的风险所造成的被保险标的物损失，ICC（B）的承保风险是采用"列明风险"的方式，其承保风险包括：

A.归因于火灾、爆炸所造成的灭失或损害。

B.归因于船舶或驳船触礁、搁浅、沉没或倾覆所造成的灭失或损害。

C.归因于运输工具倾覆或出轨所造成的灭失或损害。

D.归因于船舶、驳船或运输工具同任何外界物体相撞所造成的灭失或损害。

E.归因于在避难港卸货所造成的灭失或损害。

F.归因于地震、火山爆发或雷电所造成的灭失或损害。

G.共同海损的牺牲引起保险标的物损失。

H.由于抛货或浪击入海引起保险标的物损失。

I.由于海水、湖水或河水进入船舶、驳船、运输工具、集装箱、大型海运箱或贮存处所引起保险标的物损失。

J.货物在装卸时落海或跌落造成整件的全损。

②承保共同海损和救助费用。

③根据运输契约上船舶互撞责任条款的规定，对被保险人应承担的责任进行赔偿。在上述条款下由承运人向被保险人提起的索赔中，被保险人同意通知保险人，保险人有权自负费用为被保险人就此项索赔进行辩护。

ICC（B）的除外责任是ICC（A）的除外责任再加上ICC（A）承保的"海盗行为"与"恶意损害险"。

（3）ICC（C）的承保风险与除外责任

ICC（C）的承保风险包括：

①承保除外责任条款规定以外的风险所造成被保险标的物损失，ICC（C）承保的风险比ICC（B）少，它只承保"重大意外事故"的风险，而不承保ICC（B）中的自然灾害（如地震、火山爆发、雷电等）和非重大意外事故（如装卸过程的整件灭失等）所致的损失。ICC（C）的承保风险也是采用"列明风险"的方式，其承保风险包括：

A.归因于火灾、爆炸所造成的灭失或损害。

B.归因于船舶或驳船触礁、搁浅、沉没或倾覆所造成的灭失或损害。

C.归因于运输工具倾覆或出轨所造成的灭失或损害。

D.归因于船舶、驳船或运输工具同任何外界物体相撞所造成的灭失或损害。

E.归因于在避难港卸货所造成的灭失或损害。

F.归因于共同海损引起的保险标的物损失。

G.由于抛货引起保险标的物损失。

②承保共同海损和救助费用。

③根据运输契约上船舶互撞责任条款的规定，对被保险人应承担的责任进行赔偿。在上述条款下由承运人向被保险人提起的索赔中，被保险人同意通知保险人，保险人有权自

负费用为被保险人就此项索赔进行辩护。

ICC（C）的除外责任与ICC（B）相同。

（4）协会战争险、罢工险和恶意损害险条款

协会战争险和罢工险条款与中国保险条款内容相比差别不是很大，也是采用"仓至仓"责任，与我国海运保险期限大体相同，但规定更为详细，其区别是协会战争险和罢工险在投保时可以作为独立的险别进行投保。

恶意损害险承保除投保人以外的其他人（如船长、船员）的故意破坏行为所造成的保险标的物的灭失或损坏，但恶意损害是出于政治动机的人的行为，应属于罢工险的承保范围。恶意损害险在条款（A）中列为承保责任，但在条款（B）和条款（C）中均列为除外责任。因此，在投保条款（B）和条款（C）时，如欲取得这种风险的保障，应另行加保恶意损害险。

3.ICC（A）、（B）、（C）的保险期限

ICC（A）、（B）、（C）条款有关保险期限的规定是在运输条款（Transit Clause）、运输契约终止条款（Termination of Contract of Carriage Clause）和航程变更条款（Change of Voyage Clause）三个条款中规定的。

运输条款是关于保险期间运输条款的规定，从保险责任起点来看，该条款使得保险责任自保险标的物开始进入仓库或储存处所时生效，包括正常运输过程，直至运到下述地点时终止：

（1）合同载明的目的地最后仓库或储存处所，从运输车辆或其他运输工具完成卸货。

（2）合同载明的目的地任何其他仓库或储存处所，或在中途任何其他仓库或储存处所，从运输车辆或其他运输工具完成卸货，上述任何其他仓库或储存处所是由被保险人或者其雇员选择用作在正常运送过程之外的储存货物、分配货物或分派货物。

（3）被保险人或其雇员在正常运输过程之外选择任何运输车辆、其他运输工具或集装箱储存货物。

（4）自保险标的物在最后卸货港卸离海轮满60天为止。

如果保险标的物在最后卸货港卸离海轮后，但本保险责任终止前，需被转运至非保单载明的其他目的地时，则该项保险标的物开始转运之时保险责任即告截止。

投保人在无法控制的情况下发生船舶绕航、运输迟延、被迫卸货、重新装载、转运以及承运人行使运输契约所赋予的自由处置权而发生变更航程等情况，投保人无须告知保险人及付保险费。

运输契约终止条款是规定由于投保人无法控制的原因，保险标的物在运达保险单所载明的目的地以前，运输契约即在其他港口或处所终止，则在投保人立即通知保险人并在必要时加缴一定保险费的条件下，保险继续有效，直至货物在这个卸货港口或处所卖出和送交之时为止。但最长时间以不超过货物到达该港口或处所60天为止。

航程变更条款主要规定，当本保险责任开始后，被保险人变更目的，应立即通知保险人，并另行商定保险费率和条件。在此费率和条件达成一致前，出现保险事故，只有在保险费率和保险条件符合合理的市场行情情况下，本保险才会仍然有效；当保险标的物按照本保险合同的航程规定开始航行时，被保险人或其雇员对该船舶驶向另一目的地不知情，那么本保险合同仍然被视作是在本保险合同规定的航程开始时生效。

技能训练

（一）指出下列保险条款中的投保人、投保金额、投保险别和适用的保险条款

（1）Insurance shall be made by the Buyer.

（2）Insurance shall be procured by the Seller for 110% of the invoice value against All Risks and War Risk.

（3）Insurance：To be covered by the seller for 110% of invoice value against W.A.and Risk of Leakage as per the clause of the People' Insurance Company of China.

（4）Insurance to be covered by the Sellers for 110% of the invoice value against W.P.A.including shortage in weight as per and subject to the Ocean Marine Cargo Clauses of the People's Insurance Company of China dated Jan.1，1981.If other coverage or an additional insurance is required，the Buyers must have the consent of the Sellers before shipment，and the additional premium is to be borne by the Buyers.

（5）Insurance to be effected by the Sellers on behalf of the Buyers for 120% of invoice value against ICC（A），premium to be for buyers account.

（二）指出下列条款的内容有什么不妥

（1）中国企业以CIF条件进口机械设备，合同保险条款规定："保险：由卖方办理。"

（2）中国企业以CIF条件出口服装，合同保险条款规定："保险：由卖方按发票金额的150%投保一切险和战争险，以中国人民保险公司1981年1月1日的有关海洋运输货物保险条款为准。"

（3）中国企业以CIF条件出口电脑显示器，合同保险条款规定："保险：由卖方按发票金额的110%投保水渍险和一切险，以中国人民保险公司1981年1月1日的有关海洋运输货物保险条款为准。"

单元教研交流

1.本单元的重点和难点

本单元的重点是交货时间、装卸时间、装运通知、运输单据、投保金额、投保险别、保险单据。难点是交货时间的起讫、装卸时间的计算、不同贸易术语下使用运输单据的类型、不同投保险别之间的关系。

2.学生在学习中容易出现的问题

学生在计算交货时间时，经常搞不清楚截止日期是否包含在交货时间内；很多学生认为在CIF或CIP贸易术语下卖方可以不发出装运通知；很多学生会混淆不同贸易术语下使用的运输单据类型；部分学生没有理解各类投保险别的承保范围，在合同中错误地规定投保险别，例如在投保一切险时，又加保一般附加险；在买卖双方没有约定投保金额时，部分学生在计算投保金额时未加成。

3.教学建议

教师在授课中结合《UCP 600》的有关规定，对交货时间的计算进行细致的说明；将交货条款与贸易术语紧密结合进行分析；运用案例分析和改错等形式加深学生的理解。

单元四 支付条款和单据条款

学习目标

- 明确信用证支付方式下合同对支付货款的有关规定
- 明确托收支付方式下合同对支付货款的有关规定
- 明确汇款支付方式下合同对支付货款的有关规定
- 明确合同对卖方提交单据的要求

任务 一 解析信用证支付方式下的支付条款

任务描述

通过对信用证支付方式下货物进出口合同支付条款的解析，明确信用证的开证时间、信用证的种类、付款时间、信用证金额、信用证的有效期和到期地点。

任务分析

（一）明确信用证支付条款的主要内容

信用证（Letter of Credit，L/C）是一种银行开立的有条件的承诺付款的书面文件。信用证支付方式由于其结算的安全性而在国际贸易中得到广泛应用。

如果采用信用证支付，货物贸易合同中的支付条款通常包括开证时间、信用证的种类、付款时间、信用证金额、信用证的有效期和到期地点等。

（二）明确开证时间

开证时间的规定方法主要有三种：

（1）签订合同后若干天内开证。例如：

Buyer shall open an irrevocable L/C in favour of Seller within 30 days after the signing of this contract.

译文：买方应在本合同签署后30天内开出以卖方为受益人的不可撤销信用证。

（2）在装运月前若干天开证。例如：

The Buyer shall open an irrevocable L/C reaching the Seller 30 days before the time of shipment.

译文：买方应在装运期前30天将不可撤销信用证开至卖方。

Buyer shall establish irrevocable L/C reach Singapore not later than the first day of the shipment month.

译文：买方应不迟于交货月第一天将不可撤销信用证开至新加坡。

（3）在某特定日期前开证。例如：

The L/C must reach the Seller on or before May 31st, 2015.

译文：信用证必须在2015年5月31日前到达卖方。

（4）接到卖方通知后若干天内开证。例如：

The Buyer shall open an irrevocable L/C reaching the Seller within 30 days after receipt of the notice from the Seller.

译文：买方应在收到卖方通知后30天内将不可撤销信用证开至卖方。

（三）明确信用证的种类

信用证根据其性质、期限、流通方式等特点，可以从不同的角度分为以下几种：

1.跟单信用证和光票信用证

以信用证项下的汇票是否附有货运单据划分，信用证可分为跟单信用证和光票信用证。

（1）跟单信用证

跟单信用证（Documentary Credit）是指开证行凭跟单汇票或仅凭单据付款的信用证。国际贸易中使用的信用证，绝大部分是跟单信用证。

（2）光票信用证

光票信用证（Clean Credit）是指开证行仅凭不附单据的汇票付款的信用证。在采用信用证方式预付货款时，通常是用光票信用证。

2.不可撤销信用证和可撤销信用证

以开证行所负的责任为标准，信用证可以分为不可撤销信用证和可撤销信用证两种。

（1）不可撤销信用证

不可撤销信用证（Irrevocable Letter of Credit）是指信用证一经开出，在有效期内，未经受益人及有关当事人同意，开证行不得片面修改和撤销，只要受益人提供的单据符合信用证规定，开证行必须履行付款义务。这种信用证对受益人较有保障，在国际贸易中，使用最为广泛。凡是不可撤销信用证，在信用证中应注明"不可撤销"（Irrevocable）字样，并载有开证行保证付款的文句。

鉴于国际上开立的信用证绝大部分都是不可撤销的，因此，《UCP 600》规定信用证均应是不可撤销的。

（2）可撤销信用证

可撤销信用证（Revocable Letter of Credit）是指开证行对所开信用证不必征得受益人或有关当事人的同意，有权随时撤销的信用证。凡是可撤销信用证，应在信用证上注明"可撤销"字样，以资识别。这种信用证对出口人极为不利。因此，出口人一般不接受这种信用证。需要指出的是，只要可撤销信用证已先被受益人利用，则开证银行的撤销或修改通知不发生效力。

3.即期信用证和远期信用证

按照付款的时间不同,信用证可分为即期信用证和远期信用证。

(1)即期信用证

凡信用证规定受益人可凭即期汇票收取货款的信用证为即期信用证(Sight L/C)。

(2)远期信用证

远期信用证(Usance L/C)是指信用证规定凭远期汇票收取货款的信用证。

4.保兑信用证和不保兑信用证

按有没有另一银行加以保证兑付,信用证可分为保兑信用证和不保兑信用证。

(1)保兑信用证

保兑信用证(Confirmed Letter of Credit)是指开证行开出的信用证,由另一银行保证对符合信用证条款规定的单据履行借款义务。对信用证加保兑的银行,称为保兑银行(Confirming Bank)。

信用证的"不可撤销"是指开证行对信用证的付款责任。"保兑"则是指开证行以外的银行保证对信用证承担付款责任。不可撤销的保兑信用证,则意味着该信用证不但有开证行不可撤销的付款保证,而且又有保兑行的兑付保证。两者都负第一性的付款责任。所以这种有双重保证的信用证对出口商最为有利。保兑行的付款责任,是以规定的单据在到期日或以前向保兑行提交,并符合信用证的条款为条件。保兑行通常是通知行,有时也可以是出口地的其他银行或第三国银行。保兑的手段一般是由保兑银行在信用证上加列下述保兑文句:"兹对此证加具保兑并保证于提示符合此证条款的单据时履行付款。"

(2)不保兑信用证

不保兑信用证(Unconfirmed Letter of Credit)是指开证银行开出的信用证没有经另一家银行保兑。当开证银行资信好和成交金额不大时,一般都使用这种不保兑的信用证。

5.付款信用证、承兑信用证和议付信用证

按照交单结算方式不同,信用证可分为付款信用证、承兑信用证和议付信用证。

(1)付款信用证

凡注明"付款兑现"(available by payment)的信用证称为付款信用证(Payment Credit)。按付款期限的不同,付款信用证又可分为即期付款信用证和延期付款信用证。

①即期付款信用证

注明"即期付款兑现"(available by payment at sight)的信用证称为即期付款信用证(Sight Payment Credit)。此种信用证一般不需要汇票,也不需要领款收据,付款行或开证行只凭货运单据付款。证中一般列有"当受益人提交规定单据时,即行付款"的保证文句。即期付款信用证的付款行通常由指定通知行兼任。其到期日,一般也是以受益人向付款行交单要求付款的日期。

②延期付款信用证

注明"延期付款兑现"(available by payment after sight)的信用证称为延期付款信用证(Deferred Payment Credit)。此种信用证不要求受益人出具远期汇票,因此,必须在证中明确付款时间,如"装运日后××天付款"或"交单日后××天付款"。由于此种信用证不使用远期汇票,故出口商不能利用贴现市场资金,而只能自行垫款或向银行借款。

（2）承兑信用证

承兑信用证（Acceptance Credit）又称为银行承兑信用证（Banker's Acceptance L/C），是指由某一银行承兑的信用证，即当受益人向指定银行开具远期汇票并提示时，指定银行即行承兑，并于汇票到期日履行付款。

承兑信用证一般用于远期付款的交易。但有时，买方为了便于融资或利用银行承兑汇票以取得比银行放款利率低的优惠贴现率，在与卖方订立即期付款的合同后，要求开立银行承兑信用证，证中规定"远期汇票即期付款、所有贴现和承兑费用由买方负担"。此种做法对受益人来说，他虽然开出的是远期汇票，但却能即期收到全部货款。

（3）议付信用证

议付信用证（Negotiation L/C）是指开证行在信用证中，邀请其他银行买入汇票及/或单据的信用证。即允许受益人向某一指定银行或任何银行交单议付的信用证。通常在单据符合信用证条款的情况下，议付银行扣除利息和手续费后将票款付给受益人。议付信用证又可分为公开议付信用证和限制议付信用证。

①公开议付信用证

公开议付信用证（Open Negotiation Credit）又称自由议付信用证（Freely Negotiation Credit），是指开证行对愿意办理议付的任何银行作公开议付邀请和普通付款承诺的信用证，即任何银行均可按信用证条款自由议付的信用证。

②限制议付信用证

限制议付信用证（Restricted Negotiation Credit）是指开证银行指定某一银行或开证行自己进行议付的信用证。在限制议付信用证中，通常有下列限制议付文句："本证限××银行议付。"

公开议付信用证和限制议付信用证的到期地点都在议付行所在地。这种信用证经议付后，如因故不能向开证行索得票款，议付行有权对受益人行使追索权。

6.可转让信用证和不可转让信用证

根据受益人对信用证的权利可否转让，分为可转让信用证和不可转让信用证。

（1）可转让信用证

可转让信用证（Transferable Credit）是指信用证的受益人（第一受益人）可以要求授权付款、承担延期付款责任、承兑或议付的银行（统称"转让银行"），或当信用证是自由议付时，可以要求信用证中特别授权的转让银行，将信用证全部或部分转让给一个或数个受益人（第二受益人）合用的信用证。

根据《跟单信用证统一惯例》的规定，唯有开证行在信用证中明确注明"可转让"（Transferable），信用证方可转让。

可转让信用证只能转让一次，即只能由第一受益人转让给第二受益人，第二受益人不得要求将信用证转让给其后的第三受益人，但若再转让给第一受益人，不属被禁止转让的范畴。如果信用证不禁止分批装运，在总和不超过信用证金额的前提下，可分别按若干部分办理转让，该项转让的总和，将被认为只构成信用证的一次转让。

信用证只能按原证规定条款转让，但信用证金额、商品的单价、到期日、交单日及最迟装运日期可以减少或缩短，保险加保比例可以增加。信用证申请人可以变动。信用证在转让后，第一受益人有权以自身的发票（和汇票）替换第二受益人的发票（和汇票），其金额不得超过信用证规定的原金额。如信用证规定了单价，应按原单价开立。在替换发票（和汇票）时，第一受益人可在信用证项下取得自身发票和第二受益人发票之间的差额。

在实际业务中，要求开立可转让信用证的第一受益人，通常是中间商。为了赚取差额利润，中间商要将信用证转让给实际供货人，由供货人办理出运手续。但信用证的转让并不等于贸易合同的转让，如第二受益人不能按时交货或单据有问题，第一受益人（原出口人）仍要负贸易合同上的卖方责任。

（2）不可转让信用证

不可转让信用证（Non-transferable Credit）是指受益人不能将信用证的权利转让给他人的信用证。凡信用证中未注明"可转让"的，就是不可转让信用证。

7.对背信用证、预支信用证、循环信用证和对开信用证

按照进出口业务及国际贸易方式，信用证可分为对背信用证、预支信用证、循环信用证和对开信用证。

（1）对背信用证

对背信用证（Back to Back Credit）又称转开信用证，是指受益人要求原证的通知行或其他银行以原证为基础，另开一张内容相似的新信用证。对背信用证的受益人可以是国外的，也可以是国内的，对背信用证的开证银行只能根据不可撤销信用证来开立。对背信用证的开立通常是中间商转售他人货物从中图利，或两国不能直接办理进出口贸易时，通过第三者以此种方法来沟通贸易。

对背信用证的内容除开证人、受益人、金额、单位、装运期限、有效期限等可有变动外，其他条款一般与原证相同。由于对背信用证的条款修改时，新证开证人需得到原证开证人和开证行的同意，所以受益人使用对背信用证时必须特别慎重。

（2）预支信用证

预支信用证（Anticipatory L/C）是指允许受益人在货物装运交单前预支货款的信用证，有全部预支和部分预支两种。在预支信用证项下，受益人预支的方式有两种：一种是向开证行预支，出口人在货物装运前开具以开证行为付款人的汇票光票，由议付行买下向开证行索偿；另一种是向议付行预支，即由出口地的议付行垫付货款，待货物装运后交单议付时，扣除垫款本息，将余额支付给出口人。如货未装运，由开证行负责偿还议付行的垫款和利息。为引人注目，这种预支货款的条款常用红字，故称"红条款信用证"（Red Clause L/C）。但现在国际贸易实务中，信用证的预支条款并非都用红色表示，其效力相同。

（3）循环信用证

循环信用证（Revolving Credit）是指信用证全部或部分使用后，其金额又恢复到原金额，可再次使用，直至达到规定的次数或规定的总金额为止。

循环信用证又分为按时间循环信用证和按金额循环信用证。

按时间循环信用证是受益人在一定的时间内可多次支取信用证规定的金额。例如，信用证规定："本证按月循环，信用证每月可支金额50 000美元，于每个日历月的第一天被自动恢复。本行在此循环信用证项下的最大责任不超过6个月的总值300 000美元，每个月未使用余额不能移至下个月合并使用。"

按金额循环信用证是指在信用证金额议付后，仍恢复到原金额可再使用，直至用完

规定的总额为止。在按金额循环的信用证条件下，恢复到原金额的具体做法有以下三种：

①自动式循环使用。受益人按规定时间装运货物交单议付一定金额后，信用证即自动恢复到原金额，可再次按原金额使用。例如，信用证中规定："本证将再次自动恢复每月一期，每期金额 50 000 美元，总金额为 150 000 美元。"

②非自动式循环使用。受益人按规定时间装运货物交单议付一定金额后，必须等待开证银行的通知到达后，才能使信用证恢复至原金额，再次使用，例如，信用证中规定："本金额须在每次议付后，收到开证银行本证可以恢复的通知方可恢复。"

③半自动式循环使用。受益人每次装货交单议付后，在若干天内开证银行未提出中止循环的通知，信用证即自动恢复至原金额，并可再次使用。例如，信用证中可规定如下条款："议付银行在每次议付后 7 天内未被通知中止恢复，则信用证未用余额即增至原金额。"

循环信用证的优点在于：进口方可以不必多次开证，从而节省开证费用，同时也可简化出口方的审证、改证等手续，有利于合同的履行。

循环信用证与一般信用证的不同之处在于：一般信用证在使用后即告失效；而循环信用证则可多次循环使用。这种信用证通常在分批均匀交货的情况下采用。

（4）对开信用证

对开信用证（Reciprocal Credit）是指两张信用证的开证申请人互以对方为受益人而开立的信用证。对开信用证的特点是第一张信用证的受益人（出口人）和开证申请人（进口人）就是第二张信用证的开证申请人和受益人，第一张信用证的通知行通常就是第二张信用证的开证行。两张信用证的金额相等或大体相等，两证可同时互开，也可先后开立。对开信用证多用于易货交易或来料加工和补偿贸易业务，交易的双方都担心对方凭第一张信用证出口或进口后，另外一方不履行进口或出口的义务，于是采用这种互相联系、互为条件的开证办法，用以彼此约束。

8. 备用信用证

备用信用证（Stand by Letter of Credit）又称商业票据信用证（Commercial Paper Letter of Credit）、担保信用证或保证信用证（Guarantee Letter of Credit），是指开证行根据开证申请人的请求对受益人开立的承诺承担某项义务的凭证。开证行保证在开证申请人并未履行其应履行的义务时，受益人只要凭备用信用证的规定向开证行开具汇票（或不开汇票），并提交开证申请人未履行义务的声明或证明文件，即可取得开证行的偿付。

备用信用证属于银行信用，开证银行保证在开证申请人未履行其义务时，即由开证银行付款。因此，备用信用证对受益人来说就是备用于开证申请人发生毁约时，取得补偿的一种方式。

备用信用证最早流行于美国、日本。因这两国的法律不允许银行开立保函，故银行采用备用信用证来代替保函。备用信用证一般用在投标、还款或履约保证、预付货款和赊销等业务中。近年来，美国等一些国家已开始把备用信用证用于贸易合同项下货款的支付。

备用信用证与跟单信用证有相同之处，但又有所不同。

（1）在跟单信用证下，受益人只要履行信用证所规定的条件，即可向开证银行要求付款。在备用信用证下，受益人只有在开证申请人未履行义务时，才能行使信用证规定的权利。如开证申请人履行了约定的义务，则备用信用证就成为备而不用的文件。

（2）跟单信用证一般只适用于货物的买卖；而备用信用证可适用于货物以外的多方面的交易。例如，在投标业务中，可保证投标人履行其职责；在借款、垫款中，可保证借款人到期还款；在赊销交易中，可保证赊购人到期付款等。

（3）跟单信用证一般以符合信用证规定的代表货物的货运单据为付款依据；而备用信用证一般只凭受益人出具的说明开证申请人未能履约的证明文件，开证银行即保证付款。

备用信用证并无统一格式，其内容与银行保证书基本相似。

国际商会在《跟单信用证统一惯例》1993年修订本中，首次明确规定该惯例的条文也适用于备用信用证，《跟单信用证统一惯例》2007年修订本中沿袭了这一做法。

（四）明确付款时间

信用证的付款时间通过汇票的付款时间来表示，也可用专门的术语来表示，例如：

Payment to be made by L/C payable by draft at sight.

译文：凭即期汇票付款的信用证支付。

Payment to be made by Sight L/C.

译文：凭即期信用证支付。

Payment is to be made by L/C payable by draft at 60 days after sight.

译文：凭60天远期汇票付款的信用证支付。

Payment is to be made by L/C at 60 days' sight.

译文：以60天远期信用证支付。

（五）明确信用证金额

信用证的金额有两种规定方法：

一是明确规定信用证的绝对额。例如：

The Buyer shall establish in favor of the Seller an irrevocable letter of credit 30 days prior to the first day of the time of shipment specified in this Contract issued by Bank of China by SWIFT in the amount of USD 20 000.

译文：买方应在本合同规定的装运期前30天通过中国银行以SWIFT的方式开出以卖方为受益人、金额为20 000美元的不可撤销信用证。

二是不规定信用证的绝对额，而是规定货物贸易合同的全部或部分金额。例如：

The Buyer shall establish in favor of the Seller an irrevocable Sight L/C 30 days before the time of shipment through a bank acceptable to the seller by SWIFT for the total amount specified in this Contract.

译文：买方应在装运期前30天通过卖方可接受的银行以SWIFT的方式开出以卖方为受益人、金额为合同总额的不可撤销信用证。

如果货物贸易合同中规定了溢短装条款，信用证金额也通常作出相应的规定，既可规定溢装数量的最高金额，也可规定不含溢短装的金额，并允许作相应调整。例如：

The amount of L/C shall be increased or reduced automatically and proportionally in accordance with the shipments made by the Seller.

译文：信用证金额应根据卖方装运的数量自动按比例增减。

如果合同的支付条款并未明确规定信用证的金额，该金额应被认为是合同总额。

（六）明确信用证的有效期和到期地点

信用证的有效期有两种规定方法：一是明确规定信用证到期的日期；二是规定信用证在开立后或装运后一定时间到期。信用证议付到期的地点应在出口地。例如：

Payment by Irrevocable L/C available by sellers' documentary draft at 60 days after sight, to be valid for negotiation in China before March 31st, 2010.The L/C must reach the sellers 30 days before the contracted month of shipment.

译文：以不可撤销的信用证，凭卖方开具的见票后60天的跟单汇票议付，2010年3月31日前在中国议付有效。该信用证须于合同规定的装运月份前30天到达卖方。

The letter of credit shall be valid for presentation of documents in the locality of the beneficiary two months after issuing date of the letter of credit.

译文：信用证于开立后两个月内在受益人所在地提交单据有效。

Payment shall be made by Irrevocable Letter of Credit available by sellers' documentary draft at sight, to be valid for negotiation in China until 15 days after date of shipment.The L/C must reach the sellers 30 days before the contracted month of shipment.

译文：以不可撤销的信用证，凭卖方即期跟单汇票议付，装运期后15天在中国议付有效。该信用证须于合同规定的装运月份前30天到达卖方。

相关知识

（一）信用证的性质、特点与作用

1.信用证的性质

根据国际商会《跟单信用证统一惯例》的解释，信用证是指一项约定，无论其名称或描述如何，该约定不可撤销，并因此构成开证行对相符交单予以兑付的确定承诺。简而言之，信用证是银行开立的有条件的承诺付款的书面文件。

信用证是开证银行对受益人的一种保证，只要受益人履行信用证所规定的条件，即受益人只要提交符合信用证所规定的各种单据，开证行就保证付款。因此，在信用证支付方式下，开证行成为首先付款人，故属于银行信用。

2.信用证的特点

信用证支付方式的特点主要表现在下列三个方面：

（1）信用证付款是一种银行信用

信用证支付方式是一种银行信用，由开证行以自己的信用作出付款的保证。在信用证付款的条件下，银行处于第一付款人的地位，开证银行对受益人的责任是一种独立的责任。

（2）信用证是独立于合同之外的一种自足的文件

信用证的开立以贸易合同作为依据，但信用证一经开出，就成为独立于贸易合同之外的另一种契约，不受贸易合同的约束。《跟单信用证统一惯例》规定，信用证与其可能依据的贸易合同或其他合同是相互独立的交易。即使信用证中提及该合同，银行也与该合同无关，且不受其约束。所以，信用证是独立于有关合同之外的契约，开证银行和参与信用证业务的其他银行只按信用证的规定办事。

（3）信用证项下付款是一种单据的买卖

在信用证支付方式下，实行的是凭单付款的原则。在信用证业务中，各有关方面处理的是单据，而不是与单据有关的货物。所以，信用证业务是一种纯粹的单据业务。银行虽有义务合理小心地审核一切单据，但这种审核只是用以确定单据表面上是否符合信用证条款，开证银行只根据表面上符合信用证条款的单据付款，因此，银行对任何单据的形式、完整性、准确性、真实性以及单据上规定的或附加的一般和/或特殊条件概不负责。在信用证条件下，实行严格符合的原则，不仅要做到"单证一致"（受益人提交的单据在表面上与信用证规定的条款一致），还要做到"单单一致"（受益人提交的各种单据之间的表面上一致）。

3.信用证的作用

（1）对出口商的作用

①保证出口商凭单取得货款。信用证支付的原则是单证严格相符，出口商交货后提交的单据，只要做到与信用证规定相符，"单证一致、单单一致"，银行就保证支付货款。在信用证支付方式下，出口商交货后不必担心进口商到时不付款，而是由银行承担付款责任，这种银行信用要比商业信用可靠。因此，信用证支付为出口商收取货款提供了较为安全的保障。

②使出口商得到外汇保证。在进口管制和外汇管制严格的国家，进口商要向本国申请外汇得到批准后，方能向银行申请开证，出口商如能按时收到信用证，说明进口商已得到本国外汇管理当局使用外汇的批准，因而可以保证出口商履约交货后，按时收取外汇。

③可以取得资金融通。出口商在交货前，可凭进口商开来的信用证作抵押，向出口地银行取得打包贷款（Packing Credit），用以收购、加工、生产出口货物和打包装船；或出口商在收到信用证后，按规定办理货物出运，并提交汇票和信用证规定的各种单据，办理押汇取得货款。这是出口地银行对出口商提供的资金融通，有利于资金周转，扩大出口。

（2）对进口商的作用

①可保证取得代表货物的单据。在信用证方式下，开证行、付款行、保兑行的付款及议付行的议付货款都要求做到单证相符，都要对单据表面的真伪进行审核。因此，可以保证进口商收到的是代表货物的单据，特别是提单是物权的凭证。

②保证按时、按质、按量收到货物。进口商申请开证时可以通过控制信用证条款来约束出口商交货的时间、交货的品质和数量，如在信用证中规定最迟的装运期限以及要求出口商提交由信誉良好的公证机构出具的品质、数量或重量证书等，以保证进口商按时、按质、按量收到货物。

③提供资金融通。进口商在申请开证时，通常要交纳一定的押金，如开证行认为进口商资信较好，进口商就有可能在少交或免交部分押金的情况下履行开证义务。如采用远期信用证，进口商还可以凭信托收据（Trust Receipt）向银行借单，先行提货、转售，到期再付款，这就为进口商提供了资金融通的便利。

（3）对银行的作用

开证行接受进口商的开证申请，即承担开立信用证和付款的责任，这是银行以自己的信用作出的保证，以银行信用代替了进口商的商业信用。所以，进口商在申请开证时要向银行交付一定的押金或担保品，为银行利用资金提供便利。此外，在信用证业务中，银行每做一项服务均可取得收益，如开证费、通知费、议付费、保兑费、修改费等各种费用。因此，承办信用证业务是各银行的业务项目之一。在国际贸易结算中，信誉良好、作风正派的银行以及高质量的服务，又促进了信用证业务的发展。

（二）信用证涉及的当事人

信用证支付方式所涉及的当事人较多，通常有以下几个：

1.开证申请人

开证申请人（Applicant）是指向银行申请开立信用证的人，即进口人或实际买主，在信用证中又称开证人（Opener）。

2.开证银行

开证银行（Opening Bank 或 Issuing Bank）是指接受开证申请人的委托，开立信用证的银行。开证行一般是进口人所在地银行，也可能是出口人所在地银行或第三国银行。

3.通知银行

通知银行（Advising Bank 或 Notifying Bank）是指受开证行的委托，将信用证转交出口人的银行。它只鉴别信用证的表面真实性，不承担其他义务。通知银行是出口人所在地的银行。

4.受益人

受益人（Beneficiary）是指信用证上指定的有权使用该证的人，即出口人或实际供货人。

5.议付银行

议付银行（Negotiating Bank）是指根据开证行的授权买入或贴现受益人开立和提交的符合信用证规定的汇票或单据的银行。议付银行可以是指定的银行，也可以是非指定的银行，由信用证条款来规定。

6.付款银行

付款银行（Paying Bank 或 Drawee Bank）是信用证上规定承担付款义务的银行，一般是开证行，也可以是它指定的另一家银行，要根据信用证条款的规定来决定。

7.保兑银行

保兑银行（Confirming Bank）是指根据开证银行的请求在信用证上加具保兑的银行。保兑银行在信用证上加具保兑后，即对信用证独立负责，承担必须付款或议付的责任。保兑银行具有与开证银行相同的责任和地位。保兑银行可以由通知银行兼任，也可由其他银行加具保兑。

8.偿付银行

偿付银行（Reimbursement Bank）又称清算银行（Clearing Bank），是指接受开证银行的指示或授权，代开证银行偿还垫款的第三国银行，即开证银行指定的对议付行或代付行进行偿付的代理人（Reimbursing Agent），通常是开证行的存款行或分支行。

9.受让人

受让人（Transferee）又称第二受益人（Second Beneficiary），是指接受第一受益人转让有权使用信用证的人，大都是出口人。在可转让信用证条件下，受益人有权要求将该证的全部或一部分转让给第三者，该第三者即为信用证的受让人。

（三）信用证的一般业务流程

使用信用证支付方式，从开证申请人向开证银行申请开立信用证到开证银行付清货款，需要经过很多业务环节，并需办理各种手续。由于信用证种类不同，其业务环节和手续也不尽相同。但是从信用证支付方式的一般业务流程看，主要业务环节如图4-1所示。

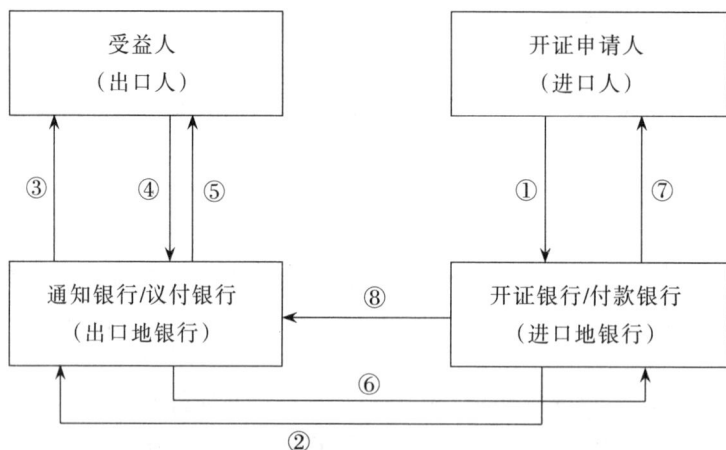

图4-1　信用证支付方式的一般业务流程

说明：

①开证申请人按合同规定向开证银行申请开证，并缴纳开证押金和手续费。

②开证银行接受开证申请，开出信用证并寄交通知银行。

③通知银行收到信用证后，经审查并证实无误，将信用证转递给受益人。

④受益人经审查信用证无误后，按合同规定的条件安排交货。受益人交货后，缮制信用证要求的各种单据并开具汇票，在信用证有效期内向议付银行交单议付。

⑤议付银行经过审核信用证与单据相符后，按汇票金额扣除利息和手续费，垫款给受益人。

⑥议付银行将单据和汇票寄交开证银行或其指定的付款银行要求付款。

⑦开证银行在审单无误后，向议付银行付款。

⑧开证银行办理转账或汇款给议付银行的同时，通知开证申请人付款赎单。

（四）信用证的主要内容

各国银行所使用的信用证并无统一的格式，其内容则因信用证种类的不同而有所区别。尽管如此，信用证所包括的基本内容却不外以下几方面：

1.对信用证本身的说明

对信用证的说明包括信用证的种类、性质、信用证号码、开证日期、有效期和到期地点、交单期限等。

2.对汇票的说明

在信用证项下，如使用汇票，要明确汇票的出票人、受票人、受款人、汇票金额、汇票期限、主要条款等内容。

3.对装运货物的说明

在信用证中，应列明货物名称、规格、数量、单价等，且这些内容应与货物贸易合同规定一致。

4.对运输事项的说明

在信用证中，应列明装运港（地）、目的港（地）、装运期限以及可否分批、转运等项内容。

5.对货运单据的说明

在信用证中，应列明所需的各种货运单据，如商业发票、运输单据、保险单及其他单据。

6.其他事项

（1）开证行对议付行的指示条款。

（2）开证行保证付款的文句。

（3）开证行的名称及地址。

（4）其他特殊条款，例如限制由××银行议付、限制船舶国籍和船舶年龄、限制航线和港口等。这些特殊条款根据进口国政治经济情况的变动可以有所不同。

（五）信用证开立的形式

信用证开立的形式主要有信开本和电开本两种：

1.信开本（To Open by Airmail）

信开本是指开证银行采用印就的信函格式的信用证，开证后以空邮寄送通知行。这种形式现已很少使用。

2.电开本（To Open by Cable）

电开本是指开证行使用电报、电传、传真、SWIFT等各种电信方法将信用证条款传达给通知行。电开本又分为简电本和全电本两种。

（1）简电本（Brief Cable），即开证行只是通知已经开证，将信用证主要内容，如信用证号码、受益人名称和地址、开证人名称、金额、货物名称、数量、价格、装运期及信用证有效期等预先通告通知行，详细条款将另航寄通知行。由于简电本内容简单，在法律上是无效的，不足以作为交单议付的依据。简电本有时注明"详情后告"（Full Details to Follow）等类似词语，如果有这种措辞，该简电本通知只能作为参考，不是有效的信用证文件，开证行应立即寄送有效的信用证文件。

（2）全电本（Full Cable），即开证行以电信方式开证，把信用证全部条款传达给通知行。全电开证本身是一个内容完整的信用证，因此是交单议付的依据。

（3）SWIFT信用证。SWIFT是"全球银行金融电信协会"（Society for Worldwide Interbank Financial Telecommunication）的简称。该组织于1973年在比利时布鲁塞尔成立，设有自动化的国际金融电信网，该协定的成员银行可以通过该电信网办理信用证业务以及外汇买卖、证券交易、托收等。

采用SWIFT方式开立的信用证具有标准化、固定化和格式统一等优点，且传递速度快捷，成本也较低，所以应用也越来越广泛。

（六）国际商会《跟单信用证统一惯例》

自19世纪开始使用信用证以来，随着国际贸易的发展，信用证方式逐渐成为国际贸易中通常使用的一种支付方式。但是，由于对跟单信用证有关当事人的权利、责任、付款的定义和术语在国际上缺乏统一的解释和公认的准则，各国银行根据各自的习惯和利益自行规定。因此，信用证各有关当事人之间的争议和纠纷经常发生，特别是在爆发经济危机、市场不景气的时候，进口商和开证银行往往挑剔单据上某些内容不符要求，借口提出异议，拖延甚至拒绝付款，以致引起司法诉讼。国际商会为了减少因解释不同而引起的争端，调和各有关当事人之间的矛盾，于 1930 年拟定了《商业跟单信用证统一惯例》（Uniform Customs and Practice for Commercial Documentary Credits），并于 1933 年正式公布，建议各国银行采用。随着国际贸易的发展变化，国际商会于 1951 年、1962 年和 1974 年曾先后对该惯例进行了修订。1983 年又对该惯例再次进行修订，称为《跟单信用证统一惯例》，即《国际商会第 400 号出版物》。1993 年国际商会对《跟单信用证统一惯例》再一次进行修订，修订后的《跟单信用证统一惯例》即《国际商会第 500 号出版物》（UCP500）于 1994 年开始实施。2006 年国际商会再次修订了《跟单信用证统一惯例》，修订后的《跟单信用证统一惯例》即《国际商会第 600 号出版物》（《UCP 600》）于 2007 年开始实施。

《跟单信用证统一惯例》已为世界上各国银行普遍接受和使用，并成为一种公认的国际惯例。但它并不是国际性的法律，不能自动适用。开证银行在所开出的信用证上应注明："This credit is subject to Uniform Customs and Practice for Documentary Credits，2007 Revision，International Chamber of Commerce Publication No.600"（本证适用于国际商会《跟单信用证统一惯例》2007 年修订本，即国际商会第 600 号出版物）。

（七）汇票简介

国际贸易货款的收付大多使用非现金结算，即使用代替现金作为流通手段和支付手段的信用工具来结算国际间的债权债务。金融票据是国际上通行的结算和信贷工具，是可以流通转让的债权凭证。国际贸易中使用的金融票据主要有汇票（Bill of Exchange；Draft）、本票（Promissory Note）和支票（Cheque；Check），其中以使用汇票为主。

1.汇票的含义和基本内容

汇票是一个人向另一个人签发的，要求见票时或在将来的固定时间或可以确定的时间，对某人或其指定的人或持票人支付一定金额的无条件的书面支付命令。

各国票据法对汇票内容的规定不同，一般认为应包括下列基本内容：

（1）应载明"汇票"字样。

（2）无条件支付命令。

（3）付款金额。

（4）付款期限。

（5）受票人（Drawee），又称付款人（Payer），即接受支付命令付款的人。在进出口业务中，通常是进口人或其指定的银行。

（6）受款人（Payee），即受领汇票所规定金额的人。在进出口业务中，通常是出口人或其指定的银行。

（7）出票日期。

（8）出票地点。

（9）出票人签字。

2.汇票的种类

汇票从不同的角度可分为以下几种：

（1）按照出票人的不同，汇票分为银行汇票和商业汇票

银行汇票（Banker's Draft），指出票人和受票人都是银行的汇票。

商业汇票（Commercial Draft），指出票人是商号或个人，付款人可以是商号、个人，

也可以是银行的汇票。

（2）按照有无随附商业单据，汇票可分为光票和跟单汇票

光票（Clean Bill），指不附带商业单据的汇票。银行汇票多是光票。

跟单汇票（Documentary Bill），指附带商业单据的汇票。商业汇票一般为跟单汇票。

（3）按照付款时间的不同，汇票分为即期汇票和远期汇票

即期汇票（Sight Draft），指在提示或见票时立即付款的汇票。

远期汇票（Time Bill，Usance Bill），指在一定期限或特定日期付款的汇票。远期汇票的付款时间，有以下几种规定办法：

①见票后若干天付款（At … days after sight）。

②出票后若干天付款（At … days after date of draft）。

③提单签发日后若干天付款（At … days after date of Bill of Lading）。

④货物到达后若干天付款（At … days after date of arrival of goods）。

⑤指定日期付款（Fixed date）。

一张汇票往往可以同时具备几种性质，例如，一张商业汇票，同时又可以是即期的跟单汇票；一张远期的商业跟单汇票，同时又是银行承兑汇票。

3.汇票的使用

汇票的使用有出票、提示、承兑、付款等。如需转让，通常经过背书行为转让。汇票遭到拒付时，还要涉及拒绝证书和行使追索等法律权利。

（1）出票

出票（Issue）是指出票人在汇票上填写付款人、付款金额、付款日期和地点以及受款人等项目，经签字交给持票人的行为。在出票时，对受款人通常有三种写法：

①限制性抬头。例如，"仅付 A 公司"（pay A Co.only）或"付××公司，不准流通"（Pay××Co.not negotiable）。这种抬头的汇票不能流通转让，只限××收取货款。

②指示性抬头。例如，"付××公司或指定人"（Pay××Co.by order 或 Pay to the order of××Co.）。这种抬头的汇票，除××公司可以收取票款外，也可以经过背书转让给第三者。

③持票人或来人抬头。例如，"付给来人"（Pay Bearer）。这种抬头的汇票，无须由持票人背书，仅凭交付汇票即可转让。

（2）提示

提示（Presentation）是指持票人将汇票提交付款人要求承兑或付款的行为。付款人见到汇票称作见票（Sight）。提示可以分为两种：

①付款提示指持票人向付款人提交汇票、要求付款的行为。

②承兑提示指持票人向付款人提交远期汇票，付款人见票后办理承兑手续，承诺到期时付款的行为。

（3）承兑

承兑（Acceptance）是指付款人对远期汇票表示承担到期付款责任的行为。付款人在汇票上写明"承兑"字样，注明承兑日期，并由付款人签字，交还持票人。付款人对汇票作出承兑，即成为承兑人。承兑人有在远期汇票到期时付款的责任。

（4）付款

对即期汇票，在持票人提示汇票时，付款人即应付款（Payment）；对远期汇票，付款

人经过承兑后，在汇票到期日付款。付款后，汇票上的一切债务即告终止。

（5）背书

在国际市场上，汇票又是一种流通工具（Negotiable Instrument），可以在票据市场上流通转让。背书（Endorsement）是转让汇票权利的一种法定手续，就是由汇票持有人在汇票背面签上自己的名字，或再加上受让人（被背书人，Endorsee）的名字，并把汇票交给受让人的行为。经背书后，汇票的收款权利便转移给受让人。汇票可以经过背书不断转让下去。对于受让人来说，所有在他以前的背书人（Endorser）以及原出票人都是他的"前手"；而对出让人来说，所有在他让与以后的受让人都是他的"后手"。前手对后手负有担保汇票必然会被承兑或付款的责任。

在国际市场上，一张远期汇票的持有人如想在付款人付款前取得票款，可以经过背书转让汇票，即将汇票进行贴现。贴现（Discount）是指远期汇票承兑后，尚未到期，由银行或贴现公司从票面金额中扣减按一定贴现率计算的贴现息后，将余款付给持票人的行为。

（6）拒付和追索

持票人提示汇票要求承兑时，遭到拒绝承兑（Dishonour by non-acceptance），或持票人提示汇票要求付款时，遭到拒绝付款（Dishonour by non-payment），均称拒付（Dishonour），也称退票。

除了拒绝承兑和拒绝付款外，付款人拒不见票、死亡或宣告破产，以致付款事实上已不可能时，也称拒付。

如汇票在合理时间内提示，遭到拒绝承兑，或在到期日提示，遭到拒绝付款，对持票人立即产生追索权（Right of Recourse）。所谓追索权是指汇票遭到拒付，持票人对其前手（背书人、出票人）有请求其偿还汇票金额及费用的权利。按照有些国家的法律，持票人为了行使追索权应及时作出拒付证书（Protest）。拒付证书是由付款地的法定公证人（Notary Public）或其他依法有权作出证书的机构如法院、银行、公会、邮局等，作出证明拒付事实的文件，是持票人凭以向其"前手"进行追索的法律依据。如拒付的汇票已经承兑，出票人可凭以向法院起诉，要求承兑汇票的承兑人付款。

按我国《票据法》规定，持票人行使追索权时，应当提供被拒绝承兑或者被拒绝付款的有关证明。又规定，持票人提示承兑或提示付款被拒绝的，承兑人或付款人必须出具拒绝证明，或者出具退票理由书。否则，应当承担由此产生的民事责任，持票人可以依法取得其他有关证明。

此外，汇票的出票人或背书人为了避免承担被追索的责任，可在出票时或背书时加注"不受追索"（Without Recourse）字样。凡加注"不受追索"字样的汇票，在市场上难以流通。

技能训练

（一）指出下列信用证支付方式下支付条款中的开证时间、信用证的种类、付款时间、信用证金额、信用证的有效期和到期地点

（1）Payment by irrevocable and confirmed L/C available by 90 day's sight draft.

（2）The Buyer shall establish in favor of the Seller an irrevocable letter of credit within 30 days after the signing of this Contract issued by Bank of China by SWIFT in the amount of USD 50 000.

（3）The buyer shall open through a bank acceptable to the seller a confirmed irrevocable Sight L/C to reach the seller 30 days before the month of shipment，valid for negotiation in China until the 15th day after the month of shipment.

（4）The buyer shall arrange with Bank of China for opening a Transferable L/C in favor of the seller within 15 days after signing of this contract.The said L/C shall be available by drafts at sight and remain valid for negotiation in Hong Kong until the 15th day after the time of shipment.

（5）Payment to be made by Irrevocable，Revolving Letter of Credit available by sellers' documentary draft at sight.The amount of the L/C shall be US $50 000 and be automatically restored to the original amount 30 days after each negotiation （or shipment），but shall not be considered exhausted unless and until the aggregate amount of negotiations reaches the limit of US $500 000.The L/C will be valid for negotiation in China until 15 days after date of last shipment. The L/C must reach the sellers 30 days before the contracted month of first shipment.

（二）指出下列条款的内容有什么不妥

（1）中国企业以 CFR 条件出口货物，支付条款规定："发票金额 100%即 24 万美元凭不可撤销的信用证支付，其中 75%见票即付，25%在货到目的港 30 天内支付"。

（2）中国企业出口货物，支付条款规定："发票金额 100%凭不可撤销的 30 天远期信用证在开证申请人承兑汇票后支付"。

任务 二
解析托收支付方式下的支付条款

任务描述

通过对托收支付方式下货物进出口合同支付条款的解析，明确托收的种类、付款时间和付款金额。

任务分析

（一）明确托收的种类

托收可分为光票托收和跟单托收两类。

1.光票托收

光票托收（Clean Collection）是指金融单据不附有商业单据的托收，即提交金融单据委托银行代为收款。光票托收如以汇票作为收款凭证，则使用光票。在国际贸易中，光票托收主要用于小额交易、预付货款、分期付款以及收取贸易的从属费用等。

2.跟单托收

跟单托收（Documentary Collection）是指金融单据附有商业单据或不附有金融单据的

商业单据的托收。跟单托收如以汇票作为收款凭证，则使用跟单汇票。

国际贸易中货款的收取大多采用跟单托收。在跟单托收的情况下，按照向进口人交单条件的不同，又可分为付款交单和承兑交单两种。

（1）付款交单

付款交单（Documents against Payment，D/P）是指出口人的交单是以进口人的付款为条件。即出口人发货后，取得装运单据，委托银行办理托收，并指示银行只有在进口人付清货款后，才能把商业单据交给进口人。

付款交单按付款时间的不同，又可分为即期付款交单和远期付款交单。

即期付款交单（Documents against Payment at sight，D/P at sight）是指出口人发货后开具即期汇票连同商业单据，通过银行向进口人提示，进口人见票后立即付款，进口人在付清货款后向银行领取商业单据。

远期付款交单（Documents against Payment after sight，D/P after sight）是指出口人发货后开具远期汇票连同商业单据，通过银行向进口人提示，进口人审核无误后即在汇票上进行承兑，于汇票到期日付清货款后再领取商业单据。

（2）承兑交单

承兑交单（Documents against Acceptance，D/A）是指出口人的交单是以进口人在汇票上承兑为条件。即出口人在装运货物后开具远期汇票，连同商业单据，通过银行向进口人提示，进口人承兑汇票后，代收银行将商业单据交给进口人，在汇票到期时，方履行付款义务。

（二）明确付款时间

托收的付款时间通过托收的种类和汇票的付款时间来表示，也可用专门的术语来表示。例如：

Payment by draft drawn on buyer payable at sight，D/P.

译文：凭买方为付款人的即期汇票付款，付款交单。

Payment by D/P at sight.

译文：即期付款交单支付。

After shipment, the Seller shall deliver a sight bill of exchange drawn on the Buyer together with the required documents to the Buyer through a bank.The Buyer shall effect the payment immediately upon the presentation of the bill of exchange and the required documents.

译文：卖方装运后应将以买方为付款人的即期汇票及要求的单据通过银行交给买方。买方应在提示汇票和单据时立即付款。

Payment by draft payable at 90 days after sight，document against payment.

译文：凭见票后90天付款的汇票支付，付款交单。

Payment by D/P at 30 days sight.

译文：D/P见票后30天支付。

Payment by 30 days sight draft drawn on buyer，document against acceptance.

译文：凭买方为付款人的见票后30天付款的汇票支付，承兑交单。

The buyers shall duly accept the documentary draft drawn by the sellers at 60 days sight upon first presentation and make payment on its maturity.The shipping documents are to be delivered against acceptance.

译文：买方对卖方开具的见票后60天付款的跟单汇票，于首次提示时应即予承兑，并应于汇票到期日即予付款，承兑后交单。

（三）明确付款金额

托收的付款金额一般不需要在支付条款中单独规定，托收的付款金额即是合同的总额。在其他支付方式与托收相结合的付款条件下，必须明确各种支付方式项下付款的金额，并需明确有关货运单据的处理方法。例如：

40% of the value of goods by Irrevocable Letter of Credit at sight and remaining 60% on collection basis，D/P at 30 days sight，the full set of shipping documents are to accompany the collection item.All the documents are not to be delivered to Buyers until full payment of invoice value is made.In case of non-payment of the 60% in collection item，the documents shall be held by the Issuing Bank at the entire disposal of the sellers.

译文：货款40%以不可撤销即期信用证支付，其余60%托收，见票后30天付款交单。全套货运单据随附于托收部分。在到期时发票金额全数付清后方予交单。如60%托收金额被拒付时，开证行应掌握单据，由卖方处理。

相关知识

（一）托收的含义

国际商会制定的《托收统一规则》（《URC522》）对托收作了如下定义：托收是指由接到托收指示的银行根据收到的指示处理金融单据和或商业单据以便取得付款/承兑，或凭付款/承兑交出商业单据，或凭其他条款或条件交出单据。

金融单据（Financial Documents）是指汇票、本票、支票、付款收据或其他类似用于取得付款的凭证。

商业单据（Commercial Documents）是指发票、运输单据、物权单据或其他类似单据，或除金融单据以外的其他单据。

简言之，托收是指债权人（出口人）出具债权凭证（汇票、本票、支票等）委托银行向债务人（进口人）收取货款的一种支付方式。

托收方式一般都通过银行办理，所以，又叫银行托收。银行托收的基本做法是：出口人根据货物贸易合同先行发运货物，然后开立汇票（或不开汇票）连同商业单据，向出口地银行提出托收申请，委托出口地银行（托收行）通过其在进口地的代理行或往来银行（代收行）向进口人收取货款。

按照一般银行的做法，出口人在委托银行办理托收时，须附具一份托收指示书，在指示书中对办理托收的有关事项作出明确指示。银行接受托收后，即按托收指示书的指示办理托收。

《URC522》第4条规定，一切寄出的托收单据均须附有托收指示书，注明该托收按照《URC522》办理，并给予完整明确的指示，银行则必须根据托收指示书所给予的指示及本规则办理托收。

（二）托收的有关当事人

根据《URC522》第3条规定，托收方式所涉及的当事人主要有：

1.委托人

委托人（Principal）是指委托银行办理托收业务的客户，通常是出口人。

2.托收银行

托收银行（Remitting Bank）是指接受委托人的委托，办理托收业务的银行，一般为出口地银行。

3.代收银行

代收银行（Collecting Bank）是指接受托收行的委托向付款人收取票款的进口地银行。代收银行通常是托收银行的国外分行或代理行。

4.提示行

提示行（Presenting Bank）是指向付款人提示汇票和单据的银行。提示银行可以是代收银行委托与付款人有往来账户关系的银行，也可以由代收银行自己兼任提示行。

5.付款人

付款人（Drawee）是根据托收指示，向其作出提示的人。如使用汇票，即为汇票的受票人，通常为进口人，即债务人。

在托收业务中，如发生拒付，委托人可指定付款地的代理人代为料理货物存仓、转售、运回等事宜，这个代理人是"需要时的代理"（Customer's representative in case of need）。委托人如指定需要时的代理人，必须在托收委托书上写明此代理人的权限。

（三）托收的性质与特点

托收的性质是商业信用。托收虽然是通过银行办理，但是银行只是按照卖方的指示办事，不承担付款的责任，不过问单据的真伪，如无特殊约定，对已运到目的地的货物不负提货和看管责任。因此，卖方交货后，能否收回货款，完全取决于买方的信誉。所以，托收的支付方式是建立在商业信用基础上的。

托收方式对卖方来说是先发货后收款，如果是远期托收，卖方还可能要在货到后才能收回全部货款，这实际上是向买方提供信用。而卖方是否能按时收回全部货款，取决于买方的商业信誉，因此卖方要承担一定的风险。这种风险表现在：如果买方倒闭，丧失付款能力，或是因为行市下跌，买方借故不履行合同，拒不付款，卖方不但要承担无法按时收回货款或货款落空的损失，而且要承担货物到达目的地后提货、存仓、保险的费用和变质、短重的风险，以及转售可能发生的价格损失；将货物转运他地或运回本国的运费负担；或是因储存时间过长，被当地政府贱价拍卖的损失等。

当然，上述各项损失是买方违约造成的，卖方完全有权要求其赔偿损失。但在实践中，在买方已经破产或逃之夭夭或撕毁合同的条件下，卖方即使可以追回一些赔偿，也往往不足以弥补全部损失。特别是在行市下跌时，有些商人往往会利用不赎单给卖方造成被动，借以要挟卖方调低合同价格，对此，应特别予以注意。如采用承兑交单，卖方有可能遭受钱、货两空的损失。

托收对卖方虽有一定的风险，但对买方较为有利，可以减少费用支出，有利于资金融通。由于托收对买方有利，所以在出口业务中采用托收，有利于调动买方采购货物的积极性，从而有利于促进成交和扩大出口，故许多卖方都把采用托收支付方式作为推销库存和加强对外竞争的手段。

（四）不同托收方式的操作程序

1.即期付款交单的操作程序

即期付款交单的具体操作程序如图4-2所示。

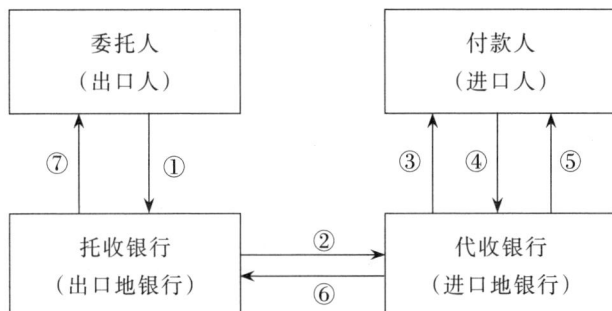

图4-2　即期付款交单的具体操作程序

说明：

①出口人按合同规定装运后，填写托收申请书，开具即期汇票，连同货运单据交托收银行，请求代收货款。

②托收银行根据托收申请书缮制托收委托书，连同汇票、货运单据交进口地代收银行委托代收货款。

③代收银行按照托收委托书的指示向进口人提示汇票和单据。

④进口人付款。

⑤代收银行交单。

⑥代收银行办理转账并通知托收银行款已收妥。

⑦托收银行向出口人交款。

2.远期付款交单的操作程序

远期付款交单的具体操作程序如图4-3所示：

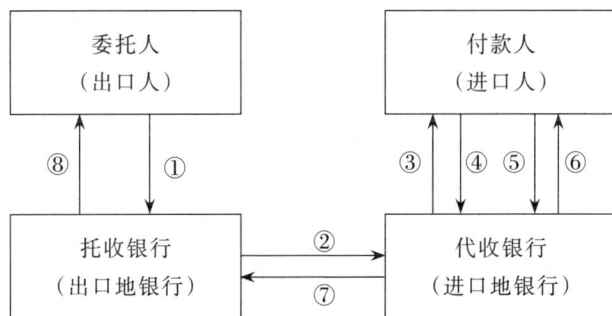

图4-3　远期付款交单的具体操作程序

说明：

①出口人按合同规定装运后，填写托收申请书，开具远期汇票，连同货运单据交托收银行，请求代收货款。

②托收银行根据托收申请书缮制托收委托书，连同汇票、货运单据交进口地代收银行委托代收货款。

③代收银行按照委托书的指示向进口人提示汇票和单据。

④进口人在汇票上承兑后交回代收银行。

⑤进口人到期付款。

⑥代收银行交单。

⑦代收银行办理转账并通知托收银行款已收妥。

⑧托收银行向出口人交款。

3.承兑交单的操作程序

承兑交单的具体操作程序如图4-4所示。

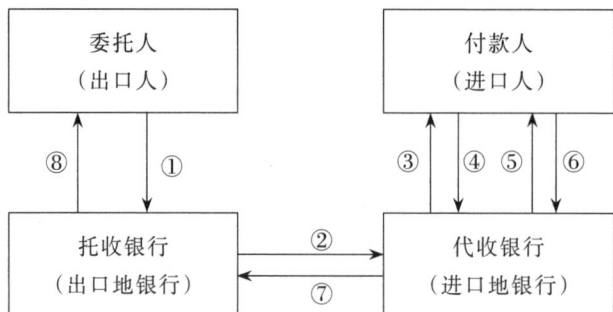

图4-4　承兑交单的具体操作程序

说明：

①出口人按合同规定装运后，填写托收申请书，开具远期汇票，连同货运单据交托收银行，请求代收货款。

②托收银行根据托收申请书缮制托收委托书，连同汇票、货运单据交进口地代收银行委托代收货款。

③代收银行按照委托书的指示向进口人提示汇票和单据。

④进口人在汇票上承兑后交回代收银行。

⑤代收银行交单。

⑥进口人到期付款。

⑦代收银行办理转账并通知托收银行款已收妥。

⑧托收银行向出口人交款。

由于承兑交单是在进口人承兑汇票后，即可取得货运单据，并凭以提货，这对出口人来说，已交出了物权凭证，其收款的保障只能取决于进口人的信用，一旦进口人到期不付款，出口人就有可能蒙受货物与货款两空的损失。所以，如采用承兑交单这种做法，必须从严掌握。

（五）远期付款交单凭信托收据借单

即期付款交单或远期付款交单的两种做法，都说明进口人必须在付清货款之后才能取得单据，提取或转售货物。在远期付款交单的条件下，如付款日和实际到货日基本一致，则不失为对进口人的一种资金融通。如果付款日期晚于到货日期，进口人为了抓住有利时机转售货物，可以采取两种做法：一是在付款到期日之前付款赎单，扣除提前付款日至原付款到期日之间的利息，作为进口人享受的一种提前付款的现金折扣。另一种做法是代收行对于资信较好的进口人，允许其凭信托收据（Trust Receipt，T/R）借取货运单据，先行提货，于汇票到期时再付清货款。

所谓信托收据，就是进口人借单时提供的一种书面信用担保文件，用来表示愿意以代收行的委托人身份代为提货、报关、存仓、保险或出售，并承认货物所有权仍属银行。货物售出后所得的货款，应于汇票到期时交银行。这是代收行自己向进口人提供的信用便利，与出口人无关。因此，如代收行借出单据后，到期不能收回货款，则应由代收行负责。因此，采用这种做法时，必要时还要进口人提供一定的担保或抵押品后，代收银行才肯承做。但如系出口人指示代收行借单，就是由出口人主动授权银行凭信托收据借单给进口人，即所谓远期付款交单凭信托收据借单（D/P·T/R）方式，也就是进口人承兑汇票后凭信托收据先行借单提货，日后如进口人到期拒付产生风险，应由出口人自己承担。这种做法的性质与承兑交单相差无几。因此，使用时必须特别慎重。

（六）国际商会《托收统一规则》

在国际贸易中，各国银行办理托收业务时，往往由于当事人各方对权利、义务和责任的解释不同，各个银行的具体业务做法也有差异，因而会导致争议和纠纷。国际商会为调和各有关当事人之间的矛盾，以利国际贸易和金融活动的开展，早在1958年即草拟了《商业单据托收统一规则》，并建议各国银行采用该规则。后几经修订，于1995年公布了新的《托收统一规则》，并于1996年1月1日生效。

《托收统一规则》公布实施后，已成为托收业务具有一定影响的国际惯例，并已被各国银行采纳和使用。但应指出，只有在有关当事人事先约定的条件下，才受该惯例的约束。

（七）信用证与托收相结合的支付方式

信用证与托收相结合的支付方式是指部分货款用信用证支付，余数用托收方式结算。一般做法是，信用证规定出口人开立两张汇票，属于信用证部分的货款凭光票付款，而全套单据附在托收部分汇票项下，按即期或远期付款交单方式托收。这种做法，对进口人来说，可减少开证金额，少付开证押金，少垫资金；对出口人来说，因有部分信用证的保证，且信用证规定货运单据跟随托收汇票，开证银行须在全部货款付清后才能向进口人交单，所以，收汇比较安全。在实践中，为了防止开证银行在未收妥全部货款前即将货运单据交给进口人，要求信用证必须注明"在全部付清发票金额后方可交单"的条款。在出口合同中也应规定相应的支付条款，以明确进口人的开证和付款责任。出口合同如使用部分信用证、部分托收的做法，合同中通常要订明支付条款，如：

"买方须在装运月份前××天送达卖方不可撤销信用证，规定××%发票金额凭即期光票支付，其余××%金额用即期跟单托收方式付款交单。全套货运单据附于托收项下，在买方付清发票的全部金额后交单。如买方不能付清全部发票金额，则货运单据须由开证行掌握，凭卖方指示处理。"

（八）使用托收方式支付应注意的问题

托收方式对出口人有一定风险，特别是承兑交单风险更大，但对扩大出口有利，进口人可以免交开证押金和手续费，还有预借单据提货的便利。出口人在使用托收方式支付货款时，应注意下列问题：

（1）认真考察进口人的资信情况和经营作风，并根据进口人的具体情况妥善掌握成交金额，不宜超过其信用额度。

（2）对于贸易管理和外汇管制较严的进口国家和地区不宜使用托收方式，以免货到目的地后，由于不准进口或收不到外汇而造成损失。

（3）要了解进口国家的商业惯例，以免由于当地习惯做法，影响安全、迅速收汇。例如，有些拉美国家的银行对远期付款交单的托收按当地的法律和习惯，在进口人承兑远期汇票后立即把商业单据交给进口人，即把远期付款交单（D/P远期）改为按承兑交单（D/A）处理。因而会使出口人增加收汇的风险，并可能引起争议和纠纷。

（4）出口合同应争取按CIF或CIP条件成交，由出口人办理货运保险；或也可投保出口信用保险。在不采用CIF或CIP条件时，应投保卖方利益险。

（5）采用托收方式收款时，要建立健全管理制度，定期检查，及时催收清理，发现问题应迅速采取措施，以避免或减少可能发生的损失。

技能训练

指出下列托收支付方式下支付条款中托收的种类和付款时间。

（1）Upon first presentation, the buyers shall pay against documentary draft drawn by the sellers at sight.The shipping documents are to be delivered against payment only.

（2）The buyers shall duly accept the documentary draft drawn by the sellers at 60 days sight upon first presentation and make payment on its maturity.The shipping documents are to be delivered against payment only.

（3）Payment by draft payable at 90 days after date of draft, document against payment.

（4）Payment by draft payable at 90 days after date of B/L, document against acceptance.

（5）After shipment, the Seller shall deliver a bill of exchange drawn on the Buyer, payable 30 days after sight together with the required documents to the Buyer through a bank for acceptance.The Buyer shall accept the bill of exchange immediately upon the first presentation of the bill of exchange and the required documents and shall effect the payment on the maturity date of the bill of exchange.

任务 二
解析汇款支付方式下的支付条款

任务描述

通过对汇款支付方式下货物进出口合同支付条款的解析，明确汇款的方式、付款时间和付款金额。

任务分析

（一）明确汇款的方式

汇款的方式可分信汇、电汇和票汇三种。

1.信汇

信汇（Mail Transfer，M/T）是指汇出行应汇款人的申请，将信汇委托书寄给汇入行，授权解付一定金额给收款人的一种汇款方式。信汇方式的优点是费用较为低廉，但收款人收到汇款的时间较迟。

2.电汇

电汇（Telegraphic Transfer，T/T）是指汇出行应汇款人的申请，拍发加押电报、电传或SWIFT给在另一国家的分行或代理行（即汇入行）指示解付一定金额给收款人的一种汇款方式。电汇方式的优点是收款人可迅速收到汇款，但费用较高。

3.票汇

票汇（Remittance by Banker's Demand Draft，D/D）是指汇出行应汇款人的申请，代汇款人开立以其分行或代理行为解付行的银行即期汇票（Banker's Demand Draft），支付一定金额给收款人的一种汇款方式。

（二）明确付款金额和付款时间

付款金额可以是合同的全部或者一部分，可以规定具体的付款金额，也可以采用"total value"（全部货款）或者货款的特定比例如"100% of the sales"（100%货款）、"10% of the value of goods"（10%的货款）来说明。

付款时间可以是交货前（预付货款），也可以是交货后（延期付款）。付款时间的规定方法包括某个具体日期前、合同签署后若干天、买方收到单据或货物后若干天、提单日后若干天等。

The buyers shall pay the total value to the sellers in advance by T/T not later than Dec.15th, 2015.

译文：买方应于2015年12月15日前将全部货款用电汇方式预付给卖方。

The buyers shall pay 10% of the total value, i.e.USD 2 000, to the sellers in advance by T/T within 30 days after the signing of this contract.

译文：本合同签署后30天内，买方应以电汇方式将10%的货款即2 000美元预付给卖方。

The Buyer shall, within 60 days after the receipt of the required documents, pay the invoice value of the goods to the Seller's account by means of M/T.

译文：买方应在收到要求的单据后60天内将全部货款以信汇的方式汇至卖方账户。

The Buyer shall, within 60 days after the date of the Bill of Lading, pay the invoice value of the goods to the Seller's account by means of D/D.

译文：买方应在提单日后60天内将全部货款以票汇的方式汇至卖方账户。

相关知识

（一）汇付的含义及其当事人

1.汇付的含义

汇付又称汇款，指付款人主动通过银行或其他途径将款项汇交收款人。国际贸易货款的收付如采用汇付，一般是由买方按合同约定的条件（如收到单据或货物）的时间，将货款通过银行，汇交给卖方。

2.汇付方式的当事人

在汇付业务中，通常涉及四个当事人：

（1）汇款人（Remitter）是指汇出款项的人，在进出口交易中，汇款人通常是进口人。

（2）收款人（Payee or Beneficiary）是指收取款项的人，在进出口交易中通常是出口人。

（3）汇出行（Remitting Bank）是指受汇款人的委托汇出款项的银行。通常是在进口地的银行。

（4）汇入行（Paying Bank）是指受汇出行委托解付汇款的银行。因此，又称解付行，在对外贸易中，通常是出口地的银行。

汇款人在委托汇出行办理汇款时，要出具汇款申请书。此项申请书是汇款人和汇出行之间的一种契约。汇出行一经接受申请，就有义务按照汇款申请书的指示通知汇入行。汇出行与汇入行之间，事先订有代理合同，在代理合同规定的范围内，汇入行对汇出行承担解付汇款的义务。

（二）不同汇付方式的操作程序

1.信汇的操作程序

信汇的具体操作程序如图4-5所示。

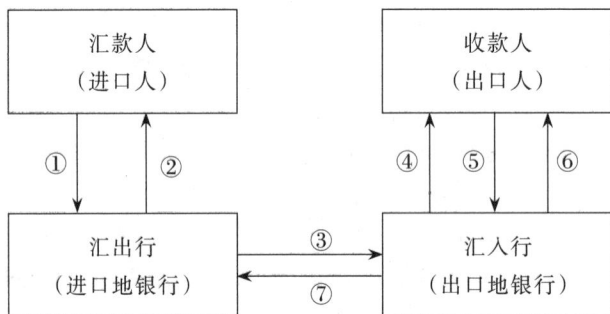

图4-5　信汇的具体操作程序

说明：

①汇款人向汇出行递交汇款申请书，并交款、付费。

②汇出行发给汇款人信汇回执。

③汇出行以航空信函向汇入行邮寄信汇委托书或支付委托书，委托其解付。

④汇入行向收款人发出汇款通知书，通知收款人取款。

⑤收款人到汇入行取款，并在汇款收据上签章。

⑥汇入行解付汇款。

⑦汇入行向汇出行寄送付讫借记通知书并索偿。

2.电汇的操作程序

电汇的具体操作程序与信汇基本相同，唯一的差别是汇出行以电报、电传或SWIFT的方式向汇入行发出汇款委托通知书（步骤③）。

3.票汇的操作程序

票汇的具体操作程序如图4-6所示。

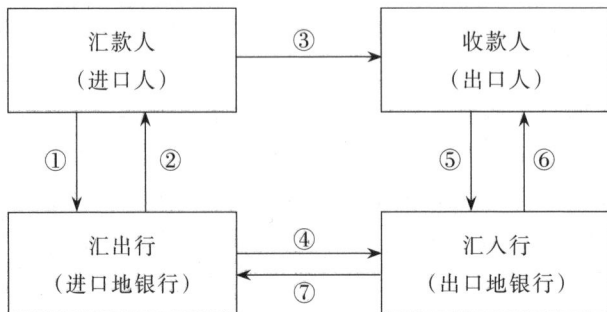

图4-6　票汇的具体操作程序

说明：

①汇款人向汇出行递交汇款申请书，并交款、付费。

②汇出行开出即期汇票给汇款人。

③汇款人将即期汇票自行寄给收款人。

④汇出行将汇款通知书和汇票票根寄给汇入行。

⑤收款人持汇票向汇入行取款。

⑥汇入行核对无误后向收款人付款。

⑦汇入行向汇出行寄送付讫借记通知书并索偿。

票汇与电汇、信汇的不同在于票汇的汇入行无须通知收款人取款，而由收款人持票登门取款；这种汇票有限制转让和流通的规定，但经收款人背书，可以转让流通，而电汇、信汇的收款人则不能将收款权转让。

（三）汇付的特点

1.风险大

对于货到付款的卖方或对于预付货款的买方来说，能否按时收汇或能否按时收货，完全取决于对方的信用。如果对方信用不好，则可能钱货两空。

2.资金负担不平衡

对于货到付款的卖方或预付货款的买方来说，资金负担较重，整个交易过程中需要的资金，几乎全部由他们来提供。

3.手续简便，费用少

汇付的手续比较简单，银行的手续费用也较少。因此，在交易双方相互信任的情况下，或在跨国公司的各子公司之间的结算，可以采用汇付方式。

（四）汇付方式在国际贸易中的使用

在国际贸易中，汇付方式通常用于货到付款、赊销和预付货款等业务。

1.货到付款

货到付款（Payment after Arrival of the Goods）是指出口方在没有收到货款以前，先交出单据或货物，然后由进口方主动汇付货款的方法。这种方法实际上是一种赊账业务（Open Account Transaction）。出口方在发货后能否按时顺利收回货款，取决于买方的信用。如果进口方拒不履行或拖延履行付款义务，出口方就要发生货款落空的严重损失或晚收款的利息损失。因此，除非进口方的信誉可靠，出口方一般不宜轻易采用此种方式。

汇付方式如运用得当，对进出口双方都有利。因为，就进口方而言，先取得代表货物的装运单据或货物，然后再付款，有利于资金周转，并可以节省费用；就出口方而言，在进口方商誉可靠或与出口方有特殊密切关系的条件下，采用汇付方式，有利于扩大出口。

目前，我国货到付款汇付方法，主要用于下述三方面业务：

（1）在我国对某些地区的供应中，为了方便客户，巩固和扩大市场，作为一种特殊做法，对一些长年供应的鲜活商品，大部分采取汇付方式结算货款。

（2）在空运进出口货物贸易合同中，采用凭出口方电报或电传发货通知，进口方汇付货款的做法，以适应空运货物到货迅速的特点。

（3）在寄售出口业务中，为适应寄售业务先出货由代销商凭实货向买方进行现货销售的特点，通常采用先出后结的汇付方法。

2.预付货款

预付货款（Payment in Advance）是指在订货时汇付或交货前汇付货款的办法。前者即所谓"Cash with Order"，多应用在一些客户提出特殊加工要求或专门为客户加工的特殊商品，或一些市场畅销而又稀缺的商品。采用这种方法可以优先取得供应。

预付货款只意味着进口方预先履行付款义务，并不等于货物的所有权是在付款时转移，在 CIF 等装运港交货的条件下，出口方在没有交出装运单据以前，货物的所有权仍归其所有。由此可见，预付货款对出口方来说有预先得到一笔资金的明显好处。但对进口方来说，却要过早地垫出资金，承担出口方延迟交货和不交货的风险。因此，这种付款方式不易被普遍接受，只能在个别小额交易中采用。

（五）信用证与汇付相结合的支付方式

信用证与汇付相结合的支付方式是指部分货款用信用证支付，余数用汇付方式结算。例如，对于矿砂等初级产品的交易，双方约定：信用证规定凭装运单据先付发票金额若干成，余数待货到目的地后。根据检验的结果，按实际品质或重量计算出确切的金额，另用汇付方式支付。

技能训练

指出下列汇款支付方式下支付条款中的汇款方式、付款时间和付款金额。

（1）The buyers shall pay 100% of the sales to the sellers by T/T within 15 days after receipt of the goods.

（2）The buyers shall pay 10% of the value of goods to the Seller's account in advance by T/T within 30 days after the signing of this contract.

（3）80% of the value of goods by Irrevocable Letter of Credit at sight and remaining 20% by M/T within two months after receipt of the goods.

（4）The Buyer shall pay the total invoice value of the goods to the Seller by T/T upon receipt of the required documents.

（5）The Buyer shall pay the total invoice value of the goods to the Seller by D/D within 60 days after the date of the Bill of Lading.

任务 四
解析单据条款

任务描述

通过对货物进出口合同单据条款的解析，明确卖方需要向买方提交单据的种类、份数、有关单据内容的具体要求和交付单据的时间。

任务分析

（一）明确卖方需要向买方提交单据的种类

在出口业务中，卖方需要向买方提交的单据主要包括发票（Invoice）、装箱单和重量单（Packing List and Weight Memo）、运输单据（Shipping Documents）、检验证书（Inspection Certificate）和产地证明（Certificate of Origin）。在采用信用证或托收方式支付时，卖方需要向买方提交汇票。在按 CIF 或 CIP 条件成交时，卖方需要向买方提交保险单据（Insurance Documents）。在进口国向出口国提供普惠制待遇时，卖方需要向买方提交普惠制单据（Generalized System of Preferences Documents）。

（二）明确卖方需要向买方提交单据的份数

卖方需要向买方提交单据的份数有两种规定方法：一是规定全套单据，例如 "full set of clean on board B/L"（全套清洁已装船提单）；二是规定 "一式×份"，例如 "in duplicate"（一式两份）、"in triplicate" 或 "in 3 copies"（一式三份）、"in quadruplicate" 或 "in 4 copies"（一式四份）等。

对不同种类的单据，可以分别列出其需要的份数，也可以对部分需要相同份数的单据统一进行规定，例如 "Documents 1 to 7 one in originals and four copies"（单据 1 至 7 正本一份，副本 4 份）

（三）明确有关单据内容的具体要求

货物贸易合同中有时并不对单据的内容提出具体要求，只列出单据的种类和份数，有时则对部分或全部单据内容作具体的要求，例如：

Full set of clean on-board ocean bills of lading, freight prepaid to port of destination, made out to order and blank endorsed.

译文：全套清洁已装船提单，运费付至目的港，空白抬头，空白背书。

Marine insurance policy or certificate covering W.A.and War Risk for 110% invoice value.

译文：海运保险单或保险凭证，以全部发票金额的 110% 投保水渍险和战争险。

All documents shall indicate the number of Sales Contract.

译文：所有单据均应注明销售合同号码。

（四）明确交付单据的时间

货物贸易合同中对卖方向买方提交单据的要求，既可以在支付条款中规定，也可以单列一个单据条款。

如果在支付条款中规定卖方向买方提交的单据，交付单据的时间根据支付方式的不同即可确定，而无须特别规定。例如：

Payment: By irrevocable L/C issued by Bank of China covering full value of the contracted goods in favor of Seller, available by draft at sight for 100% invoice value, accompanied by the following documents:

（1）Commercial invoice in five copies;

（2）Full set of clean on-board ocean bills of lading, freight prepaid to port of destination, made out to order and blank endorsed;

(3) Marine insurance policy or certificate covering W.A.plus War Risk for 110% invoice value;

(4) Certificate of weight and quality by an independent public surveyor.

译文：付款：凭中国银行开立的以卖方为受益人、不可撤销、含全部货款的即期信用证，连同下列单据支付：

(1) 商业发票一式五份；

(2) 全套清洁已装船提单，运费付至目的港，空白抬头，空白背书；

(3) 海运保险单或保险凭证，以全部发票金额的110%投保水渍险和战争险；

(4) 由独立的公证人出具的重量证书和品质证书。

如果单列单据条款来规定卖方向买方提交的单据，通常需要规定交付单据的时间。例如：

The following documents shall be prepared by the Seller and submitted to the Buyer：

(1) Bill of exchange drawn on the Buyer。

(2) clean on board ocean bill of lading made out to order and blank endorsed，marked freight to collect，notifying the Buyer。

(3) Other documents：

①commercial invoice

②insurance policy

③ quality inspection certificate issued by China Entry–Exit Inspection and Quarantine Bureau at the port of shipment

④certificate of origin

⑤packing list

⑥weight list

Documents 1 to 6 one in originals and two copies.

Within 10 working days after the date of actual shipment，the Seller shall airmail the documents to the Buyer.

译文：卖方应备妥下列单据提交给买方：

(1) 以买方为付款人的汇票。

(2) 全套清洁已装船提单，注明运费到付，空白抬头，空白背书，通知人为买方。

(3) 其他单据：

①商业发票

②保险单

③由装运港所在地的中国出入境检验检疫局出具的品质证书

④产地证明

⑤装箱单

⑥重量单

单据1至6正本一份，副本两份。

卖方应在实际装运日后10个工作日将单据航空邮寄给买方。

相关知识

卖方需要向买方提交的单据中，运输单据、保险单据和汇票在前文已有介绍；检验证书将在检验条款解析中介绍；中国并不是普惠制的给惠国，随着中国经济的发展，中国能享受普惠制待遇的产品已经不多，这里也不做介绍，仅介绍发票、装箱单和重量单、产地证明等单据。

1.发票

发票（Invoice）通常指的就是商业发票（Commercial Invoice），但是，根据用途的不同，还有许多其他种类发票，如海关发票（Customs Invoice）、领事发票（Consular Invoice）和厂商发票（Manufacturer's Invoice）等。

（1）商业发票

商业发票是卖方开立的载有货物名称、数量、价格等内容的清单，作为买卖双方交接货物和结算货款的主要单证，也是进出口报关完税必不可少的单证之一。

各国不同企业的商业发票没有统一格式，但主要项目基本相同，其中包括：发票编号、开票日期、数量、包装、单价、总值和支付方式等项内容。

在制作商业发票时应注意以下问题：

①对收货人的填写，除少数信用证另有规定外，一般均应填写来证的开证申请人或进口人。

②对货物的名称、规格、数量、单价、包装等项内容的填制，凡属信用证方式，必须与来证所列各项要求完全相符，不能有任何遗漏或改动。如来证内没有规定详细品质或规格，必要时可按合同加注一些说明，但不能与来证的内容有抵触，以防国外银行挑剔而遭到拖延或拒付货款。

③如客户要求或信用证规定在发票内加列船名、原产地、生产企业的名称、进口许可证号码等，均可一一照办。

④来证和合同规定的单价含有"佣金"（Commission）的情况，在发票处理上应照样填写，不能以"折扣"字样代替。如来证和合同规定有"现金折扣"（Cash Discount）的字样，在发票上也应全名照列，不能只写"折扣"或"贸易折扣"（Trade Discount）等字样。

⑤如属信用证方式付款，发票的总值不得超过信用证规定的最高金额。按照银行惯例的解释，开证银行可以拒绝接受超过信用证所许可金额的商业发票。

⑥如信用证内规定"选港费"（Optional Charges）、"港口拥挤费"（Port Congestion Charges）或"超额保费"（Additional Premium）等费用由买方负担，并允许凭本信用证支取的条款，可在发票上将各项有关费用加在总值内，一并向开证银行收款。但是如信用证内未作上述注明，即使合同中有此约定，也不能凭信用证支取。除非国外客户同意并经银行通知在信用证内加列上述条款，否则，上述增加的费用，应另制单据通过银行托收解决。

⑦由于各国法令或习惯不同，有的来证要求在发票上加注"证明所列内容真实无误"（或称"证实发票"Certified Invoice）、"货款已经收讫"（或称"收妥发票"Receipt Invoice），或加注有关出口企业国籍、原产地等证明文句，出口商应在不违背我国方针、

政策和法令的情况下，酌情办理。出具"证实发票"时，应将发票的下端通常印有的"有错当查"（E.&.O.E.）字样删去。

（2）海关发票

有些国家的海关制定一种固定的发票格式，要求国外出口商填写。

进口国要求提供海关发票，主要是作为估价完税或征收差别待遇关税或征收反倾销税的依据。此外，还供编制统计资料之用。

海关发票有下列三种不同的名称：

①海关发票（Customs Invoice）。

②估价和原产地联合证明书（Combined Certificate of Value and Origin，C.C.V.O.）。

③根据×××国海关法令的证实发票（Certified Invoice in accordance with ×××Customs Regulations）。

在填写海关发票时，一般应注意以下问题：

①各个国家（地区）使用的海关发票，都有其固定格式，我们不得混用。

②凡是商业发票和海关发票上共有项目的内容，必须与商业发票保持一致，不得相互矛盾。

③在"出口国国内市场价格"一栏，其价格的高低是进口国海关是否征收反倾销税的重要依据。我们在填制这项内容时，应根据有关规定慎重处理。

④如成交价格为CIF条件，应分别列明FOB价、运费、保险费，这三者的总和应与CIF货值相等。

⑤签字人和证明人均须以个人身份出面，而且这两者不能为同一个人。个人签字均须以手签生效。

（3）领事发票

有些国家，例如一些拉丁美洲国家、菲律宾等规定，凡输往该国的货物，国外出口商必须向该国海关提供经该国领事签证的发票。有些国家制定了固定格式的领事发票；也有一些国家则规定可在出口商的商业发票上由该国领事签证（Consular Visa）。领事发票的作用与海关发票基本相似。各国领事签发领事发票时均需收取一定的领事签证费。如国外来证载有需由我方提供领事发票的条款，一般不宜接受，或者由银行注明当地无对方机构，争取取消。特殊情况应按我国主管部门的有关规定办理。

（4）厂商发票

厂商发票是由出口货物的制造厂商所出具的以本国货币为计价单位、用来证明出口国国内市场出厂价格的发票。其目的也是供进口国海关估价、核税以及征收反倾销税。如果国外来证有此要求，应参照海关发票有关国内价格的填制办法处理。

2.装箱单和重量单

装箱单和重量单（Packing List and Weight Memo）是用来补充商业发票内容的不足，便于国外买方在货物到达目的港时，供海关检查和核对货物。

装箱单又称花色码单，列明每批货物的逐件花色搭配；重量单则列明每件货物的毛、净重。

3.产地证明

产地证明（Certificate of Origin）是一种证明货物原产地或制造地的证件。不用海关发票或领事发票的国家，要求提供产地证明，以便确定对货物应征收的税率。有的国家限制从某个国家或地区进口货物，也有的要求以产地证来证明货物的来源。产地证明书一般由出口地的公证行或工商团体签发。在我国，可由国家出入境检验检疫局或贸促会签发。

技能训练

（一）指出下列单据条款中卖方需要向买方提交单据的种类、份数、有关单据内容的具体要求和交付单据的时间

（1）The Seller shall airmail the following documents to the Buyer within 15 days after the date of actual shipment：

①Bill of exchange drawn on the Buyer；

②non-negotiable sea waybill made out to the Buyer marked freight prepaid；

③commercial invoice in five copies；

④insurance policy in one originals and two copies；

⑤quality inspection certificate in one originals and two copies.

（2）Upon completion of loading，the Seller shall send to the Buyer one duplicate copy of each of the following documents：

①ocean bill of lading

②commercial invoice

③packing list

④weight list/ quantity list

⑤certificate or origin

⑥quality inspection certificate issued by SGS

（二）指出下列单据条款的规定有什么不妥

（1）中国企业按CFR信用证支付条件出口货物，单据条款规定卖方向银行提交的单据包括"开证申请人指定保险公司签发的证明已收到受益人发出的装运通知的回执"。

（2）中国企业按CFR信用证支付条件出口货物，单据条款规定卖方向银行提交的单据包括"1/3套正本清洁已装船指示提单，注明运费已付""受益人出具的已将2/3套正本清洁已装船指示提单寄送开证申请人的声明"。

（3）中国企业按CFR信用证支付条件出口货物，单据条款规定卖方向银行提交的单据包括"开证申请人签署的已收到下列单据的声明：①商业汇票一式三份；②装箱单一式三份；③原产地证明一式两份；④清洁已装船指示提单副本一式两份"。

（4）中国企业按FOB信用证支付条件出口货物，单据条款规定卖方向银行提交的单据包括"①商业汇票一式三份；②装箱单一式三份；③原产地证明一式两份；④全套清洁已装船指示提单，注明运费已付；⑤由中国人民保险公司签发的保险单正本一份，副本两份"。

单元教研交流

1.本单元的重点和难点

本单元的重点是信用证的种类；信用证付款时间；信用证金额；信用证的有效期、信

用证的到期地点；托收的方式；汇款的方式；卖方需要向买方提交的单据。难点是信用证的种类；信用证金额；信用证的有效期与装运期的关系；不同托收方式之间的区别；卖方需要向买方提交单据的种类、份数及有关单据内容的具体要求。

2.学生在学习中容易出现的问题

学生在填写或审查信用证金额时，经常会忽略合同的溢短装条款，从而容易导致信用证金额不足；部分学生不注意信用证有效期与装运期之间的关系，导致出现"双到期"问题；很多学生搞不清copy在不同上下文中表示"份数"还是"副本"；部分学生不了解"空白抬头，空白背书"的含义；部分同学对同属远期付款的远期付款交单和承兑交单容易产生混淆。

3.教学建议

教师在授课中应注重培养学生细致、耐心的工作态度；运用比较分析、案例分析和改错等形式加深学生的理解。

单元五 检验、索赔、不可抗力与仲裁条款

学习目标

- 明确合同对货物检验与复验的有关规定
- 明确合同对索赔的有关规定
- 明确合同对不可抗力的有关规定
- 明确合同对仲裁的有关规定

任务一 解析检验条款

任务描述

通过对货物进出口合同检验条款的解析，明确检验时间和地点、检验机构、检验证书和检验标准。

任务分析

（一）明确检验条款的主要内容

货物进出口合同的检验条款通常规定检验时间和地点、检验机构、检验证书和检验标准。除了包括上述内容外，有时还需明确买方对不符货物向卖方索赔的具体期限。

（二）明确检验时间和地点

检验时间和地点是指在何时、何地行使对货物的检验权。所谓检验权，是指买方或卖方有权对所交易的货物进行检验，其检验结果即作为交付与接受货物的依据。

确定检验的时间和地点，实际上就是确定买卖双方中的哪一方行使对货物的检验权，也就是确定检验结果以哪一方提供的检验证书为准。谁享有对货物的检验权，谁就享有了对货物的品质、数量、包装等项内容进行最后评定的权利。由此可见，如何规定检验时间和地点是直接关系到买卖双方切身利益的重要问题，因而是交易双方商定检验条款时的核心所在。

在货物进出口合同中，有关检验时间和地点的规定办法有以下几种：

1.在出口国检验

（1）产地（工厂）检验

产地（工厂）检验是指货物在产地出运或工厂出厂前，由产地或工厂的检验部门或买方的验收人员进行检验或验收，卖方只承担货物离开产地或工厂前的责任，对于货物在运输途中品质和数量发生变化的风险，概由买方负责。例如：

Manufacturer's inspection at the factory to be final as to quality and grade.In case where the inspector is appointed by the buyer, the inspection fee is to be borne by the buyer.

译文：质量和等级均以制造商在工厂的检验为最终依据。如果买方指定检验人，检验费用由买方负担。

（2）装运港（地）检验

装运港（地）检验又称"离岸品质、离岸重量"（Shipping Quality and Weight），是指货物在装运港或装运地交货前，由货物贸易合同中规定的检验机构对货物的品质、数量等项内容进行检验鉴定，并以该机构出具的检验证书作为最后依据。卖方对交货后货物所发生的品质和数量变化原则上不承担责任。例如：

It is mutually agreed that the Certificate of Quality/ Quantity issued by China Entry-Exit Inspection and Quarantine Bureau at the port of shipment shall be regard as final and binding upon both parties.

译文：双方同意以装运港中国出入境检验检疫局签发的品质/重量检验证书为最终依据，对双方均具有约束力。

Shipped quality certified by accredited surveyor at time of shipment to be final.

译文：品质以合格的公证人在装船时检验为准。

Inspection of quality, quantity, weight and packing of the contracted cargo shall be performed at the time of loading at Dalian port by the independent inspector appointed by the buyer and acceptable to the seller.The inspectors' certificate of quality, quantity, weight and packing shall be final, and inspection fee and charges shall be for the seller's account.

译文：货物的品质、数量、重量和包装由买方指定并经卖方同意的公证人在大连港装船时进行检验，其品质、数量、重量和包装检验证书为最终依据，检验费由卖方负担。

采用上述两种规定办法时，即使买方在货物到达目的港或目的地后，自行委托检验机构对货物进行复验，也无权对商品的品质和重量向卖方提出异议，除非买方能证明，他所收到的与合同规定不符的货物是由于卖方未能履行合同规定的品质、数量、包装等条款，或因货物的固有瑕疵所造成的。因此，这两种规定办法否定了买方的复验权，对买方极为不利。

2.在进口国检验

（1）目的港（地）检验

目的港（地）检验习称为"到岸品质、到岸重量"（Landed Quality and Weight），是指货物运达目的港或目的地卸离运输工具后，由双方约定的检验机构在规定的时间内，就地对商品进行检验，并以该机构出具的检验证书作为卖方所交货物品质、数量的最后依据。采用这种方法时，买方有权根据货物运抵目的港或目的地时的检验结果，对属于卖方责任的品质、数量与合同规定不符向卖方提出索赔。例如：

It is mutually agreed that the Certificate of Quality/ Quantity issued by China Entry‑Exit Inspection and Quarantine Bureau at the port of destination shall be regard as final and binding upon both parties.

译文：双方同意以目的港中国出入境检验检疫局签发的品质/重量检验证书为最终依据，对双方均具有约束力。

（2）用户所在地检验

对于一些因使用前不便拆开包装，或因不具备检验条件而不能在目的港或目的地检验的货物，如密封包装货物、精密仪器、大型机械设备等，通常在用户所在地由合同规定的检验机构在规定的时间内进行检验。货物的品质和数量等项内容以该检验机构出具的检验证书为准。例如：

The Buyer shall apply to China Entry‑Exit Inspection and Quarantine Bureau for the inspection of the goods after the arrival of the goods at the final destination.The inspectors' certificate of quality shall be final and binding upon both parties.

译文：货到最终目的地后，买方应申请中国出入境检验检疫局进行检验。该机构出具的品质检验证书是终局的，对双方均具有约束力。

采取上述两种做法时，卖方实际上须承担货物在运输途中品质、数量变化的风险。如果货物在品质、数量等方面存在的与合同规定不符属于卖方责任所致，买方有权凭货物在目的港、目的地或用户所在地经检验机构检验后出具的检验证书，向卖方提出索赔，卖方不得拒绝。由此可见，这两种规定方法对卖方很不利。

3.出口国检验、进口国复验

出口国检验、进口国复验是指卖方在出口国装运货物时，以合同规定的装运港或装运地检验机构出具的检验证书，作为卖方向银行议付或托收货款的凭证之一；货物运抵目的港或目的地后，由双方约定的检验机构在规定的地点和期限内对货物进行复验，如果货物的品质、数量与合同规定不符，而且属于卖方责任所致，此时，买方有权凭该检验机构出具的检验证书，在合同规定的期限内向卖方索赔。这种做法兼顾了买卖双方的利益，较为公平合理，因而它是国际货物贸易中最常见的一种规定检验时间和地点的方法。例如：

It is mutually agreed that the Inspection Certificate of Quality and Quantity issued by China Entry‑Exit Inspection and Quarantine Bureau at the port of shipment shall be part of the documents to be presented for negotiation under the relevant L/C.The Buyers shall have the right to reinspect the Quality and Quantity of the cargo.The reinspection fee shall be borne by the Buyers.Should the Quality and/ or Quantity be found not in conformity with that of the contract, the Buyers are entitled to lodge with the Sellers a claim which should be supported by survey reports issued by a recognized surveyor approved by the Sellers.The claim, if any, shall be lodged within 30 days after arrival of the cargo at the port of destination.

译文：双方同意以装运港中国出入境检验检疫局签发的品质和数量检验证书作为信用证项下议付所提出的单据的一部分。买方有权对货物的品质和数量进行复验。复验费由买方负担。如发现品质或数量与合同不符，买方有权凭卖方同意的公证机构出具的检验报告在货物达到目的港30天内向卖方提出索赔。

4.装运港（地）检验重量、目的港（地）检验品质

在大宗商品交易的检验中，为了调和买卖双方在商品检验问题上存在的矛盾，常将商品的重量检验和品质检验分别进行，即以装运港或装运地验货后检验机构出具的重量检验证书，作为卖方所交货物重量的最后依据，以目的港或目的地检验机构出具的品质检验证书，作为商品品质的最后依据。货物到达目的港或目的地后，如果货物在品质方面与合同规定不符，而且该不符是卖方责任所致，则买方可凭品质检验证书，对货物的品质向卖方提出索赔，但买方无权对货物的重量提出异议。这种规定检验时间和地点的方法就是装运港（地）检验重量、目的港（地）检验品质，习称"离岸重量、到岸品质"（Shipping Weight and Landed Quality）。

It is mutually agreed that the Certificate of Quantity issued by China Entry-Exit Inspection and Quarantine Bureau at the port of shipment and the Certificate of Quality issued by ×× at the port of destination shall be regard as final and binding upon both parties.

译文：双方同意以装运港中国出入境检验检疫局签发的重量检验证书和目的港××机构出具的品质检验证书为最终依据，对双方均具有约束力。

（三）明确检验机构

在国际货物贸易中，交易双方除了自行对货物进行必要的检验外，通常还要委托独立于买卖双方之外的第三方对货物进行检验。有时，虽然买卖双方未要求对交易的商品进行检验，但根据有关法律或法规的规定，必须由某机构进行检验，经检验合格后方可出境或入境。这种根据客户的委托或有关法律、法规的规定对进出境商品进行检验、鉴定和管理的机构就是商品检验机构，简称检验机构或商检机构。

国际上的商品检验机构，种类繁多，名称各异，有的称作公证行（Authentic Surveyor）、宣誓衡量人（Sworn Measurer），也有的称之为实验室（Laboratory），检验机构的类型包括官方检验机构、半官方检验机构和非官方检验机构三种。

1.官方检验机构

官方检验机构是指由国家或地方政府投资，按照国家有关法律对出入境商品实施强制性检验、检疫和监督管理的机构。例如我国的出入境检验检疫局、美国食品药品管理局（FDA）、美国动植物检疫署、美国粮谷检验署、日本通商省检验所等。

2.半官方检验机构

半官方检验机构是指一些有一定权威的、由国家政府授权、代表政府行使某项商品检验或某一方面检验管理工作的民间机构。例如，根据美国政府的规定，凡是进口与防盗信号、化学危险品以及与电器、供暖、防水等有关的产品，必须经美国担保人实验室（Underwriter's Laboratory）这一半官方检验机构检验认证合格，并贴上该实验室的英文缩写标志"UL"，方可进入美国市场。

3.非官方检验机构

非官方检验机构主要是指由私人创办的，具有专业检验、鉴定技术能力的公证行或检验公司，如英国劳埃氏公证行（Lloyd's Surveyor）、瑞士通用公证行（Société Générale de Surveillance，SGS）等。

在我国，主管全国出入境商品检验、检疫、鉴定和管理工作的机构是中华人民共和国国家出入境检验检疫局及其设在各地的分支机构，通常称为国家商检部门。2001年4月10

日国务院宣布将国家质量技术监督局与国家出入境检验检疫局合并，成立了中华人民共和国质量监督检验检疫总局。为履行出入境检验检疫职能，国家质量监督检验检疫总局在全国（自治区、直辖市）设有直属出入境检验检疫局，在海陆空口岸和货物集散地设有分支局和办事处。

（四）明确检验证书

检验证书（Inspection Certificate）是检验机构对进出口商品进行检验、鉴定后签发的书面证明文件。

国际货物贸易中的检验证书种类繁多，卖方究竟需要提供哪种证书，要根据商品的特性、种类、贸易习惯以及政府的有关法令而定。在实际业务中，常见的检验证书主要有以下几种：

（1）品质检验证书（Inspection Certificate of Quality）是用于证明进出口商品品质、规格的证书。

（2）数量检验证书（Inspection Certificate of Quantity）是用于证明进出口商品数量的证书。

（3）重量检验证书（Inspection Certificate of Weight）是用于证明进出口商品重量的证书。

（4）价值检验证书（Inspection Certificate of Value）是用于证明出口商品价值的证书，通常用于证明发货人发票所载的商品价值正确、属实。

（5）产地检验证书（Inspection Certificate of Origin）是用于证明出口商品原生产地的证书。

（6）卫生检验证书（Sanitary Inspection Certificate）用于证明食用动物产品、食品在出口前经过卫生检验，未受传染疾病感染，可供食用。

（7）兽医检验证书（Veterinary Inspection Certificate）是用于证明动物产品在出口前已经过兽医检验、符合检疫要求的证书。

（8）消毒检验证书（Disinfection Inspection Certificate）是用于证明动物产品在出口前已经过消毒处理、符合安全及卫生要求的证书。

（9）残损检验证书（Inspection Certificate on Damaged Cargo）是用于证明进口商品残损情况、估算残损贬值程度、判定致损原因的证书。

此外，常见的检验证书还有植物检疫证明、积载鉴定证书、船舱检验证书、货载衡量检验证书等。

（五）明确检验标准

检验标准是指对进出口商品实施检验所依据的标准，如对商品品质、规格、包装等项目的具体规定和要求；抽样、制样或检验方法及对检验仪器的具体规定和要求等。在货物进出口合同中，即使是同一种商品，对其实施检验依据的标准和方法不同，检验结果往往会大不一样。因此，交易双方在签订货物贸易合同时，除了规定检验时间和地点、检验机构及检验证书之外，往往还要明确检验标准。检验标准的具体内容，视商品的种类、特性及进出口国家有关法律或行政法规的规定而定。例如：

The Buyer shall conduct the inspection in accordance with the stipulations of this Contract.

译文：买方应按合同规定检验货物。

The inspection of quality shall be done according to the export regulations of Singapore by the manufacturers or suppliers, which shall be consider as final.Should any specific inspector be designated by the buyer, all additional charge thereby incurred shall be borne by the buyer and shall be added to the invoice amount, for which the L/C should stipulate accordingly.

译文：货物品质由制造商或供货商按新加坡出口规定进行检验，其检验结果为最终依据。如买方另行指定检验人，由此产生的额外费用由买方自负，并包括在发票金额中。信用证对此应做相应规定。

The determination of quality of Rock Phosphate is subject to the results of analysis of the representative samples drawn from the actually landed cargo, conducted by China Entry - Exit Inspection and Quarantine Bureau after arrival of the goods at destination.

译文：从到货中抽取代表性样品，以中国出入境检验检疫局于到货后的化验结果为磷酸盐质量之依据。

The samples for testing moisture will be drawn during loading, two bottles of sample should be sent by the Seller, C/O the vessel, to the China National Foreign Trade Transportation Corporation at port of destination.The buyer shall have the right to claim against the Sellers for compensation of losses within 60 days after arrival of the goods at the port of destination, should the quality of the goods be found not in conformity with the specifications stipulated in the contract after inspection by China Entry-Exit Inspection and Quarantine Bureau.

译文：在装船时提取两瓶供化验水分的样品，随船交给目的港的中国对外贸易运输公司。经中国出入境检验检疫局检验后，如发现质量与合同规定不符，买方有权于货到目的港后60天内向卖方提出索赔。

相关知识

（一）我国商检机构的职责

根据《中华人民共和国进出口商品检验法》和《中华人民共和国进出口商品检验法实施条例》的规定，我国商检机构的职责有下述三项：

1.法定检验

法定检验是指商检机构和国家商检部门、商检机构指定的检验机构，根据国家的法律、行政法规，对规定的进出口商品和有关的检验事项实施强制性检验。根据《中华人民共和国进出口商品检验法》的规定，商检机构和国家商检部门、商检机构指定的检验机构，依法对进出口商品实施检验。进口商品未经检验的，不准销售、使用；出口商品未经检验合格的，不准出口。

2.监督管理

监督管理是指国家商检部门、商检机构对进出口商品的收货人、发货人，生产、经营、储运单位以及国家商检部门、商检机构指定或认可的检验机构和认可的检验人员的检验工作实施监督管理。

3.公证鉴定

公证鉴定是指商检机构和国家商检部门、商检机构指定的检验机构以及经国家商检部门批准的其他检验机构接受对外贸易关系人（通常指出口商、进口商、承运人、保险人以及出口商品的生产、供货部门和进口商品的收货、用货部门、代理接运部门等）以及国内外有关单位的委托，办理与对外贸易有关的各项鉴定业务。

公证鉴定不同于法定检验。公证鉴定最突出的特点是凭进出口商品经营者或有关关系人的申请和委托而进行，具有自愿的性质；法定检验则是根据国家有关法律、法规的规定实施，属强制性检验。

（二）我国进出口商品的法定检验

根据《中华人民共和国进出口商品检验法》和《中华人民共和国进出口商品检验法实施条例》的规定，我国进出口商品法定检验的范围包括：

1. 进口商品的法定检验范围

（1）列入《出入境检验检疫机构实施检验检疫的进出境商品目录》的进口商品。

（2）有关国际条约、协议规定须经商检机构检验的进口商品。

（3）其他法律、行政法规规定须经商检机构检验的进口商品。

2. 出口商品法定检验范围

（1）列入《出入境检验检疫机构实施检验检疫的进出境商品目录》的出口商品。

（2）出口食品的卫生检验。

（3）贸易性出口动物产品的检疫。

（4）出口危险物品和《出入境检验检疫机构实施检验检疫的进出境商品目录》内商品包装容器的性能检验和使用鉴定。

（5）装运易腐烂变质食品出口的船舱和集装箱。

（6）有关国际条约、协议规定须经商检机构检验的出口商品。

（7）其他法律、行政法规规定须经商检机构检验的出口商品。

（三）检验证书的作用

检验证书的作用主要有以下几点：

（1）检验证书是证明卖方所交货物的品质、数量、包装以及卫生条件等方面是否符合合同规定的依据。如检验证书中所列结果与合同或信用证规定不符，银行有权拒绝议付货款。

（2）检验证书是办理索赔和理赔的依据。当合同或信用证中规定在进口国检验，或规定买方有复验权时，如果买方所收到的货物经指定的商检机构检验与合同规定不符，买方必须在合同规定的索赔有效期内，凭指定的商检机构签发的检验证书向有关责任方提出索赔或要求解除合同。

（3）检验证书是海关验关放行的依据。凡属法定检验范围的商品，在办理进出口清关手续时，必须向海关提供商检机构签发的检验证书，否则海关不予放行。

（4）检验证书是卖方办理货款结算的依据。当合同或信用证中规定在出口国检验，或规定在出口国检验、进口国复验时，一般都规定，卖方在向银行办理货款结算时，所提交的单据必须包括检验证书。

在我国，法定检验商品的检验证书由国家出入境检验检疫局及其设在各地的分支机构签发；法定检验以外的商品，如合同或信用证中无相反规定，也可由中国对外贸易促进委员会或中国进出口商品检验总公司或生产企业出具。

（四）检验标准的种类

1.国际上对检验标准的分类

在国际货物贸易中，商品的检验标准包括以下三类：

（1）对买卖双方具有法律约束力的标准。这是国际货物贸易中普遍采用的检验标准，其中最常见的是货物贸易合同和信用证。

（2）与贸易有关国家所制定的强制执行的法规标准，主要指商品生产国、出口国、进口国、消费国或过境国所制定的法规标准，如货物原产地标准、安全法规标准、卫生法规标准、环保法规标准、动植物检疫法规标准。

（3）国际权威性标准。国际权威性标准是指在国际上具有权威性的检验标准，其中又包括国际标准、区域性标准化组织标准、国际商品行业协会标准和某国权威性标准四种。

①国际标准

国际标准是指国际专业化组织所制定的检验标准，如国际标准化组织、国际海事组织、国际电工委员会、联合国食品法典委员会等制定的标准。

②区域性标准化组织标准

区域性标准化组织标准是指区域性组织所制定的标准，如欧洲标准化委员会、欧洲电工标准委员会、泛美技术标准委员会等制定的标准。

③国际商品行业协会标准

国际商品行业协会标准是指国际羊毛局、国际橡胶协会等国际性商品行业协会所制定的标准。

④某国权威性标准

某国权威性标准是指某些国家所制定的具有国际权威性的检验标准，如英国药典、美国公职分析化学家协会制定的标准。

2.我国商检机构对进出口商品实施检验的标准

根据《中华人民共和国进出口商品检验法实施条例》的有关规定，我国商检机构按下述标准对进出口商品实施检验：

（1）法律、行政法规规定有强制性检验标准或者其他必须执行的检验标准的，按照法律、行政法规规定的检验标准检验；

（2）法律、行政法规未规定有强制性检验标准或者其他必须执行的检验标准的，按照对外贸易合同规定的检验标准检验；凭样成交的，并应当按照样品检验；

（3）法律、行政法规规定的强制性检验标准或者其他必须执行的检验标准，低于对外贸易合同约定的检验标准的，按照对外贸易合同约定的检验标准检验；凭样成交的，并应当按照样品检验；

（4）法律、行政法规未规定有强制性检验标准或者其他必须执行的检验标准，对外贸易合同又未约定检验标准或者约定检验标准不明确的，按照生产国标准、有关国际标准或者国家商检部门指定的标准检验。

在我国，根据《中华人民共和国标准化法》的规定，商品的标准分为四种，即国家标准、行业标准、地方标准和企业标准。国家标准由国务院标准化行政主管部门制定。对没有国家标准，但需要在国家某行业范围内统一技术要求的，可以制定行业标准。没有国家标准和行业标准的，可以制定地方标准或企业标准。对于既有我国标准又有国际标准或国外标准的商品，一般情况下应采用我国标准进行买卖。对于已被国际上广泛采用的标准，或有助于扩大产品在国际市场销路的标准，交易时应尽量采用该种标准。

（五）订立检验条款应注意的问题

（1）检验条款应与合同其他条款一致，不能相互矛盾。在检验条款中，规定检验时间和地点时，不能与使用的贸易术语相矛盾。例如，出口合同规定采用CIF贸易术语成交，卖方的责任是在装运港交货后，即可凭单据收款，若规定到岸品质与数量和买方验货后决定付款，检验条款就与贸易术语发生矛盾，从而改变了合同的性质，使此合同成为名不符实的CIF合同了。

（2）检验条款的规定切合实际，不能接受外方提出的不合理的检验条件。例如规定出口的山鸡应在死前检验，而山鸡往往猎获之后就死掉了，根本无检验机会，所以接受这种检验条件必然造成卖方被动。

（3）要明确规定复验的期限、地点和机构。出口合同的卖方有复验权时，应对其复验的期限、地点作出明确规定。按照一般的解释，复验的期限实际就是买方索赔期限，买方只有在规定的期限内行使其权利，索赔才有效，否则无效。至于复验机构的选择，必须是在业务上有能力的公正的商检或公证机构。

（4）有的货物应明确规定检验标准和方法。业务中出现异议案件，有时是由于两地商检机构采用的检验标准不一致和采用的检验方法不同造成的。为了避免或减少这种现象出现，有的货物应该明确其检验标准和检验方法。

（5）进口合同的检验条款应规定我方有复验权。进口货物到达目的港后应允许我方复验，经复验如发现所交货物与合同不符，有权向国外商人提出索赔或退货。同时，应根据进口货物的实际情况规定复验期限和地点，对于一些货物如大型机械、矿山使用大载重汽车应在目的地复验且时间应该稍长一些，进口的成套设备的复验期限应更长一些。

技能训练

翻译下列检验条款：

（1）This inspection certificate of Quality and Quantity may be issued by the manufacturer.

（2）Weight and Quality to be final as per official certificate of the time and place of shipment.

（3）The inspection certificate of Quality and Quantity issued by China Entry-Exit Inspection and Quarantine Bureau shall be part of the documents to be presented for negotiation.

（4）The goods shall be inspected by Lloyd's Agents, whose certificate of quality shall be final.The expenses of such inspection shall be for the seller's account.The certificates issued by other inspectors shall be rejected.

（5）The Seller shall, before the time of shipment, apply to China Entry-Exit Inspection and Quarantine Bureau for the inspection of the quality, specifications, quantity, weight, packaging and requirements for safety and sanitation/ hygiene of the goods in accordance with the stipulations of this Contract.The inspection certificate issued by the said inspection organization shall be an integral part of the documents to be presented for payment.

（6）The Seller shall, before the time of shipment, provide the Buyer with the inspection reports signed by the manufacturers on the quality, specifications, quantity, weight, packing and requirements for safety and sanitation/ hygiene of the goods in accordance with the stipulations of this Contract.The said inspection reports shall be an integral part of the documents to be presented for payment.

（7）For the purpose of warranty and other claims, the Buyer shall have the right to apply to China Entry-Exit Inspection and Quarantine Bureau for the inspection of the goods after the arrival of the goods at the port of unloading （or at the final destination）.

The Buyer shall give a notice of inspection to the Seller within sufficient time to enable Seller's presence before such inspection is conducted.The Seller may, on its own option and at his own expenses, be present at the inspection.The inspection can be conducted if the Seller is absent despite of timely notification by the Buyer.

任务 二

解析索赔条款

任务描述

通过对货物进出口合同索赔条款的解析，明确提出索赔的方法、索赔期限、索赔依据、争议发生后买卖双方的权利和义务、免责事项。

任务分析

（一）明确索赔条款的主要内容

索赔条款的内容，主要包括提出索赔的方法、索赔期限、索赔依据、争议发生后买卖双方的权利和义务、免责事项等。

（二）明确提出索赔的方法

货物贸易合同中通常规定，索赔应以书面形式提出，并规定通知对方的方法。例如：

The full particulars of claim shall be made in writing and forwarded by registered airmail to Sellers within 15 days after the arrival of the goods at port of destination.

译文：索赔的详细情况应以书面形式提出，并在货到目的口岸后15天内以航空挂号信寄给卖方。

Claims, if any, shall be submitted by cable within 14 days after arrival of goods at destination.

译文：若有索赔，买方应于货物到达目的地后14天内以电报提出。

（三）明确索赔期限

守约方向违约方提出索赔的时限，应在合同中订明，如超过约定时限索赔，违约方可不予受理。索赔期限通常有下列规定方法：

1.货到目的港后若干天

In case of quality discrepancy, claim should be filed by the Buyer within 30 days after the arrival of the goods at the port of destination, while for quantity discrepancy, claim should be filed by the Buyer within 15 days after the arrival of the goods at port of destination.

译文：如买方提出索赔，凡属品质异议须于货到目的口岸之日起30天内提出，凡属数量异议须于货到目的口岸之日起15天内提出。

2.货到目的港卸货后若干天

Claim, if any, shall be filed by the Buyer within 14 days from the date of discharge of the goods at the port of destination.

译文：若有索赔，买方须在目的港卸货后14天内提出。

3.货到买方营业处所或用户所在地后若干天

In case any discrepancy on quality/quantity/weight of the goods is found by the Buyers after the goods arrive at the port of destination, claim which should be loaded with the Sellers within 15 days after the goods arrive at the port of destination, otherwise the sellers will not undertake the responsibility.

译文：货物到达目的地后，买方若对货物的质量/数量/重量有异议，应在货物到达目的地后15天内凭卖方承认的公众鉴定人出具的检验证明向卖方提出，否则卖方将不承担责任。

（四）明确索赔依据

在索赔条款中，一般都规定提出索赔应出具的证据和出证机构。例如：

Any claim by the Buyers regarding the goods shipped shall be filed within 30 days after the arrival of the goods at the port of destination specified in the relative Bill of Lading and supported by a survey report issued by a surveyor approved by the Sellers.

译文：买方对于装运货物的任何异议，必须于装运货物的船只到达提单规定目的港后30天内提出，并须提供经卖方同意的公证机构出具的检验报告。

Any claim by the Buyers regarding the goods shipped shall be filed within 30 days after arrival of the goods at the port of destination specified in the relative Bill of Lading and supported by a survey report issued by China Entry-Exit Inspection and Quarantine Bureau.

译文：买方对于装运货物的任何索赔，必须于货到提单规定的目的地30天内提出，并须提供中国出入境检验检疫局出具的检验报告。

（五）明确争议发生后买卖双方的权利和义务

在索赔条款中规定的争议发生后买卖双方的权利和义务包括守约一方解除合同、延期履行合同、要求损害赔偿等权利；违约方对违约行为作出补救的义务；被索赔一方调查的权利和及时答复的义务。例如：

Should the Buyer fail to perform any of his obligation stipulated in this contract, the Seller shall have the right to terminate all or any part of this contract or to postpone shipment or to stop delivery of the goods in transit.In any such cases, the Buyer shall be liable for all damage and expense the Seller has sustained therefrom.

译文：若买方不履行合同规定的任何义务，卖方有权全部或部分终止执行合同，或延缓装运，或停交在途货物。在任何类似情况下，买方均负有赔偿卖方因此而蒙受的一切损失和所支付费用的责任。

In the event either the Sellers fail to effect the shipment or the Buyers fail to establish the relevant L/C within the respective time limits as set forth in the above, or the L/C does not correspond with the Contract terms and the Buyers fail to amend it in time, the Complaining Party shall have the right to cancel this contract and to claim on the Party at fault for compensation of direct losses, if any, sustained therefrom, unless in cases where Force Majeure is applicable.

译文：任何一方未按上述规定的期限履约，无论是卖方没有发运还是买方没有开证，或者信用证不符合合同条款而买方又没有及时修改，对方都有权解除合同，并向另一方索赔补偿直接损失。遭受不可抗力除外。

Should the goods be found in their quality slightly inferior to the sample, the buyer shall take delivery of the goods on condition that a reasonable reduction be made on the contract price by subsequent mutual negotiation.The goods may be rejected if the buyer finds the goods far inferior to the sample or the price reduction unfair.

译文：在货物质量与样品略有不符的情况下，若经双方协商，降低合同价格，买方仍须提货。若买方认为货物质劣或降价不合理，可拒收货物。

In the event of the non-conformity and provided the Seller is responsible, the Seller shall promptly, within 2 weeks upon receipt of the Buyer's notification, on its own account, repair or replace such goods or supply the quantity that is deficient.

译文：如果交货不符属于卖方的责任范围，卖方应在收到买方通知后两周内立即自费修理或换货，或交付短缺的数量。

In the event of any claim arising in respect of any shipment, notice of intention to claim should be given in writing to the seller promptly after arrival of the goods at the port of discharge and opportunity must be given to the seller for investigation.

译文：若交货发生索赔，买方应于货物到达目的港后立即以书面形式将索赔要求通知卖方，并给卖方进行调查的机会。

The seller shall, within 30 days after receipt of the notification of the claim, send reply to the Buyer.

译文：卖方应在接到索赔通知后30天内答复买方。

（六）明确免责事项

索赔条款中通常规定卖方的一些免责事项，包括不可抗力造成的损失、非卖方责任范围内的损失、货物被处置（如转售、加工等）或未向卖方提供调查机会情况下的损失。例如：

The Sellers shall not be held responsible either for compensation of loss(es) due to natural cause(s) or for that(those) within the responsibility of the Ship owners or Underwriters.

译文：对由不可抗力造成的损失，或属于承运人或保险人责任范围内的，卖方不予赔偿。

It is understood that the Seller shall not be liable for any discrepancy of the goods shipped due to causes for which the Insurance Company, Shipping Company, other Transportation Organization/ or Post Office are liable.

译文：对所装货物所提任何异议为保险公司、轮船公司、其他有关运输机构或邮递机构所负责者，卖方不负任何责任。

If the goods have already been processed, the Buyers shall thereupon lose the right to claim. Claims in respect of matters within responsibility of insurance company and/ or shipping company will not be considered or entertained by the Sellers.

译文：如果货物已经过加工，买方即丧失索赔权利。属于保险公司或轮船公司责任范围内的索赔，卖方不予受理。

No claim will be recognized if the said goods are used or resold a part or all of them to some third party or unless they have been set aside for inspection by the seller.

译文：若货物被使用，或部分或全部售予他人，或未保存待卖方检验，卖方拒绝索赔。

At least 10% of the original unopened packages must be available to the seller in the event of dispute regarding quality, otherwise claim will not be valid.

译文：如争议时有关品质方面的，至少必须有10%原封未启箱件供卖方检查，否则索赔无效。

相关知识

罚金或违约金条款一般适用于卖方延期交货，或者买方延期接运货物、延迟开立信用证、拖欠货款等情况。在货物贸易合同中规定罚金或违约金条款，是促使合同当事人履行合同义务的重要措施，能起到避免和减少违约行为发生的预防性作用，在发生违约行为的情况下，能对违约方起到一定的惩罚作用，对守约方的损失能起到补偿性作用。可见，约定此项条款，采取违约责任原则，对合同当事人和全社会都是有益的。

罚金或违约金与损害赔偿虽有相似之处，但仍存在差异，其差别在于：前者不以造成损失为前提条件，即使违约的结果并未发生任何实际损害，也不影响对违约方追究违约金责任。违约金数额与实际损失是否存在及损失的大小没有关系，法庭或仲裁庭也不要求请求人就损失举证，故其在追索程序上比后者简便得多。

违约金的数额一般由合同当事人商定，我国现行合同法也没有对违约金数额作出规定，而以约定为主。按违约金是否具有惩罚性，可分为惩罚性违约金和补偿性违约金，世界大多数国家都以违约金的补偿性为原则，以惩罚性作为例外。

根据我国合同法的规定，在确定违约金数额时，双方当事人应预先估计因违约可能发生的损害赔偿确定一个合适的违约金比率。需要指出的是，在约定违约金的情况下，即使一方违约未给对方造成损失，违约方也应支付约定的违约金。为了体现公平合理原则，如一方违约给对方造成的损失大于约定的违约金，守约方可以请求法院或仲裁庭予以增加；反之，如约定的违约金过分高于实际造成的损失，当事人也可请求法院或仲裁庭予以适当减少。但如约定的违约金不是过分高于实际损失，则不能请求减少，这样做，既体现了违约金的补偿性，也在一定程度上体现了它的惩罚性。当违约方支付约定的违约金后，并不能免除其履行债务的义务。例如：

Unless caused by the Force Majeure specified in this contract, in case of delayed delivery, the Sellers shall pay to the Buyers for every five-days of delay a penalty amounting to 0.3% of the total value of the goods whose delivery has been delayed.Any fraction part of a five-days is to be considered a full week.The total amount of penalty shall not, however, exceed 5% of the total value of the goods involved in late delivery and is to be deducted from the amount due to the Sellers by the paying bank at the time of negotiation, or by the Buyers direct at the time of payment.In case the period of delay exceeds 50 days later than the time of shipment as stipulated in the contract, the Buyers have the right to terminate this contract but the Sellers shall not thereby be exempted from payment of penalty.

译文：除本合同规定的不可抗力原因外，卖方不能按时交货，在卖方同意由付款银行在议付货款中扣除罚金或由买方于支付货款时直接扣除罚金的条件下，买方应同意延期交货。罚金率按每5天收取延期交货部分总值的0.3%，不足5天者以5天计算。但罚金不得超过延期交货部分总金额的5%。当卖方延期交货超过合同规定期限50天时，买方有权撤销合同，但卖方仍应不延迟地按上述规定向买方支付罚金。

技能训练

翻译下列索赔条款。

（1）Quality/ Quantity/ Weight Discrepancy and Claim: In case the quality and/ or quantity/ weight are found by the Buyer not to conform with the contract after arrival of the goods at the final destination, the Buyer may lodge a claim against the seller supported by a survey report issued by an inspection organization agreed upon by both parties with the exception of those claims for which the insurance company and /or the shipping company are to be held responsible. Claim for quality discrepancy should be filed by the Buyer within 60 days after arrival of the goods at the final destination while for quantity/ weight discrepancy claim should be filed by the Buyer within 30 days after arrival of the goods at the final destination.

（2）The seller shall not be liable for any claims unless they are made promptly after receipt of the goods and due opportunity has been given for investigation by the seller's own representatives.

（3）Claims must reach the seller within 30 days after the arrival of the goods at the port of destination.The goods must be retained intact for inspection by authorized surveyors.

（4）In the event that the Buyer does not make such claim within the time limit set forth in this contract, the Buyer shall forfeit its right to make a claim with respect to the quantity deficiency or the apparent quality defect.

（5）Should the quality, specifications, quantity, weight, packing and requirements for safety or sanitation/ hygiene of the goods be found not in conformity with the stipulations of this Contract, the Buyer shall give a notice of claims to the Seller and shall have the right to lodge claims against the Seller based on the inspection certificate, issued by China Entry - Exit Inspection and Quarantine Bureau and itemizing the reasons for the claims within 15 days from the date of the arrival of the goods at the final destination, provided that such date shall not exceed 30 days from the date of the completion of unloading of the goods at the port of unloading.

（6）The Seller shall reply to the Buyer's claim not later than 15 days after receipt of the inspection certificate issued by the inspection organization provided in Clause 14.2 of this Contract and the claims shall be regarded as having been accepted，if the Seller fails to reply within the above-mentioned time limit.

任务 二
解析不可抗力条款

任务描述

通过对货物进出口合同不可抗力条款的解析，明确不可抗力的性质与范围、法律后果及处理、通知义务和证明文件等。

任务分析

（一）明确不可抗力条款的主要内容

不可抗力条款的内容通常包括不可抗力的性质与范围、法律后果及处理、通知义务和证明文件等。

（二）明确不可抗力的性质与范围

不可抗力事件有其特定的含义，并不是任何一种意外事件都可作为不可抗力事件。不可抗力事件的范围较广，通常分为下列两种情况：一种是由于自然力量引起的事件，如水灾、旱灾、冰灾、雪灾、雷电、火灾、暴风雨、地震、海啸等；另一种是政治或社会原因引起的，如政府颁布禁令、调整政策制度、罢工、暴动、骚乱、战争等。

关于不可抗力事件的性质与范围，通常有下列几种规定办法：

1.概括规定

在合同中不具体规定哪些事件属于不可抗力事件，而只是笼统地规定"由于不可抗力事件使合同不能履行，发生事件的一方可据此免除责任"，至于不可抗力的具体内容和范围并不具体说明，例如：

The Sellers shall not be held liable for failure or delay in delivery of the entire lot or a portion of the goods under this Sales Confirmation on consequence of any Force Majeure incidents.

译文：本确认书所述全部或部分商品，如因人力不可抗拒的原因，以致不能履约或延迟交货，卖方概不负责。

The sellers shall not be held responsible for the delay in shipment or non-delivery of the goods due to Force Majeure，which might occur during the process of manufacturing or in the course of loading or transit.

译文：由于在制造、装载或运输过程中发生的不可抗力导致卖方延期交货或不能交货者，卖方可免除责任。

这类规定过于笼统，含义模糊，解释伸缩性大，容易引起争议，一般不宜采用。

2.具体规定

在合同中详列不可抗力事件，例如：

If the shipment of the contracted goods is prevented or delayed in whole or in part by reason of war, earthquake, flood, fire, storm, heavy snow, the Seller shall not be liable for non-shipment or late shipment of the goods of this contract.

译文：如由于战争、地震、水灾、火灾、暴风雨、雪灾的原因，致使卖方不能全部或部分装运或延迟装运合同货物，卖方对于这种不能装运或延迟装运本合同货物不负有责任。

这种一一列举的办法虽然明确具体，但文字繁琐，且可能出现遗漏情况，因此，也不是最好的办法。

3.综合规定

在列明经常可能发生的不可抗力事件（如战争、洪水、地震、火灾等）的同时，再加上"以及其他不可抗力事件"的文句，为双方当事人共同确定未列明的意外事件是否构成不可抗力提供依据。例如：

Should either of the Parties to the Contract be prevented from executing the Contract by force majeure, such as earthquake, typhoon, flood, fire and war and other unforeseen events, and their happening and consequences are unpreventable and unavoidable, the prevented Party shall not be liable for failure or delay to perform a or any part of this contract.

译文：如果合同一方由于不可抗力因素而不能履行合同，比如：地震、台风、洪水、战争及其他无法预见的事件，其发生和后果均无法预见并无法避免，该方应对合同全部或部分无法履行或延期履行不负有责任。

这种规定办法，既明确具体，又有一定的灵活性，是一种可取的办法。

（三）明确不可抗力事件的法律后果及处理

发生不可抗力事件后，应按约定的处理原则和办法及时进行处理。不可抗力的后果有两种：一是解除合同；二是延期履行合同。究竟如何处理，应视事故的原因、性质、规模及其对履行合同所产生的实际影响程度而定。例如：

If the Force Majeure cause lasts over 60 days, the Buyers shall have the right to cancel the contract or the undelivered part of the contract.

译文：不可抗力事故继续存在60天以上时，买方有权撤销合同或合同中未发运部分。

Under such circumstances the Sellers, however, are still under the obligation to take all necessary measures to hasten the delivery of the goods.

译文：在上述情况下，卖方仍有采取必要措施尽快发货的义务。

The Parties to the Contract shall, through consultations, decide whether to terminate the Contract or to exempt the part of obligations for implementation of the Contract or whether to delay the execution of the Contract in accordance with the effects of the events on the performance of the Contract.

译文：双方应通过协商，根据事件对履行合同的影响程度，确定是终止合同，或是免除履行合同的责任，或是延长合同的执行。

（四）明确不可抗力事件的通知义务和证明文件

不可抗力事件发生后如影响合同履行时，遭受不可抗力事件的一方当事人应按约定的通知期限和通知方式，将事件情况如实通知对方。对方在接到通知后，应及时答复，如有异议也应及时提出。此外，遭受不可抗力事件的一方当事人还应按约定办法出具证明文件，作为发生不可抗力事件的证据。这种证明文件在国外一般由当地的商会或法定公证机构出具，我国通常由中国国际贸易促进委员会出具。例如：

The sellers shall advise the Buyers immediately of the occurrence mentioned above the within fourteen days thereafter.The Sellers shall send by airmail to the Buyers for their acceptance a certificate of the accident.

译文：在不可抗力发生后，卖方须立即电告买方及在14天内以空邮方式向买方提供事故发生的证明文件。

The Seller shall notify the Buyer by cable or telex and furnish the latter within 15 days by registered airmail with a certificate issued by the China Council for the Promotion of International Trade （China Chamber of International Commerce） attesting such event or events.

译文：卖方须用电报或电传通知买方，并须在15天内，以航空挂号信件向买方提交由中国国际贸易促进委员会（中国国际商会）出具的证明此类事件的证明书。

If the shipment of the contracted goods is prevented or delayed in whole or in part by reason of war, earthquake, flood, fire, storm, heavy snow, the Seller shall not be liable for non-shipment or late shipment of the goods of this contract.However, in such a case, the Sellers shall immediately advise by cable the Buyers of the accident and airmail to the Buyers within 15 days after the accident, a certificate of the accident issued by the competent government authorities or the Chamber of the Commerce which is located at the place where the accident occurs evidence there of.

译文：如因战争、地震、水灾、火灾、暴风雨、雪灾或其他不可抗力，致使卖方不能部分或全部装船或延迟装船，卖方对此均不负责任。但卖方必须在事故发生时立即电告买方，并在事故发生后15天内航空邮寄给买方灾害发生地点的有关政府机关或商会所发给的证件证实灾害存在。

相关知识

（一）不可抗力的含义

不可抗力（Force Majeure）又称人力不可抗拒，是指合同签订后，不是由于合同当事人的过失或疏忽，而是由于发生了合同当事人无法预见、无法预防、无法避免和无法控制的意外事件，以致不能履行或不能按期履行合同，遭受意外事件的一方可以免除履行合同的责任或延期履行合同。因此，不可抗力是一项免责条款。

英美法系国家的法律将不可抗力事故称为"合同落空"，是指合同签订后，不是由于合同当事人的过失，而是发生了当事人意想不到的事件，致使订约的目的受挫，据此未履约，当事人得以免除责任。

大陆法系国家的法律将不可抗力事故称为"情势变迁"或"契约失效"，是指签订合同后，不是由于合同当事人的原因，而是发生了当事人预想不到的情况变化，履行合同显然不合理，因此，不可能再履行合同或需要对原有的法律效力作相应的变更。

根据《联合国国际货物销售合同公约》规定，合同签订后，如发生了合同当事人订约时无法预见和事后不能控制的障碍，以致不能履行合同义务，则可免除责任。

上述各种解释表明，各国对不可抗力尽管有不同叫法与说明，但其精神原则大体相同。

（二）约定不可抗力条款的意义

在国际贸易中，买卖双方洽商交易时，对成交后由于自然力量或社会原因而可能引起的不可抗力事件是无法预见、无法控制的，加之国际上对不可抗力事件及其引起的法律后果并无统一的解释，为避免因发生不可抗力事件而引起不必要的纠纷，防止合同当事人对发生不可抗力事件的性质、范围作任意的解释，或提出不合理的要求，或无理拒绝对方的合理要求，故有必要在货物贸易合同中订立不可抗力条款。

技能训练

翻译下列不可抗力条款：

（1）The Seller shall not be held responsible for failure or delay to perform a or any part of this contract due to war, earthquake, flood, fire, storm, heavy snow or other cause of Force Majeure.However, the Seller shall advise the Buyer immediately of such occurrence, and within 15 days thereafter, shall send by registered airmail to the Buyer for their acceptance a certificate issued by the competent government authorities of the place where the accident occurs as evidence thereof.Under such circumstance, the Seller, however, is still under the obligation to take a necessary measure to hasten the delivery of the goods.In case the accident lasts for more than 60 days, the Buyer shall have the right to cancel the contract.

（2）Should either of the Parties to the Contract be prevented from executing the Contract by force majeure, such as earthquake, typhoon, flood, fire and war and other unforeseen events, and their happening and consequences are unpreventable and unavoidable, the prevented Party shall, by fax, notify the other Party without any delay, and shall, within 15 days thereafter, provide the detailed information of the events and a valid document for evidence issued by the relevant public notary organization for explaining the reason of its inability to execute or delay the execution of all or part of the Contract.

（3）Neither party shall be held responsible for failure or delay to perform all or any part of this Contract due to flood, fire, earthquake, snowstorm, drought, hailstorm, hurricane, or any other events that are beyond the control of the affected party and could not reasonably be expected at the time of the conclusion of this Contract or have been avoided or overcome by such party.However, the party who's performance is affected by the event of Force Majeure shall give a notice to the other party of its occurrence as soon as possible and a certificate or a document of the occurrence of the Force Majeure event issued by the relative authority or a neutral independent third party shall be sent to the other party not later than 14 days after its occurrence.

If the event of Force Majeure event continues for more than 60 days, both parties shall negotiate the performance or the termination of this Contract.If within 90 months after the occurrence of the event of Force Majeure both parties cannot reach an agreement, either party has the right to terminate this Contract.In the case of such a termination either party shall bear its own costs, further claims for compensation in connection with the termination shall be excluded.

任务 四 解析仲裁条款

任务描述

通过对货物进出口合同仲裁条款的解析，明确仲裁地点、仲裁机构、仲裁程序规则、仲裁裁决的效力、仲裁费的负担。

任务分析

（一）明确仲裁条款的主要内容

仲裁条款的内容一般包括仲裁地点、仲裁机构、仲裁程序规则、仲裁裁决的效力、仲裁费的负担等。

（二）明确仲裁地点

仲裁地点与仲裁所适用的程序法以及合同所适用的实体法关系甚为密切。按照有关国家法律的解释，凡属程序方面的问题，除非仲裁协议另有规定，一般都适用仲裁地法律，即在哪个国家仲裁，就往往适用那个国家的仲裁法规。至于确定合同双方当事人权利、义务的实体法，如合同中未规定，一般是由仲裁庭根据仲裁地点所在国的法律冲突规则予以确定。由此可见，仲裁地点不同，适用的法律可能不同，对买卖双方的权利、义务的解释就会有差别，其结果也会不同。因此，交易双方对于仲裁地点的确定都很关注，都力争在自己比较了解和信任的地方，尤其是力争在本国仲裁。

在我国进出口合同中，关于仲裁地点有下列三种规定办法：

1.规定在中国仲裁

All disputes in connection with or arising from the contract shall be settled amicably through negotiation.In case no settlement can be reached between the two parties, the case shall be submitted to the China international Economic and Trade Arbitration Commission, Beijing for arbitration in accordance with its Rules of Arbitration.

译文：凡因本合同引起的或与本合同有关的任何争议，双方应通过友好协商的办法解决；如果协商不能解决，均应提交北京的中国国际经济贸易仲裁委员会，按照其仲裁规则进行仲裁。

2.规定在被申请人所在国仲裁

All disputes in connection with or arising from the contract shall be settled amicably through negotiation.In case no settlement can be reached between the two parties，the case shall be submitted for arbitration.The location of arbitration shall be in the country of the domicile of the defendant.If in China，the arbitration shall be conducted by the China International Economic and Trade Arbitration Commission，Beijing.If in _____ , the arbitration shall be conducted by _____ in accordance with its arbitral rules.

译文：凡因本合同引起的或与本合同有关的任何争议，双方应通过友好协商来解决；如果协商不能解决，应提交仲裁，仲裁在被申请人所在国进行。在中国，由中国国际经济贸易仲裁委员会根据申请仲裁时该仲裁规则进行仲裁。如在____国（被申请人所在国名称）由××（被申请人所在国家的仲裁机构名称）根据该组织的仲裁规则进行仲裁。

3.规定在双方同意的第三国仲裁

All disputes in connection with or arising from the contract shall be settled amicably through negotiation.In case no settlement can be reached between the two parties，the case shall be submitted to _____ for arbitration in accordance with its Rules of Arbitration.

译文：凡因本合同引起的或与本合同有关的任何争议，双方应通过友好协商来解决，如果协商不能解决，应提交____（双方同意的第三国的仲裁机构名称），按照其仲裁规则进行仲裁。

（三）明确仲裁机构和仲裁规则

国际贸易中的仲裁，可由双方当事人约定在常设的仲裁机构进行，也可以由双方当事人共同指定仲裁员组成临时仲裁庭进行仲裁。

目前，世界上有许多国家和一些国际组织都设有专门从事处理商事纠纷的常设仲裁机构。我国常设的仲裁机构主要是中国国际经济贸易仲裁委员会和海事仲裁委员会。根据业务发展的需要。中国国际经济贸易仲裁委员会又分别在深圳、上海、重庆、武汉和杭州设立了分会。北京总会及其分会是一个统一的整体，总会和分会使用相同的仲裁规则和仲裁员名册，在整体上享有一个仲裁管辖权。此外，在中国一些省市还相继设立了一些地区性的仲裁机构。

中国各外贸公司在订立进出口合同中的仲裁条款时，如双方同意在中国仲裁，一般都订明在中国国际经济贸易仲裁委员会仲裁。

我们在外贸业务中经常遇到的外国仲裁常设机构有：英国伦敦仲裁院、瑞典斯德哥尔摩商会仲裁院、瑞士苏黎世商会仲裁院、日本国际商事仲裁协会、美国仲裁协会、意大利仲裁协会等。俄罗斯和东欧各国商会中均设有对外贸易仲裁委员会。国际组织的仲裁机构有设在巴黎的国际商会仲裁院等。其中有许多仲裁机构与我国已有业务上的联系，并在仲裁业务中进行合作。

鉴于国际上仲裁机构很多，甚至一个国家或地区内就有若十个仲裁机构，因此，当事人双方选用哪个国家或地区的仲裁机构审理争议案件，应在合同仲裁条款中具体说明。

各国仲裁机构都有自己的仲裁规则（Rules of Arbitration），但值得注意的是，所采用的仲裁规则与仲裁地点并非绝对一致。按照国际仲裁的一般做法，原则上采用仲裁所在地的仲裁规则，但在法律上也允许根据双方当事人的约定，采用仲裁地点以外的其他国家

（地区）仲裁机构的仲裁规则进行仲裁。在中国仲裁，双方当事人通常约定适用《中国国际经济贸易仲裁委员会仲裁规则》。根据中国现行仲裁规则规定："凡当事人同意将争议提交仲裁委员会仲裁的，均视为同意按照该仲裁规则进行仲裁。"但是，如果当事人约定适用其他仲裁规则，并征得仲裁委员会同意的，原则上也可适用其他仲裁规则。

（四）明确仲裁裁决的效力

仲裁裁决的效力主要是指由仲裁庭作出的裁决对双方当事人是否具有约束力，是否为终局性的，能否向法院起诉要求变更裁决。

在中国，凡由中国国际经济贸易仲裁委员会作出的裁决一般是终局性的，对双方当事人都有约束力，必须依照执行，任何一方都不得向法院起诉要求变更。

在其他国家，一般也不允许当事人对仲裁裁决不服而上诉法院。即使向法院提起诉讼，法院一般也只是审查程序，不审查实体，即只审查仲裁裁决在法律手续上是否完备，而不审查裁决本身是否正确。如果法院查出裁决在程序上有问题，有权宣布裁决为无效。

由于仲裁是以双方当事人自愿为基础的，因此，对于仲裁裁决理应承认和执行。若败诉方不执行裁决，胜诉方有权向有关法院起诉，请求法院强制执行。

为了强调和明确仲裁裁决的效力，以利执行裁决，在订立仲裁条款时，通常都规定仲裁裁决是终局的，对当事人双方都有约束力。例如：

The arbitral award is final and binding upon both parties.

译文：仲裁裁决是终局的，对双方都有约束力。

（五）明确仲裁费用的负担

通常在仲裁条款中明确规定出仲裁费用由谁负担，一般规定由败诉方承担或由仲裁机构裁定。例如：

The arbitration fee shall be borne by the losing party unless otherwise awarded by the arbitration court.

译文：除非仲裁庭另有裁定，仲裁费由败诉方承担。

相关知识

（一）国际货物贸易解决争议的方式

在国际货物贸易中，买卖双方签订合同后，由于种种原因，使合同没有履行，从而引起交易双方间的争议。解决争议的途径有下列几种：

1.协商

协商（consultation）又称友好协商，是指在争议发生后，由当事人双方直接进行磋商，自行解决纠纷。

这种方法节省费用，气氛缓和，有利于双方贸易关系的发展，但如果双方均不肯作出让步时，争议难以解决。

2.调解

调解（conciliation）是指争议发生后，在争议双方自愿的基础上，由第三者出面从中调解，找到双方均可接受的解决方法。

我国仲裁机构采取调解与仲裁相结合的办法，收到了良好的效果。其具体做法是：结合仲裁的优势和调解的长处，在仲裁程序开始之前或之后，仲裁庭可以在当事人自愿的基础上，对受理的争议进行调解解决，如调解失败，仲裁庭仍按照仲裁规则的规定继续进行仲裁，直到作出终局裁决。因此，这种方法也有一定的限度。

3.仲裁

仲裁（arbitration）又称公断，是指买卖双方在争议发生之前或之后，达成书面协议，自愿将他们之间友好协商不能解决的争议交给双方同意的第三者进行裁决。裁决对双方当事人都有约束力，双方必须执行。

仲裁的优势在于其程序简便、结案较快、费用开支较少，能独立、公正和迅速地解决争议，给予当事人以充分的自治权。它还具有灵活性、保密性、终局性和裁决易于得到执行等优点，从而为越来越多的当事人所选择并采用。

4.诉讼

诉讼（litigation/lawsuit）俗称"打官司"，是指由司法部门按法律程序来解决双方的贸易争议。在争议发生后，可由任何一方当事人依照一定的法律程序向有管辖权的法院提起诉讼，要求法院依法予以审理，并作出公证的判决。

诉讼具有下列特点：

（1）诉讼带有强制性，只要一方当事人向有管辖权的法院起诉，另一方就必须应诉，争议双方都无权选择法官。

（2）诉讼程序复杂，处理问题比仲裁慢。

（3）诉讼处理争议，双方当事人关系紧张，有伤和气，不利于今后贸易关系的继续发展。

（4）诉讼费用较高。

上述前两种办法都有一定的限度，最后一种办法有一定的缺陷，所以仲裁就成为解决国际贸易争议广泛采用的一种行之有效的重要方式。在中国进出口合同中一般都订有仲裁条款，以便在发生争议时，通过仲裁方式解决争端。

（二）仲裁协议的形式

仲裁协议有两种形式：一种是在争议发生之前订立的，它通常作为合同中的一项仲裁条款（Arbitration Clause）出现；另一种是在争议发生之后订立的，它是把已经发生的争议提交仲裁的协议（Arbitration Submission）。这两种形式的仲裁协议的法律效力是相同的。

（三）仲裁协议的作用

（1）是双方当事人发生争议时，以仲裁方式解决争议的依据，双方须受仲裁协议的约束。

（2）排除法院对有关案件的管辖权。一经订立仲裁协议，任何一方当事人不得向法院提起诉讼。如果一方违背仲裁协议自行向法院起诉，另一方可根据仲裁协议要求法院不予受理，并将争议案件退交仲裁机构裁断。

（3）是仲裁机构取得对争议案件管辖权的依据。双方当事人不愿将争议提交法院审理时，应在争议发生前在合同中规定出仲裁条款，以免将来发生争议后，难以达成仲裁协议而不得不诉诸法院。

（四）仲裁裁决的执行

仲裁裁决对双方当事人都具有法律上的约束力，当事人必须执行。如双方当事人都在本国，如一方不执行裁决，另一方可请求法院强制执行。如一方当事人在国外，涉及到一个国家的仲裁机构所作出的裁决要由另一个国家的当事人去执行的问题。在此情况下，如国外当事人拒不执行裁决，则只有到国外法院去申请执行，或通过外交途径要求对方国家有关主管部门或社会团体（如商会、同业公会）协助执行。

为了解决在执行外国仲裁裁决问题上的困难，国际上除通过双边协定就相互承认与执行仲裁裁决问题作出规定外，还订立了多边国际公约，1958年6月10日联合国在纽约召开了国际商事仲裁会议，签订了《承认与执行外国仲裁裁决公约》（Convention on the Recognition and Enforcement of Foreign Arbitral Award，简称《1958年纽约公约》）。该公约强调了两点：一是承认双方当事人所签订的仲裁协议有效；二是根据仲裁协议所作出的仲裁裁决，缔约国应承认其效力并有义务执行。只有在特定的条件下，才根据被诉人的请求拒绝承认与执行仲裁裁决。例如裁决涉及到仲裁协议未提到的，或不包括在仲裁协议之内的一些争议；仲裁庭的组成或仲裁程序与当事人所签仲裁协议不符等。

1986年12月第6届全国人民代表大会常务委员会第18次会议决定中华人民共和国加入《1958年纽约公约》，并同时声明：

（1）中华人民共和国只在互惠的基础上对在另一缔约国领土内作出的仲裁裁决的承认和执行适用该公约。

（2）中华人民共和国只对根据中华人民共和国法律认定为属于契约性和非契约性商事法律关系所引起的争议适用该公约。

我国政府对上述公约的加入和所作的声明，不仅为我国承认与执行外国仲裁裁决提供了法律依据，而且也有利于我国仲裁机构所作出的裁决在国外公约成员国内的执行。

（五）订立仲裁条款应注意的问题

订立仲裁条款应注意以下问题：

（1）应在仲裁条款中写明在哪个国家、哪个城市进行裁决。

（2）仲裁中使用的法律应是跟合同最有关系的那个国家的法律。

（3）仲裁条款应订明仲裁是在常设机构之内，还是在常设机构之外临时组成的仲裁庭进行。如果在常设机构内进行，应写明常设仲裁机构的名称。

（4）订立仲裁条款时，应写明按哪一个国家、哪一个仲裁机构的仲裁程序仲裁。

（5）仲裁条款应规定仲裁是终局的，对双方当事人均有约束力，败诉方不得向法院上诉或请求其他机构变更裁决。

（6）应明确规定仲裁费用由谁负担。仲裁费用一般都规定由败诉方负担或按仲裁裁决办理。

技能训练

翻译下列仲裁条款：

（1）Any disputes arising from the execution of or in connection with the Contract shall be settled through mutual consultations between the Parties thereto.In case no settlement can be settled through consultations，the disputes shall be submitted for arbitration.The arbitration shall take place in Beijing，China，and shall，in accordance with its rules of procedures，be conducted by the China International Economic and Trade Arbitration Commission.The arbitration award shall be final and biding on the parties thereto.

（2）Any dispute arising out of or relating to this contract shall be settled amicably through negotiation.In case no settlement can be reached through negotiation.The case shall then be submitted for arbitration, which conducted by China International Economic and Trade Arbitration Commission, Beijing in accordance with its Rules of Arbitration.The arbitral award is final and binding upon both parties.

（3）All disputes in connection with this contract or the execution thereof shall be settled by negotiation between two parties.If no settlement can be reached, the case in dispute shall then be submitted for arbitration in the country of defendant in accordance with the arbitration regulations of the arbitration organization of the defendant country.The decision made by the arbitration organization shall be taken as final and binding upon both parties.The arbitration expenses shall be borne by the losing party unless otherwise awarded by the arbitration organization.

（4）The arbitration shall take place in Stockholm, Sweden, and shall be conducted by the Arbitration Institute of Stockholm Chamber of Commerce in accordance with the statutes of the institute in question.

（5）All disputes arising out of or in connection with the present Contract including any question regarding its existence, validity or termination, shall be finally settled by arbitration to the exclusion of the regular courts being competent for a decision in respect of the dispute.The case shall be submitted for arbitration to China International Economic and Trade Arbitration Commission, arbitration proceeding shall be held in Shanghai, P.R.China.

The arbitration procedure shall be conducted in English and in accordance with the procedural rules of the respective above mentioned arbitration institute selected by the parties.

单元教研交流

1.本单元的重点和难点

本单元的重点是检验时间和地点；检验证书；索赔期限和索赔依据；不可抗力的性质与范围；不可抗力的法律后果；仲裁地点与仲裁裁决的效力。难点是检验时间和地点；不可抗力的性质与范围。

2.学生在学习中容易出现的问题

在规定不可抗力的范围时，很多学生只关注于水灾、旱灾、冰灾、雪灾、雷电、火灾、暴风雨、地震、海啸、政府颁布禁令、调整政策制度、罢工、暴动、骚乱、战争等事件，而不注重其产生的后果——是否真的导致合同不能履行或不能按期履行。

3.教学建议

将检验条款与贸易术语（尤其是交货地点和风险划分）紧密结合进行分析；运用案例分析和改错等形式加深学生的理解。

模块二
磋商与订立货物进出口合同

单元六 交易磋商

交易磋商是指买卖双方以买卖某种商品为目的而通过一定程序就交易的各项条件进行洽商并最后达成协议的全过程。交易磋商的内容实际就是拟签订的货物进出口合同的各项条款，其中重点是货物的品名品质、数量、包装、价格、交货、支付和争议解决等几项内容，通常被称为"主要交易条件"。

交易磋商的形式主要有口头形式和书面形式。前者指在谈判桌上面对面谈判或双方通过国际长途电话进行交易磋商；后者指通过信件、电报、电传、传真、电子邮件等通信方式来洽谈交易。

交易磋商一般包括询盘、发盘、还盘、接受等环节，其中发盘与接受是交易磋商中不可缺少的程序，是达成交易必经的法律过程。

学习目标

- 明确交易磋商的一般程序
- 掌握询盘的法律效力和注意事项
- 掌握还盘的性质和注意事项
- 掌握交易磋商中发盘和接受两个主要业务环节的内容

任务一 询盘

询盘是交易的一方当事人为了了解对方的交易意向和交易条件而采取的积极行动。虽然询盘不是交易磋商的必经步骤，对交易双方也无法律约束力，但往往是一笔交易的起点。

任务描述

中国大连新艺饰品有限公司是一家多年从事工艺花和圣诞装饰品销售的外贸企业，拥有大量海外客户。根据业务需要，公司新招一批外销人员。为对新入职人员进行考核，公司经理将向美国拓展业务的工作交给了小李，要求他尽快找到客户，并与客户签订一笔销售合同。

任务分析

小李要做好以下几项工作：

（一）了解出口商品的市场行情

要做好出口工作，以最好的价格销售商品，就要对国内外相关产品的市场行情进行调查了解，以掌握相关产品的利润空间。

（二）了解相关国家的贸易政策和法律

国际贸易的双方当事人处于不同的国家或地区，而不同的国家或地区对进出口商品的政策和法律规定不尽相同，有的国家还采取各种措施鼓励或限制商品的进出口。因此，从事国际贸易的经济组织或个人除了要掌握本国的贸易政策、法律法规外，还要对相关国家的贸易制度有所了解，以规避贸易管制，减少贸易摩擦。

（三）寻找贸易对象

与原有的贸易伙伴进行交易能节省很多的交易成本，减少一定的贸易风险，因为双方对彼此的交易习惯、信誉度等信息都有一定的掌握，对彼此国家的外贸政策也有一定的了解。但要做大做强，就要不断寻找新的贸易对象。

小李可以在公司原有的贸易伙伴当中寻找新的商机，增加新的交易项目或内容，开拓新的业务；可以通过原有贸易伙伴的介绍结识新客户，开展新的交易；可以查找商业行会、大使馆的商务参赞处、媒体等提供的材料，搜集新贸易对象的信息；也可以利用网络交易平台、互联网搜索引擎等信息手段寻找新的贸易伙伴。

对通过各种渠道知晓的贸易对象的相关信息进行对比分析，筛选确定贸易伙伴。

（四）恰当地对拟定的贸易伙伴进行询盘

在掌握了国际贸易相关理论、政策、法律、贸易惯例以及国际市场行情的基础上，向拟定的贸易伙伴恰当地进行询盘。询盘以函电的形式向拟定的贸易伙伴发送。

询盘要使用礼貌、谦和的字眼，在告知从何渠道得知对方的相关信息之后，具体阐述自己询盘的内容，而且强调你需要的信息的重要性，尽量取悦对方以获得更多的信息。询盘时要明确自己了解交易信息的目的，不要承诺销售的意向。

相关知识

（一）询盘的含义、内容和形式

1.询盘的含义

询盘（Inquiry）又叫询价，也称邀请发盘，在国际商务法律中又被称为"要约邀请"，是指交易的一方为了购买或销售商品，向对方询问买卖该商品的交易意向和有关交易条件。

询盘可以由卖方提出，也可以由买方提出。当询盘由卖方发出时，称为邀请递盘（invitation to make a bid），这种询盘主要是卖方为寻找客户而发出的销售函、通知书，目的是促使买方注意，并向自己递盘。当询盘由买方发出时，称为邀请发盘（invitation to make an offer），这种询盘仅仅表达了买方的购买意愿，同时了解产品或厂商的相关信息，并不表示买方一定会购买。

2.询盘的内容与形式

询盘的内容可繁可简，有时涉及多项交易条件，如商品的品质、规格、数量、包装、价格和装运等成交条件，也可以索取样品，而多数只是询问价格，所以业务上常把询盘称作"询价"。

询盘可采用口头方式，也可采用书面形式。

（二）询盘的法律效力

询盘不具有法律约束力，只是发盘者探寻情况，确定交易伙伴的过程。询盘人在发出询盘后，可以修改或取消询盘的内容，而无须承担任何法律责任。对于收到的询盘，接收方虽然没有义务一定要给予发盘，但是应该及时给予回复，这是对对方的尊重。

（三）询盘的注意事项

询盘中，当事人一般需要注意以下几个问题：

（1）询盘不一定要有"询盘"字样，凡含有询问、探询交易条件或价格方面的意思表示均可作询盘处理。

（2）询盘可以同时向一个或几个交易对象发出，但不应该在同时期集中对外询盘，以防止暴露我方销售或购买意图。

（3）询盘时，询盘人不应该只考虑如何询问商品的价格，也应注意询问其他交易条件，争取获得比较全面的交易信息或条件。

（4）询盘是交易洽商的第一步，在法律上对询盘人和被询盘人均无约束力，即买方询盘后无必须购买货物的义务，卖方询盘后无出售货物的责任。但是在交易习惯上，应该避免出现只询盘不购买或不售货的现象，以维护我国外贸企业的信誉。

（5）被询盘人可以及时发盘回答询盘，也可以拖延一段时间发盘，还可以拒绝回答询盘。不过在交易习惯上要尊重对方，无论是否出售或购买均应及时回答为宜。

（6）询盘虽然对双方无约束力，但是，双方在询盘的基础上经过多次的洽商，最后达成交易，如履行时发生争议，那么原询盘的内容也成为洽商成交文件的不可分割部分，同样可作为处理争议的依据。

（7）询盘的函电应以简明切题和礼貌诚恳为原则，要做到礼貌（Courtesy）、体谅（Consideration）、完整（Completeness）、清楚（Clarity）、简洁（Conciseness）、具体（Concreteness）和正确（Correctness），俗称撰写函电的7个"C"，避免因表达不当造成不必要的麻烦甚至是经济损失。

技能训练

（1）利用互联网搜索引擎，帮助小李查找贸易对象，并分析贸易对象的特点和交易条件。

（2）在互联网上查找橡胶制品的销售商，分析他们的产品特点和交易条件。

（3）帮助小李拟定询盘函。

任务 二 发盘

发盘是交易磋商的必经程序之一。发盘通常是一方在收到对方的询盘之后提出的，也可以在得到对方对询盘的答复后提出，或者未经询盘直接向拟定的贸易伙伴直接发盘。

任务描述

美国RAZ贸易公司多年从事工艺品进口业务。公司近期接到中国大连新艺饰品有限公司发来的欲出售工艺花及圣诞装饰品的询盘，公司愿意与中国大连新艺饰品有限公司进一步沟通，便指派业务员MIKE根据中国大连新艺饰品有限公司询盘的内容作出发盘，并承担起与中国大连新艺饰品有限公司贸易往来的任务。

任务分析

为了使发盘合理，需要做好以下工作：

（一）了解和准确掌握国家贸易理论和对方国家的贸易政策和法律规定

为减少贸易摩擦，避免因理解上的失误对自己的公司造成不利影响，国际贸易从业人员要准确掌握相关的贸易理论和政策、法律的规定，做好从事国际商务活动的知识储备。同时通过网络查询、相关人员的介绍等方式查找、研究贸易对方所在国家的贸易政策和法律规定等，分析对方国家的经济贸易大环境。

（二）做好国内外市场调研工作

要做好进口工作，以最优惠的价格购进商品，就要随时了解国内外市场的供求状况，分析研究商品的利润空间，及时把握商机，适时开展购销活动，确保贸易利益的最大化。

（三）分析出口方的信息

知己还要知彼，要通过多种方式充分研究出口方的相关信息，特别是出口方在询盘中透露的信息，以确定自己发盘的内容。

（四）按照国际贸易惯例合理地作出发盘

因是在接到中国大连新艺饰品有限公司发出的询盘后作出的发盘，因而MIKE的发盘要及时。如果询盘当中对发盘的时间、方式等作了要求的，应当在规定的时间内，按照要求的方式作出发盘。发盘可以通过函电的方式发送。

MIKE要在充分调研和掌握贸易合同条款内涵的基础上作出合理发盘。发盘中应包含全部的交易条件，发盘的内容要明确、准确，发盘要注明有效期。

相关知识

（一）发盘的含义

发盘又称为发价或报价，在法律上称为要约。发盘是指交易的一方向另一方提出一定交易条件，并愿意按照提出的交易条件达成买卖该项货物的交易、签订合同的一种口头或书面的表示。

实际业务中，由于大部分商品处于买方市场，所以发盘多由卖方提出，称为卖方发盘（Seller Offer）。发盘也可以由买方发出，称为买方发盘（Buyer Offer）。

（二）构成有效发盘的要件

《联合国国际货物销售合同公约》（以下简称《公约》）第14条对发盘的解释为："向一个或一个以上特定的人提出的订立合同的建议，如果十分确定并且表明发盘人在得到接受时承受约束的意旨，即构成发盘。"

1.发盘必须是向一个或一个以上特定的人提出

所谓"特定的人"（Specific Person）是指在发盘中指明个人姓名或公司名称的受盘人。发盘必须指定可以表示接受的受盘人。受盘人可以是一个，也可以是多个。这一规定的目的是为了把发盘同普通商业广告及向大众散发的商品价目单等区分开来。《公约》第14条第2款规定："非向一个或一个以上特定的人提出的建议，仅视为邀请发盘，除非提出建议的人明确表示相反的意向。"根据此项规定，商业广告本身并不是一项发盘，通常只能视为邀请对方提出发盘。但是，如果商业广告的内容符合发盘的条件，而且登此广告的人明确表示它是作为一项发盘提出来的，如在广告中明确注明"本广告构成发盘"，则此类广告也可作为一项发盘。

鉴于《公约》对发盘的上述规定既有原则又具体，且有一定的灵活性，加之世界各国对发盘又有不同的解释，因此，在实际应用时要特别小心。我方对外做广告宣传和寄发商品价目单时，最好在其中注明"需经我方最后确定"或"可随时调整，恕不通知"等字样。

2.表明订立合同的意思

发盘必须表明严肃的订约意思，即发盘人应该表明在得到接受时，将按发盘条件承担与受盘人订立合同的法律责任。这种意思可以用发盘、递盘等术语和语句加以表明，也可以不使用上述或类似上述术语和语句，而按照当时谈判情形，或当事人之间的业务交往情况或双方已经确立的习惯做法来确定。

3.发盘的内容必须十分确定

《公约》第14条第1款规定："一项建议如果表明货物的名称并且明示或暗示地规定数量和价格或规定如何确定数量和价格，即为十分确定。"按照《公约》的解释，一项发盘只要包括商品的名称、数量、价格或数量与价格的确定方法，就是完整而内容确定的发盘。但要注意的是，《公约》关于发盘内容的规定只是对发盘的起码要求。实际业务中，如果对发盘的条件规定得太少或过于简单，将给合同履行带来困难，也容易引起争议。因此，我方对外发盘时应将主要的交易条件一一列明，包括品名、数量、价格、包装、交货和支付方法等。

4.发盘必须送达受盘人

送达（Reaches）是指将发盘内容通知特定的受盘人或送交受盘人，送达的标志是将发盘送交特定受盘人的营业场所或通信地址，如无营业场所或通信地址，则送交受盘人的惯常居住地。《公约》第15条规定，"发盘于送达被发盘人时生效"。发盘在未送达被发盘人之前，即使受盘人已经知道该项发盘的内容，他也不能接受此项发盘。

（三）发盘的有效期

根据各国法律规定和国际贸易习惯，每一个发盘都应该有一个有效期，但有关法律和惯例并不要求必须明确规定一个具体的有效期。如果发盘中规定了有效期，应在规定的期限内有效；如未规定有效期，则应在合理的时间内有效。采用口头发盘时，《公约》规定，除发盘人另有声明外，受盘人只能当场表明接受方为有效。而采用函电成交时，一般发盘都明确规定有效期。明确规定发盘有效期的方法主要有两种：一种是规定最迟接受的期限，如发盘限 6 月 15 日复到有效（offer subject to reply here by June 15th）；另一种是规定在一段时间内有效，如发盘有效期 3 天（offer valid 3 days），该时间的起算，根据《公约》第 20 条的规定，从发盘人电报交发时刻或信上载明的发信日期起算，如信上未载明发信日期，则从信封上所载日期起算。发盘人以电话、电传或其他快速通信方法规定的接受期间，从发盘送达被发盘人时起算。

（四）发盘的撤回与撤销

1.发盘的撤回

发盘的撤回（Withdrawal）是指发盘人在发盘发出之后，在其尚未到达受盘人之前，即在发盘尚未生效之前，将发盘收回，阻止它生效。

《公约》第 15 条第 2 款规定："一项发盘，即使是不可撤销的发盘，可以撤回，只要撤回通知在发盘到达受要约人之前或与其同时到达受盘人。"

2.发盘的撤销

发盘的撤销（Revocation）是指发盘人在其发盘已经到达受盘人，即在发盘已经生效的情况下，将发盘取消，解除发盘的效力。

关于发盘的撤销国际上有不同的解释：大陆法系认为，发盘人应该受发盘的约束，不得随意撤销，除非发盘人在发盘中表明不受约束；英美法系认为，即使是在有效期之内的发盘，对发盘人原则上是无约束力的，在未收到受盘人接受通知之前，可以随时撤销或修改其发盘的内容，但对经签字、封蜡、经认证和有对价的发盘，在规定有效期之内，无权撤销。这种规定对受盘人来说是缺乏保障的。

《公约》第 16 条对英美法和大陆法在此问题上的分歧，进行了协调并作出了折中的规定："在未订立合同之前，发盘得以撤销，如果撤销通知于被发盘人发出接受通知之前送达被发盘人。但在下列情况下，发盘不能撤销：（1）发盘规定了有效期或以其他方式表示该发盘是不可撤销的；（2）被发盘人有理由信赖该项发盘是不可撤销的，而且已本着对该项发盘的信赖行事。"在发盘没有规定接受期限或者没有以其他形式表明发盘是不可撤销的，而且从发盘的内容中可以推断出发盘人不可撤销的意思表示，在这种情况下，如果受盘人为履行合同做了准备工作，如买方是受盘人，已经申请开立信用证或在 FOB 条件下，买方已经办理订舱手续等，发盘人就不能撤销此项发盘。

（五）发盘的终止或失效

发盘的终止或失效，指的是发盘生效之后，因为某种原因而不再具有法律效力。《公约》及各国法律规定的发盘终止或失效的原因主要有以下几种：

1.拒绝发盘的通知到达发盘人

这是受盘人以通知的形式明确表示不接受，是一种直接的拒绝，并没有对发盘的内容提出修改意见。

2.受盘人对发盘的内容作出实质性变更

某种意义上说这也是一种对发盘的拒绝。在这种情况下，受盘人的回复应视为还盘，也就是一个新的发盘，必须有原发盘人的同意即接受，合同才能成立。因此，原发盘就不再具有发盘的法律效力，而成为询盘或称发盘引诱。

3.发盘人依法撤回或撤销发盘

发盘一旦被发盘人撤回，实际上就等于发盘没有发生过效力。发盘被依法撤销，则发盘失去了法律效力。

4.发盘在有效期内，未被受盘人接受

发盘中如果规定了接受期限，则在该期限内，受盘人没有作出接受的意思表示，应视为一种默示的拒绝，发盘失效；发盘中没有限定接受期限，发盘人也没有撤销发盘，那么，只要受盘人未能在一段合理时间内把接受通知送达发盘人，该项发盘即告失效。对"合理期限"的确定必须根据实践中的具体情况分析确定，法官或仲裁员有最终的自由裁量权。

（六）发盘的注意事项

1.发盘要谨慎，不能对外盲目报价

在对外洽商时，究竟用发盘还是询盘，一定要根据洽商交易的实际情况、市场变化和被发盘人的特点来灵活运用。发盘与询盘的主要区别是两者的法律效力不同。发盘具有法律约束力，易引起被发盘人的注意，有利于迅速达成交易，但缺乏灵活性。询盘不具有法律约束力，或因保留了最后确认权，所以当情况有变化，可以修改交易条件或不确认，比较灵活，有充分回旋余地。正因为如此，询盘往往得不到被发盘人的重视，不易迅速达成交易。

2.要掌握发盘的技巧和策略

发盘人为了了解市场的情况可以对外询盘，将市场情况摸清后，可以根据情况再对外发盘，争取有利条件成交。

3.要正确掌握和区分发盘的分类方法

《公约》将发盘分为两种：一种是不可撤销的发盘（Irrevocable Offer）；另一种是可撤销的发盘（Revocable Offer）。无论是哪种发盘，对发盘人来说均有约束力，只不过前者约束力更大一些。另外，在对外发盘时，除采用谈判和函电方式外，还可以采用固定的书面格式，如报价单、价格表等，这些书面形式的发盘一般都有保留条件，除双方另有规定外，一般不具有约束力。

技能训练

（1）帮助 MIKE 分析中国大连新艺饰品有限公司的询盘内容。

（2）帮助 MIKE 草拟发盘内容。

（3）中国青海 A 贸易公司多年从事农产品进出口业务。公司现有小扁豆一批，欲出售给曾有贸易往来的贸易伙伴美国 B 公司。A 公司拟定的销售计划是：标的物，小扁豆；数量为 300 吨；价格为 USD335/M T，FOB 天津，总值 USD100,500；付款方式为信用证；装运期为 2015 年 12 月 10 日。

请为 A 公司撰写一份发盘。要求：格式要正确，内容要完整。

任务 三 还盘

受盘人接到发盘后，要对相关内容进行充分论证，如对发盘内容不同意，往往要提出自己新的交易条件，这就是还盘。同样，一方的还盘，另一方如对其内容不同意，也可以再进行还盘。交易磋商往往经过多次这种"发盘—还盘—再还盘"的程序循环，直至达到一致意见。

虽然还盘不是交易磋商的必需程序，但通常一笔交易是经过还盘或多次还盘才能达成，因此，还盘在交易磋商、达成交易中也是很重要的。

任务描述

中国大连新艺饰品有限公司收到了美国RAZ贸易公司的发盘。在分析了发盘的全部内容后，中国大连新艺饰品有限公司认为美方的购买价格过低，发货时间太短，因而明确地向美方提出了还盘，要求将价格提升至合理的价位，将装船日期延后20天，其他条件不变。

任务分析

中国大连新艺饰品有限公司收到美国RAZ贸易公司的发盘后，要对发盘的全部内容进行仔细研究，同时进一步分析国际贸易市场行情，确定自己能接受的商品交易条件。在不同意美方发盘内容的情况下，要按照法律、国际贸易惯例的规定或者对方当事人指定的方式对相关内容作出明确的修改，即对发盘进行还盘。

（一）研究发盘内容

中国大连新艺饰品有限公司要对美国RAZ贸易公司发盘中标明的所有贸易交易条件进行分析，准确掌握发盘内容的含义。

（二）分析国际贸易市场行情

为了更合理地进行交易，中国大连新艺饰品有限公司要对国际相关产品的市场行情作进一步了解，分析自己所售商品的交易条件、市场发展前景等情况，确定价格、交货期等项内容。

（三）礼貌撰写还盘

还盘是对发盘内容的否定和修改，因而撰写还盘要注意礼貌。还盘可以是完整的发盘，即对所有交易条件重新进行撰写，也可以直奔主题，仅列出对原发盘的修改内容和提出自己不同的意见，对于同意的条件不用重复列出。

（四）发送还盘

还盘可以通过函电的方式发送。如果发盘当中对还盘的时间、方式等作了要求的，应当在规定的时间内，按照要求的方式作出还盘。

相关知识

（一）还盘的含义与性质

1.还盘的含义

还盘（Counter-offer），又称还价，在法律上称为反要约。还盘是指受盘人收到发盘之后，对发盘表示接受，但对发盘的内容不同意或不完全同意，向发盘人提出修改建议或新的限制性条件的口头或书面表示。例如，我同意你方的还盘，减价3美元。（I'll respond to your offer by reducing our price by three dollars.）

2.还盘的性质

还盘既是受盘人对发盘的拒绝，也是受盘人以发盘人的身份向原发盘人提出的新发盘。一方的发盘经对方还盘后即失效，除非原发盘人同意，受盘人不得在还盘后反悔，再接受原发盘。

《公约》的第19条特别对还盘作了如下的规定：（1）对发盘表示接受但载有添加、限制或其他更改的答复，即为拒绝该项发盘并构成还盘。（2）对发盘表示接受但载有添加或不同条件的答复，如所载的添加或不同条件在实质上并不更改该项发盘的条件，除发盘人在不过分迟延的时间内以口头或书面通知反对其间的差异外，仍构成接受。如果发盘人不作出这种反对，合同的条件就以该项发盘的条件以及接受通知内所载的更改为准。（3）有关货物的价格、付款，货物的质量和数量，交货地点和时间，赔偿责任范围或解决争议等的添加或不同条件，均视为在实质上变更发盘的条件。

由此可见，对发盘表示接受但对发盘的内容作出实质性变更的视为拒绝该项发盘，构成还盘。有关货物的价格、付款、货物质量和数量、交货地点和时间，一方当事人对另一方当事人的赔偿责任范围或解决争端等内容的变更，是对发盘内容的实质性变更。

（二）还盘的方式与还盘函的内容

1.还盘的方式

还盘可以用口头方式或者其他方式表达出来，一般与发盘采用的方式相符。

2.还盘函的内容

一般来说，还盘包括如下内容：（1）礼节性地感谢对方来函，并简洁表明对来函的总体态度；（2）表明己方的观点，并列举理由；（3）提出己方的交易条件。

（三）还盘应该注意的问题

1.认真分析交易对方的意图

收到发盘后，要认真研究发盘的内容，分析发盘人的真实意图，然后结合市场动态、客户的要求和经营情况等作出反应。在时间等条件允许的情况下，应该进行市场调查，进一步了解其他客户的反映。如果发盘方提出的条件合理，就应该在还盘时作出适当的让步，或适当放宽其他条件。

接到还盘后，要与原发盘进行核对，找出还盘中提出的新内容，然后结合市场变化情况和我们的销售意图，认真予以对待。注意不要纠缠于次要条件，以免贻误交易时机。

2.明确回复的法律性质

如果受盘人回复的内容是对发盘实质内容的改变，则这种回复构成还盘，是一项新要约，该回复允许交易对方再进行还盘；如果回复只是对发盘中一般交易条件提出了修改建议，则该回复是一项接受，在发盘人没有及时明确表示反对的情况下，交易合同成立。

还盘的内容通常仅陈述需要变更或增添的条件，对双方同意的条件无须再重复，未经还盘修改的内容或在还盘中未出现的发盘内容，对原发盘人仍有约束力。

3.注意还盘的方式和态度

还盘并不一定都是讨价还价，而是为了使交易更好地满足自己的需要，因而，还盘时要有礼貌，对交易条件的修改要阐述自己的理由，征得对方的理解，促使交易达成。

技能训练

（一）研究下列发盘内容

Dear James,

Thank you for your e-mail and your photos. We know your company for a long time and know you supply Christmas decorations to many wholesalers in America.

While you know most of our selection are from the south of China as their prices are quite good. And we also know more and more AMERICAN local persons like the products of northern china a lot. We even plan to develop some products from your area, but the only problem is the price. As your products involve too much handwork, so the price will be higher. If we could get the favorable price, we would like to try.

Enclosed please check the file which contains the items we are interested in. Please send us some details about these products, Art Nos., sizes, colors, unit prices (FOB DALIAN), and packing.

We are waiting for hearing from you soon.

Yours faithfully,
MIKE

（二）根据市场行情分析结果撰写还盘内容

（三）请对下述内容作出判断

我国某进出口公司于2月1日向美商报出农产品一批，在发盘中除列明各项必要条件外，还表示："Packing in sound bags.（完好包装）。"在发盘的有效期内，美商复电称："Refer to telex first accepted Packing in new bags." 我公司收到该复电后，当即着手备货。数日后，该项农产品国际市场价格猛跌，美商电称："我方对包装条件作了变更，你方未确认，合同并未成立。"而我公司坚持认为合同业已成立，要求对方履约，双方发生争执。本案中美商的复电是不是对中方发盘的还盘？

任务 四 接受

接受（acceptance）在法律上称为承诺，是指受盘人在发盘的有效期内无条件地同意发盘的全部内容，并愿意签订合同的一种口头或书面的表示。接受可以由卖方表示也可以由买方表示。接受是交易磋商的必经程序，也是合同成立的必要条件。

任务描述

美国 RAZ 贸易公司收到中国大连新艺饰品有限公司的还盘后，经过分析认为能够接受中国大连新艺饰品有限公司的所有交易条件，遂按照国际贸易惯例在合理的期限内向中国大连新艺饰品有限公司作出了接受发盘的意思表示。

任务分析

美国 RAZ 贸易公司收到中国大连新艺饰品有限公司的还盘后要对还盘的内容进行充分论证，同意还盘涉及的所有交易条件的，美方要及时作出接受的意思表示。

（一）分析还盘的内容

如果还盘是一项完整的发盘，具备所有的交易条件，则美方需要对所有交易条件进行研究论证；如果还盘仅列出对原发盘的修改内容和提出中方的不同意见，则美方只需要分析论证中方修改的部分内容。

（二）撰写接受函

在对还盘内容进行充分分析论证的基础上，美方要及时作出接受。对一般交易的接受，可用简单形式表示接受，如"接受你方 20 日函电"，对主要交易条件不再重述。但是为了慎重起见，在表示接受时，应该采用详细叙述接受的主要交易条件的形式，以免日后造成不必要的误会。

（三）按照规定的方式作出接受的意思表示

美方撰写接受文本的，要在还盘规定的期限内将文本送达对方当事人。双方约定以其他方式作出接受的，美方要按照约定的方式作出接受的意思表示。美方还可以按照国际贸易惯例的约定作出接受。

相关知识

（一）接受的含义

《公约》第 18 条第 1 款对接受的定义是："被发盘人（受盘人）声明或作出其他行为表示同意一项发盘，即为接受。缄默或不行动本身不等于接受。"

（二）构成接受的要件

1.接受必须是由被发盘人作出

接受必须由受盘人作出才有效，其他人对发盘表示同意，不能构成接受。如果其他人通过某种途径知悉发盘的内容，而向发盘人表示接受，该"接受"只是其他人向原发盘人做的一项新的发盘，除非原发盘人表示同意，否则合同不能成立，但是受盘人的代理人代受盘人作出接受视为有效。

2.接受必须是同意发盘提出的交易条件

接受的内容必须与发盘的内容相符，才表明交易双方就有关的交易条件达成了一致意见。原则上说，接受应该是无条件的、无保留。但在国际贸易的实际业务中，受盘人表示接受时，往往对发盘的内容做了某些添加、限制或修改，称为有条件的接受

（Conditional Acceptance）。例如，把支付方式由即期信用证改为托收；把 FOB 条件改为 CIF 条件；把包装条件从散装改为袋装等。有条件的接受不是真正有效的接受，而是还盘的一种形式，实际上是对发盘的拒绝。

为了适应现代商业的需要，尽量促成交易，不因受盘人对发盘内容作出某些添加、限制或修改影响合同的成立，《公约》第 19 条将接受中对发盘的条件所作的变更分为实质性变更和非实质性变更。前者是还盘，是对发盘的拒绝；后者如果受盘人不反对，仍构成有效的接受。

另外，应当把有条件的接受与在肯定接受的前提下提出某种希望或建议区分开来，前者是对发盘提出了新的附加条件，可以视情况判断是否为实质性变更；后者则只是在肯定接受的前提下提出某种希望，这种希望不是一项条件，无论发盘人同意与否，都不影响交易的达成。

3.接受必须在发盘的有效期内作出

如果发盘明确规定了有效期，受盘人只有在有效期内作出接受才有效；如果发盘未明确规定有效期，按照国际贸易习惯，应在合理时间内作出接受才有效。

4.接受应采用声明或作出其他行为的方式表示，并传达给发盘人

接受必须由受盘人以某种方式向发盘人表示出来。如果受盘人在思想上接受对方的发盘，但默不作声或不作任何其他行动表示对发盘的同意，在法律上并不构成接受。《公约》第 18 条第 1 款规定："缄默或不行动不等于接受。"

受盘人表示接受的方式有两种：一种是用声明作出表示，即受盘人用口头或书面形式向发盘人表示同意发盘。这是国际贸易中最常见的表示方法。另一种是用作出行为来表示，是根据发盘的意思或依当事人之间已经约定或确立的贸易习惯作出的行为，通常由卖方发运货物或由买方支付价款来表示。

（三）接受生效的时间

关于接受生效的时间，大陆法和英美法有很大出入。大陆法采用"到达主义"原则，即承诺的通知于到达要约人时生效；而英美法采用"投邮主义"原则，采取信件、电报方式作出承诺，承诺通知一经投邮立即生效。

《公约》原则上采用"到达主义"，同时规定了例外情况。《公约》第 18 条第 2 款规定，即如果按照要约的要求或依照当事人相互间确认的习惯做法或惯例，受要约人可以作出某种行为的方式（例如与发送货物或支付货款有关行为）来表示承诺，而无须向要约人发出承诺通知，承诺于作出该行为时生效。

（四）逾期接受

如果接受通知超过发盘规定的有效期或发盘未规定有效期而超过合理时间才到达发盘人，这就成为一项逾期接受（Late Acceptance），或迟到的接受。逾期接受在一般情况下不能视为一项有效的接受，不具有法律效力。而《公约》对逾期接受问题作了如下的规定：

《公约》第 21 条第 1 款规定："逾期接受仍具有接受的效力，只要发盘人毫不迟延地以口头或书面将其认为该逾期的接受仍属有效意思通知被发盘人。"

《公约》第 21 条第 2 款又规定："如果载有逾期接受的信件或其他书面文件证明，它是在传递正常、能及时送达发盘人的情况下寄发的，则该项逾期接受具有接受的效力，除非

发盘人毫不延迟地用口头或书面通知被发盘人：他认为他的发盘已经失效。"

根据《公约》的上述规定，发盘人收到受盘人的逾期接受时，应认真查明造成接受逾期的原因，然后根据造成逾期接受的不同原因，进行不同的处理。

（五）接受的撤回或修改

接受的撤回（Withdrawal）是指接受通知尚未到达发盘人之前，受盘人采取取消原接受通知的行为。《公约》第22条规定："接受得予撤回，如果撤回通知于接受生效之前或同时送达发盘人。"在接受撤回问题上《公约》与大陆法系国家的规定一致，但英美法系国家认为接受在发出时生效，所以接受不能撤回。对此，我们应该十分注意，以免在实际业务中产生纠纷和争议。

接受不能撤销，接受通知一经到达发盘人即不能撤销，因为接受一经生效，合同即告成立。如果撤销接受，在实质上已属于毁约行为，应该承担毁约的法律责任。

（六）作出接受时应注意的问题

1.由我国外贸企业表示接受时应该注意的问题

（1）接受时应该慎重对洽商的函电或谈判记录进行认真核对，经核对认为对方提出的各项交易条件已经明确、肯定、无保留条件时，再予接受。如果发现不清楚之处，应向对方澄清之后，再表示接受。

（2）接受可以简单表示，如"你20日电接受"，也可详细表示，即将洽商的主要交易条件再重述一下，表示接受。一般来说，对一般交易的接受，可采用简单形式表示，但接受电报、传真或信函时需要注明对方来电、信函的日期或文号；对大宗交易或交易洽商过程比较复杂的，为慎重起见，在表示接受时，应该采用详细叙述主要交易条件的形式。

（3）表示接受应在发盘规定的有效期内进行，并严格遵守有关时间的计算。

（4）表示接受前，应该详细分析对方的报价，准确识别对方函件性质是发盘还是询盘。如果将对方的询盘误认为是发盘表示接受，可能暴露我方接受的底价和条件，使我方处于被动地位；如果将对方的发盘误以为是询盘，将可能失去成交的机会。

2.由国外客户表示接受时应注意的问题

（1）要认真分析国外客户的接受是一项有效的接受，还是一项有条件的接受。如果对方是有效的接受，则交易即告达成。反之，如果对方在表示接受时，对主要的交易条件有修改或提出保留条件，即属于还盘性质，针对此种情况，根据我们的经营意图决定同对方继续进行洽商还是停止洽商。

（2）在对待国外客户的接受时，要坚持"重合同、守信用"的原则。如果发生出口货物价格上涨或支付货币汇率下浮等对我方不利的情况时，我们仍应该同国外客户达成交易，订立合同，维护我国的信誉。

技能训练

澳大利亚甲公司于2015年11月1日给贸易伙伴中国乙公司发出一份函电，欲向中国出口当年产玉米。函电中规定："每吨玉米1 000元；如贵方需购，望于10天内回复为盼。"函电还就其他交易条件作出明确规定。请分析：

（1）如果中国乙公司于11月3日给甲公司复电称："接受贵方条件，但望以每吨800元成交。"则甲、乙之间的贸易合同是否成立？

（2）假设乙公司在11月10日复电给甲公司称："完全接受贵方条件。"则甲、乙之间的合同关系是否成立？

（3）假设在接到甲公司的函电时，乙公司恰巧有一代表团在澳大利亚考察，于是该公司派该代表团于11月5日直接去甲公司提货，此时甲、乙之间的贸易合同是否成立？

单元教研交流

1.本单元的重点和难点

本单元的重点是发盘的含义；构成有效发盘的要件；发盘的撤回和修改；发盘的撤销和发盘的失效；构成接受的要件；逾期接受和接受的撤回。难点是构成有效发盘的要件；构成接受的要件和逾期接受。

2.学生在学习中容易出现的问题

（1）混淆询盘与发盘。

有时一方向另一方提出的磋商内容"十分确定"，看起来很像是发盘，但最后附有"以我方最后确认为准"或"以货未售出为条件"等保留性语句，即提出者在得到接受时并不承受约束，这个磋商环节不是发盘，而是询盘。

（2）混淆不同情形下"缄默"的法律效力。

对发盘表示接受但对发盘的内容作出变更，如果在实质上变更了该发盘的条件，则构成还盘，原发盘人保持缄默则视为不同意变更，合同不成立；对发盘表示接受但对发盘的内容作出变更，如果在实质上并不更改该项发盘的条件，原发盘人保持缄默则视为同意变更，合同成立。

因受盘人没有及时表示接受而导致接受逾期，发盘人保持缄默则视为接受无效，合同不成立；如果有证据表明受盘人及时表示了接受，只是由于投递延误导致了接受预期，发盘人保持缄默则视为接受有效，合同成立。

3.教学建议

设计不同的磋商情形，提高学生运用有关规则的能力；运用案例分析和角色扮演等形式加深学生的理解。

单元七 订立货物进出口合同

进出口贸易的当事人经过询盘、发盘、还盘、接受等环节，就有关权利义务关系达成一致意见后，合同自接受生效时成立。但在具体业务过程中，为了便于履行合同和解决争端，交易双方通常还要订立一份正式的进出口合同，特别是对新结识的贸易伙伴，以正式合同文本的方式对交易内容作出规定还是值得肯定的。

学习目标

- 能够撰写货物进出口合同
- 熟悉合同生效的要件

任务 一 撰写与审查货物进出口合同文本

任务描述

中国大连新艺饰品有限公司与美国RAZ贸易公司通过磋商，对工艺饰品的交易达成共识，磋商成功，双方建立了贸易伙伴关系。按照国际惯例，双方需要签订一份贸易合同，以明确彼此之间的权利义务关系。

任务分析

中国大连新艺饰品有限公司与美国RAZ贸易公司都可以按照自己的贸易需要撰写合同文本。贸易实践中，多是由贸易的发起方起草合同文本，或者在进行贸易谈判时，由双方确定由某一方撰写合同文本。

（一）撰写货物进出口合同文本

因中国大连新艺饰品有限公司是这次贸易合作的发起方，因此小李在收到美国RAZ贸易公司的接受函件后，应当按照双方就磋商达成的一致内容撰写进出口合同。

贸易公司在长期的贸易实践中都形成了自己的货物进出口合同文本，小李可以在此基础上，根据双方磋商达成的协议填写相关内容。进出口合同通常用英文撰写，也可以用交易双方的官方文字书写，不同文字的合同内容要一致。

（二）审查货物进出口合同文本

小李在完成货物进出口合同文本的撰写后，要核对磋商内容与合同文本的一致性，此外还要核对合同各条款之间是否一致、各种相关文件与合同内容是否相符。例如，在数量条款规定溢短装时，支付方式为信用证，其保证金额就应该规定有增减幅度；又如，贸易术语为CFR或FOB成交，在保险条款里就应订明"保险由买方自理"。关于签约后发生的额外费用负担，如运费上涨、港口封冻的绕航费等，也可在合同中明确规定由何方负担。

审核文本必须对照原稿件，做到一字不漏。对审核中发现的问题，要及时互相通报，通过再次沟通，达到谅解一致。

相关知识

（一）合同的形式

合同的形式是指合同当事人意思表示一致的外在表现形式。《公约》第11条规定："销售合同无须以书面形式订立或书面证明，在形式方面也不受任何其他条件的限制。销售合同可以用包括人证在内的任何方法证明。"这说明国际货物买卖合同在形式上不受限制。

货物进出口合同的订立通常采用书面形式，其主要原因是：书面合同是合同成立的标志；书面合同是合同生效的标志；书面合同是双方当事人履行合同的依据；书面合同是合同当事人处理和解决争议的依据；书面合同是法院和仲裁机构受理案件进行判决或裁决的依据；书面合同在司法实践中举证比较方便。

在货物进出口贸易业务中，书面合同主要使用合同（Contract）和确认书（Confirmation）两种形式。

合同的内容比较全面详细，除了包括货物名称、品质规格、数量、包装、单价、总值、交货、支付方式等主要条款之外，还包括保险、商品检验、异议索赔、仲裁和不可抗力等一般合同条款。合同适用于大宗货物或成交金额较大的交易。出口商草拟提出的合同称为销售合同（Sales Contract）；进口商草拟提出的合同称为购货合同（Purchase Contract）。

确认书是合同的简化形式，内容一般包括货物名称、品质规格、数量、包装、单价、总值、交货期、装运港和目的港、支付方式、运输标志、商品检验等条款。对于异议索赔、仲裁和不可抗力等一般条款都不予列入。这种格式的合同，适用成交金额不大、批次较多的轻工日用品，土特产或者已经有包销、代销等长期协议的交易。出口商草拟提出的确认书称为销售确认书（Sales Confirmation）；进口商草拟提出的确认书称为购货确认书（Purchase Confirmation）。

（二）撰写货物进出口合同文本的注意事项

（1）撰写的合同文本必须遵守法律法规要求。在商务交往中，所有正式的合同都具有法律约束力。它一旦订立，任何一方都不可擅自变更或解除。因此，商务人员必须熟悉国家的有关法律、法规，特别是法律、法规中的强制性规定。

（2）撰写的合同文本必须符合惯例要求。合同的内容必须首先遵守法律、法规，遇到有关法律、法规尚未规定的事宜，则可采用公认的国际惯例。

（3）撰写的合同必须合乎常识。在撰写合同时，商界人士有必要使合同的一切条款合乎常识，不要犯常识性错误。商界人士在撰写合同文本时应当具备的常识是指与其业务有关的专业技术方面的基本知识，它们包括商品知识、金融知识、运输知识、保险知识和商业知识等等。

技能训练

（一）请将下列销售确认书翻译成汉语

SALES CONFIRMATION

S/C No.：LD-DRGSC01

Date：April 1st 2015

The Seller：LIDA TRADING CO.LTD. The Buyer：DRAGON TOY CO.LTD.

Address：NO.1267 EAST NANJING ROAD Address：1180 CHURCH ROAD

SHANGHAI，CHINA NEW YORK

PA 19446 U.S.A.

Item No.	Commodity & Specifications	Unit	Quantity	Unit Price (US$)	AMOUNT (US$)
	TELECONTROL RACING CAR			CIFC3 NEW YORK	
1	ART.18812	PIECE	2 400	19.88	47 712.00
2	ART.18814	PIECE	2 000	20.66	41 320.00
3	ART.18817	PIECE	2 000	21.94	43 880.00
4	ART.18819	PIECE	2 400	23.06	55 344.50
				TOTAL	188 256.00
TOTAL CONTRACT VALUE：	SAY US DOLLARS ONE HUNDRED EIGHTY-EIGHT THOUSAND TWO HUNDRED AND FIFTY-SIX ONLY				

PACKING： ART.NO.18812 & 18819 TO PACKED IN CARTONS OF 12 PIECES EACH

ART.NO.18814 & 18817 TO PACKED IN CARTONS OF 20 PIECES EACH

ALL PRODUCTS IN FOUR 20' CONTAINERS.

TERMS OF SHIPMENT： SHIPMENT IN MAY 2015 AFTER RECEIVING THE RELEVANT LETTER OF

CREDIT，WITH PARTIAL SHIPPMENT TRANSHIPMENT ALLOWED.

PORT OF LOADING & FROM SHANGHAI，CHINA TO NEW YORK

DESTINATION：

PAYMENT： THE BUYER SHALL OPEN AN IRREVOCABLE L/C IN FAVOR OF THE

SELLER BEFORE APR.15TH，2015.THE SAID L/C SHALL BE AVAILABLE

BY DRAFT AT SIGHT FOR FULL INVOICE VALUE AND REMAIN VALID FOR

NEGOTIATION IN CHINA FOR 15 DAYS AFTER SHIPMENT.

INSURANCE： TO BE COVERED BY THE SELLER FOR 110% OF TOTAL INVOICE VALUE

AGAINST ALL RISKS AND WAR RISK AS PER THE OCEAN MARINE CARGO

CLAUSES OF THE PEOPLE'S INSURANCE COMPANY OF CHINA，DATED

JAN.1ST，1981.

Confirmed by：

THE SELLER THE BUYER

LIDA TRADING CO.，LTD. DRAGON TOY CO.LTD.

≮≮≮ ≮≮≮≮

Remarks：

1.The buyer shall open the covering letter of credit which should reach the Seller 30 days before shipment，failing which the Seller reserves the right to rescind without further notice，or to regard as still valid whole or any part of this contract not fulfilled by the Buyer，or to lodge a claim for losses thus sustained，if any.

2.In case of any discrepancy in Quality，claim should be filed by the Buyer within 30 days after the arrival of the goods at port of destination；while for quantity discrepancy，claim should be filed by the Buyer within 15 days after the arrival of the goods at port of destination.

3.For transactions concluded on CIF basis，it is understood that the insurance amount will be for 110% of the invoice value against the risks specified in the Sales Confirmation. If additional insurance amount or coverage required，the Buyer must have the consent of the Seller before Shipment，and the additional premium is to be borne by the Buyer.

4.The Seller shall not hold liable for non-delivery or delay in delivery of the entire lot or a portion of the goods hereunder by reason of natural disasters，war or other causes of Force Majeure，However，the Seller shall notify the Buyer as soon as possible and furnish the Buyer within 15 days by registered airmail with a certificate issued by the China Council for the Promotion of International Trade attesting such event（s）.

5.All deputies arising out of the performance of，or relating to this contract，shall be settled through negotiation. In case no settlement can be reached through negotiation，the case shall then be submitted to the China International Economic and Trade Arbitration Commission for arbitration in accordance with its arbitral rules. The arbitration shall take place in Shanghai. The arbitral award is final and binding upon both parties.

6.The Buyer is requested to sign and return one copy of this contract immediately after receipt of the same. Objection，if any，should be raised by the Buyer within 3 days，otherwise it is understood that the Buyer has accepted the terms and conditions of this contract.

7.Special conditions：

参考答案：

销售确认书

销售确认书号码：LD-DRGSC01

日期：2015年4月1日

卖方：利达贸易有限公司　　　　　　买方：DRAGON TOY CO.LTD.
地址：中国上海南京东路1267号　　　地址：1180 CHURCH ROAD

NEWYORK

PA 19446 U.S.A.

项号	品名与规格	单位	数量	单价（美元）	金额（美元）
	遥控赛车			CIFC3 纽约	
1	18812号货物	辆	2 400	19.88	47 712.00
2	18814号货物	辆	2 000	20.66	41 320.00

续表

项号	品名与规格	单位	数量	单价（美元）	金额（美元）
3	18817号货物	辆	2 000	21.94	43 880.00
4	18819号货物	辆	2 400	23.06	55 344.50
				总计	188 256.00
合同总额：		计壹拾捌万捌仟贰佰伍拾陆美元整			

包装：　　　　18812和18819号货物每12辆装一纸箱；18814和18817号货物每20辆装一纸箱。所有货物装在4个20英尺集装箱。

装运条款：　　收到有关信用证后，在2015年5月装运。允许分批装运和转船。

装运港和目的港：　自中国上海至纽约

付款：　　　　买方应在2015年4月15日前开立以卖方为受益人的不可撤销信用证，有关信用证凭全部发票金额的即期汇票支付，在装运日后15日内在中国议付有效。

保险：　　　　由卖方按发票全部金额的110%投保一切险和战争险，以中国人民保险公司1981年1月1日海洋货物运输保险条款为准。

本确认书由下列各方确认：

卖方　　　　　　　　　　　　买方

利达贸易有限公司　　　　　　DRAGON TOY CO.LTD.

◄◄◄　　　　　　　　　　　◄◄◄◄

备注：

（1）买方应在装运期前30天将有关信用证开至卖方。如买方违约，卖方有权不作通知即解除合同，或维持本合同买方未履行的全部或部分有效，或对由此引起的损失提出索赔。

（2）如发生品质不符，买方应在货物到达目的港后30日内提出索赔；如发生数量不符，买方应在货物到达目的港后15日内提出索赔。

（3）按CIF条件成交时，双方同意按发票金额的110%投保本确认书规定的保险险别。如要投保更高的金额或更多的险别，买方必须在装运前征得卖方的同意，额外的保费由买方负担。

（4）卖方对因自然灾害、战争或其他不可抗力原因引起的不能交付或延迟交付全部或部分合同货物不承担责任。但卖方应尽快通知买方，并在15日内以航空挂号信件向买方提交由中国国际贸易促进委员会出具的证明此类事件的证明书。

（5）凡因履行本合同引起的或与本合同有关的任何争议，双方应协商解决；如果协商不能解决，应提交中国国际经济贸易仲裁委员会，按照其仲裁规则进行仲裁。仲裁地点在上海。仲裁裁决是终局的，对双方均有约束力。

（6）买方应在收到本合同后立即签署并退回一份。买方如有异议，应在3日内提出，否则视为买方已接受本合同的条款。

（7）特殊规定：

（二）请指出下列条款中有哪些不妥之处

SALES CONFIRMATION

S/C No.: JH-FLSSC01

Date: April 25, 2015

The Seller: GOLDEN SEA TRADING CORP.

Address: 8TH FLOOR, JIN DU BUILDING,

277 WU XING ROAD,

SHANGHAI, CHINA

The Buyer: F.L.SMIDTH & CO.A/S

Address: 77, VIGERSLEV ALLE,

DK-2500 VALBY,

COPENHAGEN, DENMARK

Art.No.	Name of Commodity & Specifications	Quantity	Unit Price (US$)	AMOUNT (US$)
	FOREVER BRAND BICYCLE		CIF COPENHAGEN	
1	YE803 26'	600 SET	66.00	38 600.00
2	TE600 24'	600 SET	71.00	42 600.00
				81 200.00
TOTAL AMOUNT IN WORDS:	SAY HK DOLLARS EIGHTY ONE THOUSAND AND TWO HUNDRED ONLY			

PACKING: TO BE PACKED IN CARTONS OF ONE SET EACH,

TOTAL 2 200 CARTONS.

TERMS OF SHIPMENT: TO BE EFFECTED BEFORE THE END OF JULY

WITH PARTIAL SHIPEMNT AND TRANSHIPMENT ALLOWED

PORT OF LOADING & FROM SHANGHAI CHINA TO ANTWERP, BELGIUM.

DESTINATION:

PAYMENT: THE BUYER SHALL OPEN THOUGH A BANK ACCEPTABLE TO THE SELLER

AN IRREVOCABLE LETTER OF CREDIT PAYABLE AT 30 DAYS' SIGHT

WHICH SHOULD REACH THE SELLER BY THE END OF JULY AND REMAIN

VALID FOR NEGOTIATION IN BELGIUM UNTIL 15TH DAY AFTER THE

DATE OF SHIPMENT.

INSURANCE: THE SELLER SHALL COVER INSURANCE AGAINST ALL RISKS AND RISKS

OF RUST FOR 150% OF THE TOTAL INVOICE VALUE AS PER THE

RELEVANT OCEAN MARINE CARGO CLAUSES OF THE PEOPLE'S

INSURANCE COMPANY OF CHINA DATED 1/1/1981.

Confirmed by:

THE SELLER

F.L.SMIDTH & CO.A/S

MANAGER

×××◁

（signature）

THE BUYER

GOLDEN SEA TRADING CORP.

MANAGER

×××◁

（signature）

参考答案：

（1）合同小写总额应为 82 200.00 美元，大写总额应为 SAY HK DOLLARS EIGHTY TWO THOUSAND AND TWO HUNDRED ONLY。

（2）包装总件数应为 1 200 CARTONS。

（3）支付条款中规定的开证时间不应为 7 月底（与装运期相同），而应在装运期前。

（4）支付条款中规定的信用证到期地点不应在 BELGIUM，而应为 CHINA。

（5）保险条款中的保险加成率过高。

（三）根据以下成交资料缮制销售确认书

1.交易双方

出口商：Shanghai Tianye Light Industry Trading Co., Ltd.

509 Tianmu W. Road, Shanghai 200071, China

进口商：Kelly & Miley Housing Company

600E Anton Boxrud Street, Los Angeles, USA

2.价格及包装

货 号	商 品	价 格	包 装	件 数
		CIF 洛杉矶		
S9420-7	54-pc Kitchen Set	USD35.00/Set	1 set/ctn	200 cartons
CK-05A1	3-pc Vacuum Mug Set	USD31.00/Set	12 sets/ctn	100 cartons
TS2020-28	16-pc Tableware	USD16.00/Set	8 sets/ctn	300 cartons

3.其他成交条件

（1）合同签订后 8 周内装运，从上海至洛杉矶，允许分批装运和转船。

（2）即期付款交单支付。

（3）加一成投保一切险和战争险。

SALES CONFIRMATION

S/C No.:

Date:

The Seller: The Buyer:

Address: Address:

Art.No.	Name of Commodity & Specifications	Quantity	Unit Price	AMOUNT

TOTAL AMOUNT IN WORDS:

PACKING：

TERMS OF SHIPMENT：

PORT OF LOADING & DESTINATION：

PAYMENT：

INSURANCE：

Confirmed by：

THE SELLER   THE BUYER

参考答案：

SALES CONFIRMATION

S/C No.：

Date：

The Seller：Shanghai Tianye Light Industry Trading   The Buyer：Kelly & Miley Housing Company
         Co.，Ltd.

Address：509 Tianmu W.Road，Shanghai 200071，   Address：600E Anton Boxrud Street，Los Angeles，
         China   USA

Art.No.	Name of Commodity & Specifications	Quantity	Unit Price	AMOUNT
				CIF Los Angeles
S9420-7	54-pc Kitchen Set	200 Sets	USD35.00	USD7 000.00
CK-05A1	3-pc Vacuum Mug Set	1 200 Sets	USD31.00	USD37 200.00
TS2020-28	16-pc Tableware	2 400 Sets	USD16.00	USD38 400.00
				USD82 600.00

TOTAL AMOUNT IN WORDS：	SAY US DOLLARS EIGHTY TWO THOUSAND SIX HUNDRED ONLY

PACKING：   For S9420-7，1 set to a carton
                       For CK-05A1，12 sets to a carton
                       For TS2020-28，8 sets to a carton
                       Total 600 cartons

TERMS OF SHIPMENT：   Within 8 weeks after the Sales Confirmation coming into force，with partial shipemnt and transhipment allowed.

PORT OF LOADING &   From Shanghai to Los Angeles
DESTINATION：

PAYMENT：   After shipment，the Seller shall deliver a sight bill of exchange drawn on the Buyer together with the required documents to the Buyer through a bank.The Buyer shall effect the payment immediately upon the presentation of the bill of exchange and the required documents.

INSURANCE：   To be covered by the Seller for 110% invoice value against All Risks and War Risk as per the relevant ocean marine cargo clauses of the people's insurance company of China dated 1/1/1981.

Confirmed by：

THESELLER   THE BUYER

任务 二
签署货物进出口合同

任务描述

中国大连新艺饰品有限公司与美国RAZ贸易公司在认可合同文本内容后，双方按照约定的方式签署合同文本。

任务分析

（一）会签合同

小李请自己公司经理先在约定好的数份合同书上签署好名字，加盖公司的公章，然后将合同文本寄送给美国RAZ贸易公司。美国RAZ贸易公司在收到合同文本后，在合同书上签字盖章，并将约定数量的合同文本寄回给中国大连新艺饰品有限公司。

（二）贸易双方在同一时间同一地点签署合同

请客方签字人在签字桌右侧就座，主方签字人则应同时就座于签字桌左侧。双方各配有一名助签人站立于各自一方签字人的外侧，以便随时给签字人提供帮助。双方其他的随员，可以按照一定的顺序在己方签字人的正对面就座，也可以依照职位的高低，依次自左至右（客方）或是自右至左（主方）地列成一行，站立于己方签字人的身后。当一行站不完时，可以按照以上顺序并遵照"前高后低"的惯例，排成两行、三行或四行。原则上，双方随员人数应大体上相近。

相关知识

（一）合同成立的时间

《联合国国际货物销售合同公约》第23条规定："合同于按照本公约规定对发盘的接受时成立。"

（二）合同生效的要件

买卖双方就各项交易条件达成协议后，并不意味着此项合同一定有效，根据各国合同法规定，一项合同，除买卖双方就交易条件通过发盘和接受达成协议外，还需要具备以下要件，才是一项有效的合同，才能得到法律的保护。

1.合同当事人必须具有签约能力

签订买卖合同的当事人主要为自然人或法人。按各国法律的一般规定，自然人签订合同的行为能力是指精神正常的成年人才能签订合同；未成年人、精神病人、禁治产人订立合同必须受到限制。关于法人签订合同的行为能力，各国法律一般认为，法人必须通过其代理人，在法人的经营范围内签订合同，即越权的合同不能发生法律效力。

2.合同必须有对价或约因

英美法认为，对价（Consideration）是指当事人为了取得合同利益所付出的代价。法国法律认为，约因（Cause）是指当事人签订合同所追求的直接目的。按照英美法和法国法律的规定，合同只有在有对价或约因时，才是法律上有效的合同，无对价或无约因的合同，是得不到法律保护的。

3.合同的内容必须合法

许多国家往往从广义上解释"合同内容必须合法"，其中包括不得违反法律，不得违反公共秩序或公共政策，以及不得违反善良风俗或道德三个方面。

4.合同必须符合法律规定的形式

世界上大多数国家，只对少数合同才要求必须按照法律规定的特定形式订立，而对大多数合同，一般不从法律上规定应当采取的形式。

5.合同当事人的意思表示必须真实

各国法律都认为，合同当事人的意思表示必须是真实的才能成为一项有约束力的合同，否则这种合同无效。导致合同无效的情况主要有下列几种：（1）一方以欺诈、胁迫的手段订立的合同；（2）恶意串通，损害国家、集体或第三人利益；（3）以合法形式掩盖非法目的；（4）损害社会公共利益；（5）违反法律、行政法规的强制性规定。

单元教研交流

1.本单元的重点和难点

本单元的重点是货物进出口合同的撰写和合同生效的要件；难点是货物进出口合同的撰写。

2.学生在学习中容易出现的问题

学生在撰写货物进出口合同时，最容易出现的问题是语言表达不准确，对于英语基础不够扎实的学生尤其如此。

3.教学建议

教师在授课中要紧密结合模块一的内容开展相关训练，也可以要求学生背诵格式化条款。

模块三
履行出口合同

单元八　审证、改证、备货与订舱

学习目标

- 掌握信用证审核的要点
- 了解信用证常见错误，掌握修改信用证的业务流程
- 熟悉备货的程序和注意事项
- 了解出口订舱的业务流程
- 能够依据货物性质选择箱类

任务一　审核与修改信用证

出口商收到通知行转来的进口商申请开立的信用证后，根据买卖双方签订的合同及有关国际惯例，审核信用证的内容。改证是针对已开立的信用证中的某些条款进行修改的行为。由于修改信用证的条款涉及到各当事人的权利和义务，因而不可撤销的信用证在其有效期内的任何修改，都必须征得有关当事人的同意。

任务描述

大连新华贸易公司与美国 UNB COMPANY 就商品达成了交易合同后不久，买方美国 UNB COMPANY 即按期将信用证开出，并通过 Bank of China，DALIAN Branch 将信用证通知我方大连新华贸易公司。大连新华贸易公司应按照合同约定及时审核信用证。大连新华贸易公司业务员王丽及时审核信用证后，发现信用证的问题条款，根据审核结果，业务员王丽随后向开证申请人 UNB COMPANY 发出改证的要求。

任务分析

（一）读懂信用证条款

2015 年 3 月 16 日（周一），大连新华贸易公司收到了中国银行大连分行（Bank of China，DALIAN Branch）国际业务部的信用证通知函，告知美国 UNB COMPANY 已经通过汇丰银行纽约分行（HSBC BANK PLC，NEW YORK）开来信用证。大连新华贸易公司

业务员王丽首先熟悉信用证的内容。信用证通知书和信用证内容如下：

中国银行
BANK OF CHINA
信用证通知书
Notification of Documentary Credit

OFFICE：INT'L BUSINESS DEPT.

ADDRESS：432 SHENGLI ROAD，DÁLIAN，116033，CHINA   DATE：2015-03-15

To：致	Our Ref No.我行编号： DL2006869102222
DALIAN XINHUA TRADING CO.，LTD. SHENGLI 123 RD.，DALIAN CHINA	Amount 金额 USD40 800.00
Issuing Bank 开证行 HSBC BANK PLC，NEW YORK	Transmitted to us through 传递行 Transferred from 转让行
L/C No.信用证号 ILCT00989	Issuing Date 开证日期 2015-03-15

Dear Sirs，敬启者：

We have pleasure in advising you that we have received from A/M a

兹通知贵公司，我行收自上述银行

（√）issuing by telex/SWIFT   电传/SWIFT 开立   （ ）ineffective   未生效

（ ）issuing by mail   信开   （ ）mail confirmation of   证实书

（ ）pre-advising of   预先通知   （ ）mail confirmation of   证实书

（√）original   正本   （ ）duplicate   副本

Letter of credit，contents of which are as per attached sheet（s）.

This advise and the attached sheet（s）must accompany the relative documents when presented.

信用证一份，现随附通知。贵公司交单时，请将本通知书及信用证一并提示。

（√）Please note that this advice does not constitute our confirmation of the above L/C nor does it convey any engagement or obligation on our part.

本通知并不构成我行对该信用证之保兑及其他任何责任。

（ ）Please note that we have added our confirmation to the above L/C，which is available with ourselves only.

上述信用证已由我行加具保兑，并限向我行交单。

Remarks 备注：

This L/C consists of_____sheet（s），including the covering letter and attachment（s）

该信用证连同本面函及附件共____页。

如该信用证中有无法办到的条款及/或错误，请迳与开证申请人联系进行必要的修改，以排除交单时可能发生的问题。

本通知费____CNY200____

Yours faithfully

BANK OF CHINA

中国银行_____

AUTHORIZED SIGNATURE（S）

信用证

MT 700		ISSUE OF A DOCUMENTARY CREDIT
SENDER		HSBC BANK PLC，NEW YORK，USA
RECEIVER		Bank of China，DALIAN Branch
SEQUENCE OF TOTAL	*27：	1 / 1
FORM OF DOC.CREDIT	*40A：	IRREVOCABLE
DOC.CREDIT NUMBER	*20：	ILCT00989
DATE OF ISSUE	*31C：	150315
APPLICABLE RULES	*40E：	UCP LATEST VERSION
DATE AND PLACE OF EXPIRY	*31D：	DATE 150501 PLACE IN NEW YORK，U.S.A.
APPLICANT	*50：	UNB CO.，LTD.
		16 TOM STREET，NEW YORK，U.S.A.
BENEFICIARY	*59：	DALIAN XINHUA TRADING CO.，LTD.
		SHENGLI 123 RD.，DALIAN CHINA
AMOUNT	*32B：	CURRENCY USD AMOUNT 40800.00
AVAILABLE WITH/BY	*41D：	ANY BANK IN CHINA，
		BY NEGOTIATION
DRAFTS AT ...	42C：	60 DAYS AFTER SIGHT
DRAWEE	42D：	HSBC BANK PLC，NEW YORK
PARTIAL SHIPMENT	43P：	PROHIBITED
TRANSSHIPMENT	43T：	ALLOWED
PORT OF LOADING/ AIRPORT OF DEPARTURE	44E：	CHINESE MAIN PORT
PORT OF DISCHARGE	44F：	NEW YORK，U.S.A.
LATEST DATE OF SHIPMENT	44C：	150415
DESCRIPTION OF GOODS AND	45B：	2 000 PIECES OF LADIES SUNLAURA UNDERWEAR： TWILL WOVEN 100% COTTON。
		STYLE NO. QUANTITY UNIT PRICE AMOUNT
		C357 2 000PCS USD20.40/PC USD40800.0
		AT CIF NEW YORK，U.S.A.
DOCUMENTS REQUIRED	46A：	
		+ COMMERCIAL INVOICE SIGNED IN TRIPLICATE.
		+ PACKING LIST IN TRIPLICATE.
		+ CERTIFICATE OF CHINESE ORIGIN CERTIFIED BY CHAMBER OF COMMERCE OR CCPIT.
		+ INSURANCE POLICY/CERTIFICATE IN DUPLICATE ENDORSED IN BLANK FOR 110% INVOICE VALUE, COVERING ALL RISKS OF CIC OF PICC（1/1/1981）INCL.WAREHOUSE TO WAREHOUSE AND I.O.P AND SHOWING THE CLAIMING CURRENCY IS THE SAME AS THE CURRENCY OF CREDIT.

续表

		+ FULL SET （3/3） OF CLEAN 'ON BOARD' OCEAN BILLS OF LADING MADE OUT TO APPLICANT MARKED FREIGHT PREPAID AND NOTIFY APPLICANT.
		+ SHIPPING ADVICE SHOWING THE NAME OF THE CARRYING VESSEL, DATE OF SHIPMENT, MARKS, QUANTITY, NET WEIGHT AND GROSS WEIGHT OF THE SHIPMENT TO APPLICANT WITHIN 3 DAYS AFTER THE DATE OF BILL OF LADING.
ADDITIONAL CONDITION	47A:	
		DRAFTS MUST CLAUSED DRAWN UNDER DOCUMENTARY CREDIT NO.ILCT00989 OF HSBC BANK PLC, NEW YORK.U.S.A
		+ DRAFTS AND ALL DOCUMENTS MUST BE IN ENGLISH AND INDICATE L/C NUMBER ILCT00989
CHARGES	71B:	ALL BANKING CHARGES OUTSIDE OF OPENING BANK ARE FOR BENEFICIARY´S ACCOUNT.
PERIOD FOR PRESENTATION	48:	WITHIN 15 DAYS AFTER THE DATE OF SHIPMENT, BUT WITHIN THE VALIDITY OF THIS CREDIT.
CONFIRMATION INSTRUCTION	*49:	WITHOUT
INFORMATION TO PRESENTING BANK	78:	ALL DOCUMENTS ARE TO BE REMITTED IN ONE LOT BY COURIER TO HSBC BANK PLC, NEW YORK, U.S.A
SEND.TO REC.INFO.	72:	PLEASE COLLECT YOUR L/C ADVISING CHARGES BEFORE RELEASING L/C TO BENEFICIARY.

表格中SWIFT信用证条款的主要内容及其说明：

（1）SWIFT信用证以代码表示信用证栏目内容，"FORM OF DOC. CREDIT"的代码为"*40A"，"DOC. CREDIT NUMBER"的代码为"*20"，"DATE OF ISSUE"的代码为"*31C"，"DATE AND PLACE OF EXPIRY"的代码为"*31D"。

（2）信用证的受益人BENEFICIARY，代码为"*59"，申请人APPLICANT，代码为"*50"。

（3）汇票条款，信用证中的"DRAFTS AT"代码为"42C"。

（4）装运条款，如装运港或发货地、卸货港或目的地、装运期限、可否分批和可否转运等。在SWIFT信用证中，"PARTIAL SHIPMENTS"的代码为"43P"，"TRANSSHIPMENT"代码为"43T"，"PORT OF LOADING"代码为"44E"，"PORT OF DISCHARGE"代码为"44F"，"LATEST DATE OF SHIPMENT"代码"44C"。

信用证中的这类装运条款应与贸易合同中的装运条款保持一致。

（5）货物条款包括商品名称、品质、规格、数量（或重量）、包装、价格、金额、运输唛头等内容。在信用证中货物条款可以只反映几项主要的内容，而不必对所有内容一一列示。

在 SWIFT 信用证中，"DESCRIPTION OF GOODS" 代码 "45A" 即是这一部分的内容，这一栏目与贸易合同中的货物条款相对应。

（6）单据条款，通常包括：①货物单据：商业发票、装箱单或重量单、商检证书、产地证；②运输单据：海运提单、航空运单、承运货物数据；③保险单据；④随附单据：受益人证明、邮政收据、装船通知副本等。

在 SWIFT 信用证中，"DOCUMENTS REQUIRED" 代码 "46A"，即单据条款的内容，单据条款是跟单信用证中最为关键的内容之一，它是出口方编制单据的主要依据，也是出口方审核信用证与贸易合同一致性的主要内容。

（7）附加条款，根据每一笔具体交易需要加列的内容，"ADDITIONAL CONDITION" 在 SWIFT 信用证中代码为 "47A"，例如本信用证要求所有单证用英文且指出信用证的号码。

（二）根据合同的内容审核信用证

业务员王丽熟悉信用证的内容后，与合同相对照，进行信用证的审核。大连新华贸易公司本业务的销售合同如下：

SALES CONTRACT

NO.：DLT0987   DATE：MAR.5，2015

THE SELLER：DALIAN XINHUA TRADING CO.，LTD.

SHENGLI 123 RD.，DALIAN CHINA

Tel：0411-82654321   Fax：0411-82654322

THE BUYER：UNB CO.，LTD.

16 TOM STREET，NEW YORK，U.S.A.

Tel：NY 11354 718-539-1980 Fax：NY 11354 718-539-1978

This Contract is made by and between the Buyer and Seller，whereby the Buyer agree to buy and the Seller agree to sell the under-mentioned commodity according to the terms and conditions stipulated below：

Commodity & specification	Quantity	Unit price	Amount
LADIES SUNLAURA UNDERWEAR： STYLE NO. C357 TWILL WOVEN 100% COTTON	2 000pcs	CIF NEW YORK，U.S.A USD20.00/pc	USD40 000.00
TOTAL	2 000pcs		USD40 000.00
TOTAL CONTRACT VALUE：SAY U.S.DOLLARS FORTY THOUSAND ONLY.			

Size/color assortment for Style no. C357：   Unit：piece

Size	S	M	L	XL	Total
Purple	100	200	400	300	1 000
Red	100	200	400	300	1 000
Total	200	400	800	600	2 000

PACKING: 10 pieces of ladies calvin klein underwear are packed in one export standard carton, solid color and solid size in the same carton.

MARKS:

Shipping mark includes UNB, S/C no., style no., port of destination and carton no.

Side mark must show the color, the size of carton and pieces per carton.

TIME OF SHIPMENT:

Within 30 days upon receipt of the L/C which accord with relevant clauses of this Contract.

PORT OF LOADING AND DESTINATION:

From Dalian, China to Newyork, U.S.A.

Transshipment is allowed. and partial shipment is prohibited.

INSURANCE: To be effected by the seller for 110% of invoice value covering All Risks as per CIC of PICC dated 01/01/1981.

TERMS OF PAYMENT: By Letter of Credit at sight, reaching the seller not later than Mar.25, 2015 and remaining valid for negotiation in China for further 15 days after the effected shipment. In case of late arrival of the L/C, the seller shall not be liable for any delay in shipment and shall have the right to rescind the contract and /or claim for damages.

DOCUMENTS:

+ Signed Commercial Invoice in triplicate.

+ Full set of clean on board ocean Bill of Lading marked "freight prepaid" made out to order of shipper blank endorsed notifying the applicant.

+ Insurance Policy in duplicate endorsed in blank.

+ Packing List in triplicate.

+ Certificate of Origin certified by Chamber of Commerce or CCPIT.

INSPECTION:

The certificate of Quality issued by the China Entry-Exit Inspection and Quarantine Bureau shall be taken as the basis of delivery.

CLAIMS:

In case discrepancy on the quality or quantity (weight) of the goods is found by the buyer, after arrival of the goods at the port of destination, the buyer may, within 30 days and 15 days respectively after arrival of the goods at the port of destination, lodge with the seller a claim which should be supported by an Inspection Certificate issued by a public surveyor approved by the seller. The seller shall, on the merits of the claim, either make good the loss sustained by the buyer or reject their claim, it being agreed that the seller shall not be held responsible for any loss or losses due to natural cause failing within the responsibility of Ship-owners of the Underwriters. The seller shall reply to the buyer within 30 days after receipt of the claim.

LATE DELIVERY AND PENALTY:

In case of late delivery, the Buyer shall have the right to cancel this contract, reject the goods and lodge a claim against the Seller. Except for Force Majeure, if late delivery occurs, the Seller must pay a penalty, and the Buyer shall have the right to lodge a claim against the Seller. The rate of penalty is charged at 0.5% for every 7 days, odd days less than 7 days should be counted as 7 days. The total penalty amount will not exceed 5% of the shipment value. The penalty shall be deducted by the paying bank or the Buyer from the payment.

FORCE MAJEURE:

The seller shall not held responsible if they, owing to Force Majeure cause or causes, fail to make delivery within the time stipulated in the Contract or cannot deliver the goods. However, in such a case, the seller shall inform the buyer immediately by cable and if it is requested by the buyer, the seller shall also deliver to buyer by registered letter, a certificate attesting the existence of such a cause or causes.

ARBITRATION:

All disputes in connection with this contract or the execution thereof shall be settled amicably by negotiation. In case no settlement can be reached, the case shall then be submitted to the China International Economic Trade Arbitration Commission for settlement by arbitration in accordance with the Commission's arbitration rules. The award rendered by the commission shall be final and binding on both parties. The fees for arbitration shall be borne by the losing party unless otherwise awarded.

This contract is made in two original copies and becomes valid after signature, one copy to be held by each party.

Signed by:

THE SELLER:	THE BUYER:
DALIAN XINHUA TRADING CO., LTD.	UNB CO., LTD.
汪洋	*John Smith*

业务员王丽在对照合同审核信用证时，主要审核出两方面的问题：

1.信用证和合同存在以下不一致：

（1）信用证中的单价"USD20.40/pc"与金额"USD40 800.00"错误，合同中列明的单价是"USD20.00/pc"与金额"USD40 000.00"。

（2）信用证中汇票的付款期限"AT 60 DAYS AFTER SIGHT"错误，合同列明的是"AT SIGHT"。

（3）信用证中的装运港为"CHINESE MAIN PORT"，与合同中"DALIAN, CHINA"不一致。

2.信用证规定的条款对我方不利的情况

（1）信用证海运条款中提单抬头"TO APPLICANT"对受益人不利，应最好为"TO ORDER"。

（2）信用证规定交单地点在纽约，对受益人不利。

（三）根据审核结果分析信用证修改的内容

在对照合同审核信用证时，审核出的主要问题，王丽进行了周密的分析：

（1）针对信用证中单价与金额的错误，如果不修改信用证中该条款，我方将获得更高收益，而对方将蒙受损失，从企业诚信的角度，应该通知对方进行修改。

（2）信用证中规定汇票的付款期限"AT 60 DAYS AFTER SIGHT"错误，应该要求修改，不修改会影响我方的收汇安全。

（3）信用证中的装运港为"CHINESE MAIN PORT"，与合同中"DALIAN, CHINA"不一致。信用证的装运港是中国主要港口，包括大连，因此信用证的规定使受益人可选择的范围扩大，针对这一不一致，我方可以选择不修改。

（4）信用证海运条款中提单抬头"TO APPLICANT"对受益人不利，应最好为"TO ORDER"。

（5）信用证规定交单地点在纽约，容易造成受益人迟交单，对受益人不利，应要求修改为交单地点在出口地大连。

（四）根据审核结果，撰写改证函，并发给开证申请人

Dear Sirs,

We are very pleased to receive your L/C No. ILCT00989 issued by THE HSBC BANK PLC, NEW YORK.

After checked L/C carefully，we hope you to make the following amendments：

1.The unit price and the amount should be USD20.00/PC and USD40 000.00 instead of USD20.40/PC and USD40 800.00.

2.The payment terms of L/C should be "AT SIGHT" not "AT 60 DAYS AFTER SIGHT".

3.The consignee of B/L should be "TO ORDER" instead of "TO APPLICANT".

4.Please amend the place of expiry for DALIAN CHINA.

Please confirm the amendments by telex，so that we may arrange shipment accordingly. Your prompt action will be highly appreciated!

Yours faithfully

Wang Li

DALIAN XINHUA TRADING CO.，LTD.

相关知识

（一）信用证审核的要点

1.对开证行资信情况的审核

这是由出口地银行和出口商共同审核的内容，主要针对开证行的政治背景、资信状况、经营作风、来往业务、收汇考核等进行审查。如果开证行所在国家或地区政局不稳或者开证行本身资信较差，可要求进口商通过通知银行或出口商可以接受的其他银行对信用证加具保兑；或采取分批出运、分批收汇等措施来保障收汇的安全。

2.开证行付款责任的审核

一要注意审查信用证是否为不可撤销的信用证，可撤销的信用证由于无须通知受益人或未经受益人同意可以随时撤销或变更，应该说对受益人是没有付款保证的，对于此类信用证，不应接受。《UCP 600》只承认不可撤销的信用证。

二要注意审核信用证内是否加"限制性"条款或其他"保留"条件。如规定"本信用证须待进口许可证批准后另行通知生效"或"本证仅在受益人开具回头信用证并经本证申请人同意接受后才生效"，对于这类信用证，受益人必须等到所附条件满足并取得有关文件后，即信用证生效后才能交货。另外，还要注意审核信用证中是否有保证付款责任的文句，以及信用证是否未按照合同要求加具保兑等内容。

3.信用证受益人和开证人的名称和地址的审核

受益人应特别注意信用证上的受益人名称和地址应与其印就好的文件上的名称和地址内容相一致，并审核买方的公司名称和地址写法是不是也完全正确，在填写发货票时照抄信用证上写错了的买方公司名号和地址是有可能的，如果受益人的名称不正确，将给今后的收汇带来不便。另外，在非海运的情况下，如航空运输，为了保证出口商安全收回货款，航空运单的收货人一般应写明是银行。

4.适用惯例的审核

审核信用证是否受国际商会第600号《跟单信用证统一惯例》的约束，可以在具体处理信用证业务中，对于信用证的有关规定有一个公认的解释和理解以避免因对某一规定的不同理解产生的争议。例如，"THIS CREDIT IS SUBJECT TO THE UNIFORM CUSTUMS AND PRACTICE FOR DOCUMENGTARY CREDITS 2007 REVISION ICC PUBLICATION NO.600."

5.信用证金额及支付货币的审核

主要审核的内容包括：

（1）信用证金额是否与合同金额相一致。

（2）信用证中的单价与总值要准确，大小写并用且内容要一致。

（3）如数量上可以有一定幅度的伸缩，如有5%的溢短装，则信用证的支付金额也应允许有一定的伸缩幅度。

（4）如果在金额前使用了"大约"一词，其意思是允许金额有10%的伸缩。

（5）货币币种是否与合同一致。如合同中规定的币制是"英镑"，而信用证中使用的是"美元"。

6.有关信用证有效期、到期地点、装运期的审核

（1）有效期的审核。按惯例，信用证都必须规定一个交单付款、承兑或议付的到期日，未规定到期日的信用证不能使用。信用证中规定的到期日在业务中常被称为有效期（Expiry Date），是银行承担兑付责任的最迟期限，同时也是约束受益人提交单据的最晚期限。如受益人交单晚于到期日，此信用证也就失效了，银行有权拒付。因此审核时要注意信用证是否有到期日；到期日是否过短等内容。信用证的到期日应与装运期有一定的时间间隔，以便在装运货物后有足够的时间办理制单结汇工作，通常到期日规定为装运日后的第15天。

（2）到期地点的审核。信用证的到期地点实际上就是交单地点，如果到期地点在出口国，出口商只要在交单期和有效期内将单据交到出口地银行即可。如果信用证在国外到期，有关单据必须寄送国外，由于出口商无法掌握单据到达国外银行所需的时间且容易延误或丢失，有一定的风险，因此一般应提请修改，否则必须提前一个邮程（邮程的长短应根据地区远近而定）以最快方式寄送单据。在我国的出口业务中，信用证的到期地点通常都规定在我国到期，这对我国出口商较为有利。

（3）装运期的审核。信用证的装运期必须与合同规定一致，如来证太晚，无法按期装运，应及时申请国外买方延展装运期限，信用证有效期与装运期应有一定的合理间隔，以便在装运货物后有足够的时间办理制单结汇工作，信用证有效期与装运期规定在同一天的，称为"双到期"。应当指出，"双到期"是不合理的，受益人是否就此提出修改，应视具体情况而定。在实际业务操作中，应将装运期提前一段时间，以便有合理的时间来制单结汇。

7.分批装运与转运的审核

（1）分批装运。根据《UCP 600》的规定：除非信用证另有规定，允许分批装运；含有一套或数套运输单据的交单，如果表明在同一种运输方式下经由数件运输工具运输，即使运输工具在同一天出发运往同一目的地，仍将被视为部分发运；信用证规定在指定时期内分期支款及/或发运，其中任何一期未能按期支款及/或发运，除非信用证另有规定，则信用证对该期以及以后各期均告失效。因此，对信用证的分批装运条款要仔细审核，要与合同规定一致。

（2）转运。根据《UCP 600》的规定：除信用证另有规定外，货物允许转运；即使信用证禁止转运，只要提单上证实有关货物已由集装箱、拖车或子母船运输，银行仍可接受注明将要发生或可能发生转运的提单。对于提单中包含的声明承运人保留转运权利的条款，银行将不予置理。因此，对信用证的转运条款也要仔细审核，并与合同规定一致。

8.议付单据的审核

信用证项下要求受益人提交的议付单据通常包括：商业发票、保险单、海运提单、装箱单、原产地证明、检验证书以及其他证明文件。如发现有不适当的规定和要求，应酌情作出适当处理。一般要审核下面几方面的内容：

（1）审核来证要求提供的单据种类份数及填制方法等。

（2）审核信用证规定的单据能否提供或及时提供，如一些需要认证的单据：使馆认证、出口许可证、检验证明等能否及时办理和提供。

（3）信用证对单据是否有特殊的要求，如规定受益人提交的单据中要包括"由买方签发的提货证明"或"检验证书应由申请人授权的签字人签字"。这类信用证实际上受申请人或其代理人控制，受益人收款没有保障，故不应接受。

（4）单据的规定是否与合同条款一致，前后是否有矛盾，如运输方式是空运，却要求提供海运提单；价格条款是FOB，保险应由买方办理，而信用证中却要求提供保险单等。

9.有关货物描述的审核

通常信用证是根据合同的约定开出的，因此要审核来证中对有关品名、数量或重量、规格、包装和单价等项内容的记载，是否与合同的规定相符，是否有附加特殊条款等。如果信用证与合同的规定有出入，受益人应该提出修改信用证，尤其是一些与合同规定相差较远的条款。但是对于一些不是实质性的条款，为了节省时间和改证费用，也可按信用证要求酌情处理。

10.其他特殊条款的审核

审查来证中有无与合同规定不符的其他特殊条款，如发现有对我不利的附加特殊条款，一般不宜接受，如对我无不利之处，而且能办到也可酌情灵活掌握。比如信用证中指定船龄、船籍、船公司或不准在某港口转船等条款；1/3正本提单直接寄送客人的条款，如果接受此条款，将随时面临货、款两空的危险，此类条款则是不合理的，带有明显的欺诈性。将客检作为议付文件的条款，接受此条款，受益人正常处理信用证业务的主动权很大程度上掌握在对方手里，影响安全收汇。

（二）信用证的软条款

信用证的软条款是指开证申请人（进口商）在申请开立信用证时，故意设置若干隐蔽性的"陷阱"条款，以便在信用证运作中置受益人（出口商）于完全被动的境地，而开证申请人或开证行则可以随时将受益人置于陷阱而以单据不符为由，解除信用证项下的付款责任。这类条款一般出现在信用证的单据条款和附加条款中，受益人无法掌握主动权，虽然国际商会不赞同在信用证中加注软条款，但它仍然以不同形式出现或隐藏于信用证中。因此对于此类条款，受益人一定要注意审核，不能接受。

信用证软条款类型包括：

（1）船公司、船名、目的港、起运港、验货人、装船日期须待开证人同意，以开证行修改书形式另行通知，受益人才能装船。此条款使卖方装船完全由买方控制。

（2）信用证开出后暂不生效，待进口许可证签发后通知生效，或待货样经申请人确认后生效。此类条款使出口货物能否装运，完全取决于进口商，出口商则处于被动地位。出口商见信用证才能投产，生产难安排，装期紧，出运有困难。

（3）1/3正本提单迳（直）寄开证申请人。买方可能持此单先行将货提走。

（4）使用记名提单，承运人可凭收货人合法身份证明交货，不必提交本提单。

（5）信用证到期地点在开证行所在国，有效期在开证行所在国，使卖方延误寄单，单据寄到开证行时已过议付有效期。信用证限制运输船只、船龄或航线等条款。

（6）含空运提单的条款，提货人签字就可提货，不需交单，货权难以控制。

（7）品质检验证书须由开证申请人或其授权者签发，由开证行核实，并与开证行印签相符。采用买方国商品检验标准，此条款使得卖方由于采用本国标准，而无法达到买方国标准，使信用证失效。

（8）收货收据须由开证申请人签发或核实。此条款使买方拖延验货，使信用证失效。

（三）信用证的条款常见问题

（1）由于疏忽等原因，造成当事人名称、地址打印错误。

（2）信用证的有效期过短，不利于出口商制单结汇。

（3）到期地点不符合惯例。

（4）信用证中汇票条款与贸易合同中不一致。

（5）信用证中关于分批和转运与贸易合同不一致。

（6）信用证中将商品名称、规格、单位、价格等打印错误。

（7）信用证中的单据条款与贸易合同内容相矛盾。

（8）信用证的类型与贸易合同要求不一致。

（四）修改信用证的程序

（1）受益人给开证申请人发改证函，协商改证事宜。

（2）协商一致后，开证申请人填写改证申请书，向开证行提出改证申请。

（3）开证行同意后，向信用证的原通知行发信用证修改书。

（4）原通知行给受益人信用证修改通知书和信用证修改书。

（五）修改信用证的注意事项

受益人在审证过程中如发现信用证内容与合同规定不符，或发现受益人不能接受的条款，应及时提请开证申请人修改。受益人改证要注意以下问题：

（1）受益人要求修改信用证时，应该及时向开证申请人提出，由申请人向开证行提交修改申请书，再由开证行向通知行发出修改通知，然后经通知行通知受益人。

（2）《UCP 600》规定：除另有规定外，凡未经开证行、保兑行（如有）以及受益人同意，信用证既不能修改也不能撤销。对于不可撤销信用证中任何条款的修改，都必须取得当事人的同意后才能生效。

（3）在同一信用证上如有多处需要修改的，应当一次提出，避免多次修改信用证的情况。

（4）《UCP 600》规定：不允许部分接受修改，部分接受修改将被视为拒绝接受修改的通知。如果一份修改通知书中包括多项内容，要么全部接受，要么全部拒绝，部分接受修改中的内容是无效的。

（5）对信用证中非改不可的坚决要改，可改可不改的，或经过适当努力可以办到而并不造成损失的，则可酌情处理。

技能训练

根据合同信息审查本信用证，说明信用证存在的问题及如何修改。

（一）合同信息

2006年2月，西班牙某公司（MAMUT ENTERPRISESAV ADD：tarragona75 - 3er, Barcelona，Spain）与上海工具进出口有限公司（SHANGHAI TOOL IMPORT ＆ EXPORT CO., LTD. ADD：31，ganxiang road shanghai，china）就工具（HAND TOOLS）经过几个回合的磋商，达成如下交易条件：

规格	成交数量	单价
9PC Extra Long Hex Key Set	2 400 SETS	USD 1.76/set
8pc Double Offset Ring Spanner	1 200 SETS	USD 3.10/set

成交价格条件：FOB SHANGHAI

包装条件：9pc Extra Long Hex Key Set，每16套装在一个塑料箱里（plastic carton）；8pc Double Offset Ring Spanner，每10套装在一个塑料箱里（plastic carton）。

装货/装运条件：最迟于2006年3月20日自中国上海港经海运至西班牙的巴塞罗那，不允许分批，允许转船。

保险条件：由买方办理。

付款条件：买方开立100%的即期不可撤销信用证。信用证必须在2006年2月15日以前开到卖方，信用证一直到提单之后的21天内可以在中国议付。

唛头： M. E

　　　BARCELONA

　　　C/NO.1-UP

合同号：RT06242

合同日期：2006年2月5日

（二）信用证

SEQUENCE OF TOTAL ＊27：1 / 1

FORM OF DOC，CREDIT ＊40 A：IRREVOCABLE

DOC. CREDIT NUMBER ＊20：31173

DATE OF ISSUE 31 C：060208

DATE AND PLACE OF EXPIRY ＊31 D：DATE 060404 PLACE SPAIN

APPLICANT ＊50：MAMUT ENTERPRISESAV TARAGONA75−3ER BARCELONA，SPAIN

ISSUING BANK 52A：CREDIT ANDORRA

ANDORRA LA VELLA，ANDORRA

BENEFICIARY ＊59：SHANGHAI TOOL IMPORT ＆ EXPORT CO.，LTD.

　　　　　　　　　31，GANGXIANG ROAD SHANGHAI，CHINA

AMOUNT ＊32 B：CURRENCY EUR AMOUNT 7944.00

AVAILABLE WITH / BY ＊41 D：ANY BANK IN CHINA BY NEGOTIATION

DRAFTS AT... 42 C：AT SIGHT FOR 90PCT OF INVOICE VALUE

DRAWEE 42 A： CREDIT ANDORRA，ANDORRA LA VELLA，ANDORRA

PARTIAL SHIPMENTS 43 P： NOT ALLOWED

TRANSSHIPMENT 43 T： ALLOWED

LOADING ON BOARD 44 A： SHANGHAI PORT，CHINA

FOR TRANSPORTATION TO 44 B：BARCELONA（SPAIN）

LATEST DATE OF SHIPMENT 44 C：060320

DESCRIPT OF GOODS 45 A：HAND TOOLS AS PER CONTRACT NO.： RT06342
DATED FEB.5，2006 FOB SHANGHAI

DOCUMENTS REQUIRED 46 A：

+ SIGNED COMMERCIAL INVOICE，1 ORIGINAL AND 4 COPIES.

+ PACKING LIST，1 ORIGINAL AND 4 COPIES.

+ CERTIFICATE OF ORIGIN GSP FORM A，ISSUED BY THE CHAMBER OF COMMERCE OR OTHER AUTHORITY DULY ENTITLED FOR THIS PURPOSE

+ FULL SET OF OCEAN B/L（2 ORIGINAL AND 5 COPIES）CLEAN ON BOARD，MARKED "FREIGHT PREPAID"，CONSIGNED TO： MAMUT ENTERPRISESAV，TARRAGONA75-3ER BARCELONA，SPAIN，TEL + 376 823 323，FAX + 376 860 914 860 807，NOTIFY：BLUE WATER SHIYFING ESPANA，ER 2NA，A，08003 BARCELONA（SPAIN），TEL 34 93295 4848，FAX 34 93268 1681.

+ INSURANCE POLICY IN TRIPLICATE FOR 110 PERCENT OF THE INVOICE VALUE SHOWING CLAIMS SETTING AGENT AT DESTINATION PORT AND THE CLAIMS ARE PAYABLE IN THE CURRENCY OF THE DRAFT，COVERING ALL RISKS.

CHARGES 71B： ALL BANKING CHARGES OUTSIDE SPAIN ARE FOR
ACCOUNT OF BENEFICIARY.

PERIOD FOR PRESENTATION 48： DOCUMENTS MUST BE PRESENTED WITHIN 15 DAYS AFTER THE DATE OF SHIPMENT BUT WITHIN THE VALIDITY OF THE CREDIT.

INSTRUCTIONS TO THE PAYING/ACCEPTING/NEGOTIATING BANK 78：

1.ALL DOCUMENTS MUST BE FORWARDED TO US IN ONE AIRMAIL

2.A DISCREPANT DOCUMENT FEE OF USD 35.00 BE DEDUCTED FROM PROCEEDS IF THE DISCREPANCIES ARE ACCEPTED.

3.UPON RECEIPT OF ALL DOCUMENTS AND DRAFT IN CONFORMITY WITH THE TERMS AND CONDITIONS OF THIS CREDIT，WE SHALL REMIT THE PROCEEDS TO THE BANK DESIGNATED BY YOU.

SENDER TO RECEIVER INFORMATION 72

THIS CREDIT IS ISSUED SUBJECT TO UNIFORM CUSTOMS AND PRACTICE FOR DOCUMENTARY CREDITS（1993 REVISION）ICC PUBLICATION NO.500

教研交流

1.本任务的重点和难点

重点是信用证的主要内容；国际贸易合同条款与信用证内容的对应关系；信用证出口

结汇需要的单据种类；信用证的审证过程。难点是对信用证的审核，尤其是在信用证审核时及时发现出现的软条款。

2.学生在学习中容易出现的问题

在教学中，按照中职学生的特点和教学的实际情况，我们可以发现学生在以下几方面容易出现问题：学生在审核信用证时，经常审核不出那些与合同不符的条款；学生在审核信用证时，觉得审核出对出口方不利的软条款有难度。

3.教学建议

教师在授课中一定要做到：精讲细练，即要放慢讲解的速度，多讲例题和案例。然后再结合练习题，要求学生多练。同时要运用企业实际的案例，让学生了解《跟单信用证统一惯例》（《UCP 600》）的相关规定。

任务 二 备货

备货是外贸企业根据合同和信用证的规定，采用各种方法准备货物的整个过程。在国际贸易实务中，买卖双方经过交易洽商签订合同后，提供符合合同规定的货物就成为了卖方主要的义务之一。备货是出口合同履行的重要环节，卖方能否按时保质足量备货，直接决定着出口合同履行的成败。在通常情况下，当买卖合同签订以后，出口商就应严格按照合同约定的条件交货。

目前我国的外贸企业主要有两种：一种是生产型企业，一种是贸易型企业，两种类型企业的备货过程是各不相同的。生产型外贸企业是指那些把自己生产的产品销售到国际市场上的外贸企业，其特点是外销货源由本企业生产，即自产自销，其优点是货源供应稳定可靠，经营方式灵活多样，对国际市场的应变能力较强。在规模较小的生产型外贸企业中，主管业务人员要负责从生产到销售的全部过程，当然，备货的全部工作也要由其独立完成。需要备货时，由出口部门向生产部门下达生产加工联系单（也称生产加工通知单），要求该部门按照联系单的要求，对本企业外销的货物进行生产加工、整理清点、包装、刷唛以及办理报验等各项工作。贸易型外贸企业是指那些没有自己的生产加工部门或生产基地的外贸企业，其特点是外销货源向国内相关生产企业订购或委托其加工，即从本国市场购买货物后再销往国际市场，其优点是货源供应渠道广泛，可选择的余地大。

任务描述

大连星海进出口贸易公司与德国 ABC IMPORTS CO. LTD 签订蓝灰色全棉牛仔裙20 000件（36#、38#、40#、42#各5 000件）的进出口贸易合同，大连星海进出口贸易公司收到德国 ABC IMPORTS CO. LTD 的不可撤销跟单远期信用证（L/C No. HC201008016）后，开始进行出口备货。

任务分析

贸易型外贸企业在综合考虑上述条件之后，就可以根据自身的需要确定若干个出口生产企业和货源供应基地作为国内供货商。当外贸企业与外商签订了外销合同后，就可以根据合同内容联系国内供货商开始备货。其备货过程如下：

（一）与国内供货商签订购销（加工）合同

大连星海进出口贸易公司收到德国 ABC IMPORTS CO. LTD 的不可撤销跟单远期信用证后，与国内供应商大连佳美制衣有限公司签订加工合同。

（二）密切跟踪货物的生产情况

外贸企业与国内供货商签订购销（加工）合同后，要及时了解货物的生产加工情况，必要时可派员驻厂检查指导，及时协调和解决生产中可能出现的各种问题，从而保证能够按时保质足量备货。

（三）注意内购与外销合同的有机衔接

外贸企业在与国内供货商签订购销（加工）合同时，要特别注意与外销合同的有机衔接。有关货物名称、品质、数量、包装的条款两个合同要完全一致，有时为了慎重起见，国内合同的品质标准订得还要略高一些，对于易损货物，为了弥补在运输和仓储中的自然损耗，保证足量装运，往往还要把数量多订一些。国内合同的交货期一定要比外销合同提前，至于提前多少天，要综合考虑各方面的情况来加以确定。如果提前太多，既占用了资金，降低了资金周转率，也增加了仓储等各项费用，还增加了货物自然损耗和遭受各种意外损失的风险。如果提前的时间太少，不足以保证妥善办理装运前各项事宜（如报验、投保、报关等），就会造成无法按时装运，妨碍出口合同的正常履行。

相关知识

（一）备货注意事项

备货工作主要包括：出口部门及时与生产部门或供货部门安排货物的生产、加工、收购和催交，核实应交货物的品质、规格、数量和交运时间，并进行必要的包装、刷制运输标志以及办理申报检验和领证等。备货时应注意以下几个问题：

1.备货的时间

备货要及时，应严格按照销售合同以及信用证上规定的交货期限。对生产加工中的货物应限定交货期限；对国内运输过程中损坏的货物应及时加工整理；外埠货物应提早运到港口仓库或附近仓库。

2.货物的质量

保证货物品质、花色品种符合合同规定。交付货物的品质、规格，必须符合合同或信用证的要求，如果不符，应进行筛选、加工和整理直至达到要求。

3.货物的数量

保证货物数量符合合同规定，而且应留有余地，以备必要时作为调换之用，如果合同中有约定溢短装条款时，则应考虑满足多装货短装部分的需要。另外对货物的出厂数、仓库数、进港数、装船数都应严格掌握，留有记录。避免多装、少装、漏装、错装。

4.货物的包装

保证货物包装符合合同规定，应核查包装材料、包装方法、填充物、形状、单件重、内包装件数是否正确，外包装是否牢固，有无破漏、松腰、开包、水渍，运输标志是否正确等。如发现包装不良或有破损，应及时修整或调换。另外对于货物的运输标志，应严格符合合同的规定。要求清楚、醒目、大小适当，注意防止错刷、漏刷和外文字母倒置等问题的出现。

5.货物外包装的运输标志

正确刷制运输标志，主要对如下四个方面有重要作用：一是符合运输要求和有关国家海关的规定；二是保证货物被适当处置；三是掩盖包装内货物的性质；四是帮助收货人识别货物。具体来说，应注意以下几点：

（1）运输标志应符合有关进出口国家的规定。

（2）包装上的运输标志应与所有出口单据上对运输标志的描述一致。

（3）有些国家海关要求所有的包装箱必须单独注明重量和尺寸，甚至用公制，或英语或目的国的语言注明。为此，应注意有关国家的海关规定。

（4）运输标志应该在包装箱的表面都刷制，以防货物丢失。

（5）运输标志应简洁，并且能提供充分的运输信息。

（6）在运输包装上的运输标志应大小尺寸适中，使相关人员在一定距离内能够看清楚。根据国外的通行做法，就一般标准箱包装，刷制的运输包装字母的尺寸至少为4厘米高。

（7）所有包装上的运输标志必须用防水墨汁刷写。

（二）贸易型外贸企业如何选择国内供货商

贸易型外贸企业要想顺利履行出口合同，就必须有稳定可靠、适销对路的出口货源。为此，外贸公司应从国内生产实际出发，根据客户的要求来寻找和选择定点生产企业和货源供应基地。外贸公司选择国内供货商的标准和条件主要有如下几点：

1.具备生产出口产品的各种能力和条件

一个企业是否具备生产出口产品的各种能力和条件，主要是看其生产能力、技术工艺水平和管理水平。出口产品通常都是数量较大且交货期较短，只有生产能力较强的企业才能完成任务；国际市场上销售的产品对技术含量和工艺水平要求都较高，这就要求生产企业具有较高的技术工艺水平；企业的管理水平直接决定着企业生产经营活动的结果，只有管理水平较高的企业才能胜任出口产品生产的要求。

2.确保货物品质

货物品质早已成为国际市场竞争的焦点。作为出口生产企业和货源供应基地，必须把产品质量放在企业生产经营的首要位置。企业只有采用国际通行的质量管理体系及科学的质量管理方法，其产品才能被外商所接受，进而打入国际市场。此外，出口生产企业和货源供应基地的产品质量不仅要达到外销标准，而且更重要的是要能保持产品质量的持续稳定，绝不能出现品质忽高忽低的现象。

3.产品价格具有竞争力

在品质相同的情况下，出口产品能否成交主要取决于价格的高低。因此，外贸企业在选择出口生产企业和货源供应基地时，必须考核其开发运用新技术、提高劳动生产率、降低生产成本的能力。只有在保证质量的前提下报出比竞争对手更低的价格，在国际市场上才会有竞争力。对于我国大量出口的劳动密集型产品来说，价格竞争更显重要。

4.位置适宜，交通便利

外贸企业在选择出口生产企业和货源供应基地时，还应考虑其地理位置和交通便利等因素，因为远距离的运输势必会大量增加出口产品的成本，进而削弱其竞争力。通常情况下，选择出口生产企业和货源供应基地应尽可能靠近出口口岸或交通枢纽，从而使出口产品能迅速、方便、经济地运抵指定的发货地，以达到节省运费、降低成本的目的。

5.资信程度较高，信誉良好

一般来说，出口产品大多是在装运后才能结汇。出于多方面的考虑，外贸企业大多也是在结汇后才将货款付给国内供货商。因此，作为出口生产企业和货源供应基地必须具有良好的资信条件和资金供应渠道，有能力垫付资金先行投入生产，保证按时交货。同时，作为出口生产企业和货源供应基地还必须具有良好的信誉，这主要是指能够保质足量按时交货，以及能够提供优质的售后服务等。

教研交流

1.本任务的重点与难点

重点是备货工作的主要内容；难点是备货工作各环节的实际操作方法和业务技能。

2.学生在学习中容易出现的问题

在教学中，学生在以下几方面容易出现问题：对备货工作重视不够；对备货工作各环节的主要内容缺乏明确的认识和系统的了解；根据买卖合同和信用证的要求独立完成备货工作有相当大的难度。

3.教学建议

主讲教师要运用企业实际的案例，为学生准备充分的训练材料，包括外销合同、信用证、国内订货合同及各种补充材料，通过边学边练掌握备货的基本技能。教师要紧密结合当前的业务实际，突出实效性，其中的原材料、产成品等价格和各种费用及外汇牌价都应基本符合现实业务情况，使学员有身临其境般的真实业务训练和体验。

任务 三

订舱

任务描述

上海星浦公司（SHANGHAI XINGPU ENTERPRISE CO. LTD）向中国台湾景通公司（JING TONG ENTERPRISE CO. LTD）出口一批床上用品，重量2 641KG，体积26CBM，从上海运往台湾台中（TAICHUNG）。上海星浦公司委托樊城货代公司进行订舱，要求2010年8月25日前装运。

任务分析

订舱是预先从船公司拿到舱位，因此，你要告诉船公司，"谁"要在"何时""何地"把"多少数量"的"什么货物"运往"何处"等信息。这些信息来自于货主提交给货代的单据之中。当然在这之前，你要到船公司的网站上，查询是否有客户所需要的船期。因此，完成这笔业务操作的流程是：

（一）根据货主需要的船期，查阅船公司船期表

打开船公司网站，根据交货时间要求，查阅是否有符合需求的船期。

（二）货主向货代递交货运委托书、发票等单据

实践中，有些货主递交货物明细表代替货运委托书。从货物明细表中可以获得当事人信息、货物信息、港口信息等。

（三）网络预定舱，取得配舱回执

在船公司网站相关页面填写预定舱信息，包括发货人（Shipper）、收货人（Consignee）、通知人（Notrify Party）、装运港（Port of Loading）、卸货港（Port of Diacharge）、交货地（Place of Delivery）、集装箱类型（Container Type）、提单种类（Bill of Loading）、集装箱交接方式（Delivery Type）等。

通过船公司网站"舱单查询"可以获得配舱回执信息，包括船名、航次和关单号。

（四）缮制集装箱托运联单，确认订舱

集装箱托运联单以前为十联单，为简化手续不同的港口使用的联数不同，上海港使用五联，大连港使用七联。

随着电子信息管理系统的开发，集装箱托运单在货运代理电子化管理系统中可以自动生成，生成前相关信息已经输入进去了，只是箱数或件数大写是根据填写的箱数的阿拉伯数字自动翻译生成。

相关知识

（一）集装箱类型

在订舱之前首先要为货主的货物选择承装的集装箱种类及型号。集装箱有九类，分别装载不同种类的货物，具体见表8-1。在国际货物运输单据中，关于集装箱类型使用的都是英文缩写。

表8-1　　　　　　　　　　　　　　主要集装箱类型

箱类中文名称	箱类英文名称	箱类英文名称缩写	装载货物类型
普柜	general purpose	GP	普货
高柜/超高干柜	high cube container	HC/HQ	体积大的货物
框架集装箱	flat rack container	FR	重型机械等大型货
开顶集装箱	open top container	OT	重型机械等大型货，特别适合平板玻璃
保温冷冻集装箱	reefer container	RF	需要温度控制的货物
罐式集装箱	tank container	TK	酒类、油类等液体货

（二）普通集装箱箱型

普通集装箱箱型见表8-2。

表8-2 普通集装箱箱型

型号（GP）	容积M³	有效容积M³	一般载重（吨）
20′	33	25	17.5
40′	68	55	22
40′高	76	68	22
45′	96	86	29
10′	14.9	12	9

（三）集装箱计算单位

20英尺换算单位（Twenty-feet Equivalent Units，TEU），是计算集装箱箱数的换算单位。目前各国大部分集装箱运输，都采用20英尺和40英尺长的两种集装箱。为使集装箱箱数计算统一化，把20英尺集装箱作为一个计算单位，即1个40英尺集装箱作为两个TEU计算，以利统一计算集装箱的营运量。

（四）集装箱交接方式

集装箱交接方式（Receiving and Delivery System）是指船公司与货主（或货代）之间的交接方式，包括到门（Door）交接货、在集装箱装卸区堆场（CY）交接货、在货运站（CFS）交接货并做拼箱或拆箱，由此可根据交货和接货的地点不同进行各种搭配。目前船公司基本都是在堆场交接整箱货，所以基本都是CY-CY。

技能训练

（1）查三家船公司某年月日从上海到韩国釜山的船期

（2）某公司收到2票货物代理，一票货物的体积是13立方米，重量2 461千克；另一票货物的体积是40立方米，重量为7 261千克，货物为床上用品，请选择箱类和箱型。

教研交流

1.本任务的重点

重点是出口订舱相关流程。

2.学生在学习中容易出现的问题

部分学生对出口订舱流程的了解不够深刻；对集装箱托运单中的卸货港、收货地、交货地的理解存在困难。

3.教学建议

教师在授课中一定要做到循序渐进，即按照认识事物的顺序，有逻辑、分层次讲述、举例并多加实训训练；要运用企业实际的案例及亲手操作，让学生了解相关出口订舱知识；要做好课后的作业批改工作。

单元九　出口报检、报关与投保

学习目标

- 明确出口报检的类型及业务流程
- 明确出口报关的业务流程
- 明确出口投保的业务流程

任务一　出口报检

出口报检是对外贸易业务的一个重要环节。通过商品检验，借以鉴定商品的品质、数量和包装是否符合合同规定及出口国家相关规定。凡需要法定检验出口的货物，出口企业应填制出口报检申请单，向商检局办理报检手续；非法定检验出口的货物，买方要求出具检验证书的，也应向商检局办理报检手续。货物经检验合格，即由商检局发给检验证书，进出口公司应在检验证书规定的有效期内将货物出运。

任务描述

大连永达进出口有限公司与加拿大 FASHION CO. LTD 公司就棉制女式 T 恤衫（95% COTTON）达成出口协议。按信用证规定，出口方需要提交品质检验证书。在货物备妥后，出口企业办理出口报检手续。

任务分析

（一）判断出口商品报检的类型

出口商品检验分为强制性检验和鉴定式检验两类。强制性检验简称法检，是指对列入《出入境检验检疫机构实施检验检疫的进出境商品目录》的商品必须经出入境检验检疫机构实施强制性检验检疫。鉴定式检验是指检验机构根据对外贸易关系人或者外国检验机构的委托而进行的进出口商品检验鉴定业务，适用于非法检商品。

登录中国海关网上服务大厅，在"商品信息查询"栏下搜索"其他棉制针织或钩编女式 T 恤衫"，其"监管条件"显示为"AB"，其中 A 是指"进境法检"，B 是指"出口法检"。可见，该商品属于强制性检验的商品，即不管进口方是否要求提供检验证书，出口方都需要报检。

（二）电子报检

出口企业可以自行报检，也可以通过签署"代理报检委托书"，委托代理报检企业代为报检。

报检企业可以通过中国检验检疫电子业务平台进行报检，登录中国检验检疫电子业务网（http：//www.eciq.cn/）后，在相关页面进行报检操作；也可以通过第三方平台（例如信城通平台 http：//www.itownet.cn）或者采用电子申报系统（例如九城电子申报系统）进行报检。

（三）准备单据

电子报检受理后，报检员通过电子报检软件打印出《出境货物报检单》，《出境货物报检单》须加盖出口企业公章，若委托代理企业报检则盖代理报检企业章。报检单内容按电子输机的内容填写，务必保持一致；注明随附单据。若在本地口岸报关出口，则选择申领"通关单"，若在异地口岸报关出口，则选择申领"换证凭单"，即由货代在异地口岸换正式的通关单）。备齐出口合同（复印件或传真件）、出口形式发票（复印件或传真件）、信用证、发票、装箱单、委托书、工厂检验报告（原件，盖工厂检验章）、出境纺织制成品需提供的标志查验记录、该批货物外包装生产厂提供的出口包装证（由商检局签发，复印件即可；若出口包装为纸箱，则还需纸箱厂向商检局申请办理出境货物运输包装性能检验结果单，办好后需将原件交商检局，根据此批货物所用纸箱数进行相应的核销）、实施质量许可、卫生注册的提供注册编号或许可证编号、预包装食品提供进出口食品标签审核证书或标签审核受理决定书等报检单证，在检验人员下厂检验时提交。

（四）领取单证

出口货物经检验检疫合格后，报检员带规定的资料到检验检疫机构办理放行手续。

领取检验证书后，要认真核对其内容是否与进出口合同和信用证有关条款的规定一致。

相关知识

出口商品报验的注意事项

（1）报验人必须按规定认真填写要求报验的检验申请单，每份申请单只限填报一批商品，做到书写工整，字迹清楚，不得随意涂改，项目填写齐全，译文准确，中英文内容一致，加盖报验单位公章。

（2）报验人对所需检验证书的内容如有特殊要求的应预先在检验申请单上申明。

（3）申请报验时应按规定缴纳检验费。

（4）报验人应预先约定抽样检验、鉴定的时间并提供进行抽样和检验鉴定等必要的工作条件。

（5）已报验的出口商品，如国外开来信用证修改函时，凡涉及与商检有关的条款，报验单位须及时将修改函送商检机构，办理更改手续。

（6）报验人如因特殊原因需撤销报验时，经书面申明原因后，可办理撤销。

（7）报验人领取证书时应如实签署姓名和领证时间。对证书应妥善保管，不得丢失。

各类证书应各按其特定的范围使用，不得混用。

（8）出境货物最迟应在出口报关或装运前7天报检，对于个别检验检疫周期较长的货物，应留有相应的检验检疫时间；发货人应在签发证书之日起60天内报运出口，逾期报运出口的，应重新申报检验。

教研交流

1.本任务的重点和难点

重点是出口报检的类型及业务流程，难点是填写出境货物报检单。

2.学生在学习中容易出现的问题

由于出境货物报检单上的项目与合同、信用证等文件上的名称并不完全一致，学生对部分项目的理解可能出现偏差。

3.教学建议

教师在授课中要有逻辑、分层次讲述、举例并多加实训训练。要结合中国检验检疫电子业务网和第三方平台的相关操作手册、运用企业实际案例等，使学生掌握出口报检的相关技能。

任务二 出口报关

报关是指进出境的运输工具负责人、进出口货物的收发货人或代理人向海关提出办理进出口货物手续的过程。向海关报关的人或单位称之为报关人。需要向海关办理报关手续的企事业单位，应向海关提出书面申请，经海关审核并办理注册登记手续。办理了上述手续的单位，可以直接向海关办理进出境运输工具、货物的报关手续，进出口收发货人指派的具体向海关办理报关手续的人，应经过海关培训、考核；未向海关办理注册登记手续的进出口收发货人，不得直接向海关办理报关手续，而应委托具有报关业务资格的报关企业或国际货运代理公司代理报关。

任务描述

2015年10月22日，大连兴和酵母有限公司（货主，代码：2102961737）出口活性干酵母一批，委托大连鸿元国际货运代理有限公司（代码：2102980323）代为向海关申报。

任务分析

（一）准备出口报关单证

准备好报关用的单证是保证出口货物顺利通关的基础。一般情况下，报关应备单证除出口货物报关单外，主要包括：发票、箱单、出口装货单、原产地证、出境货物通关单、合同复印件和报关委托书、出口收汇核销单及海关监管条件所涉及的各类证件。

（二）录入报关单信息

进入申报地海关的"电子口岸预录入申报系统"，录入报关单的相关信息。

将电子数据申报到海关通关管理处审单中心 H2000 系统。如果发送成功，计算机则显示"申报成功"。计算机审单之后，报关员可到 H2000 系统中查"回执"看审核后的结果。结果有两种：一是电子退单；二是接单交单。电子退单的，报关员查明原因修改后重新申报。接单交单的，如需人工审单，系统自动对外发布"等待处理"的指令。人工审单的结果出现"现场交单"或"办理放行交单手续"的，报关员办理现场通关预备。出现"退回修改通知"的，报关员要将需修改内容修改后重新申报。还有出现"与审单中心联系"的，报关员要了解实际情况，需补充资料的，报关员要联系客户，取得相关资料送审单中心。

（三）现场申报

收到"现场交单"回执后，打印纸质报关单并加盖报关单位（鸿元货代）的报关专用章，同时报关员签名，到申报地海关办理现场申报。审核无误的，海关关员在纸质报关单上盖章。

（四）查验

查验是指海关在接受报关单位的申报并以已经审核的申报单位为依据，通过对出口货物进行实际的核查，以确定其报关单证申报的内容是否与实际进出口的货物相符的一种监管方式。通过核对实际货物与报关单证来验证申报环节所申报的内容与查证的单、货是否一致，通过实际的查验发现申报审单环节所不能发现的有无瞒报、伪报和申报不实等问题；通过查验可以验证申报审单环节提出的疑点，为征税、统计和后续管理提供可靠的监管依据。

如果报关单位接到海关开出的查验通知单，应根据海关要求，配合做好查验工作。海关查验货物后，均要填写一份验货记录。验货记录一般包括查验时间、地点、进出口货物的收发货人或其代理人名称、申报的货物情况，查验货物的运输包装情况（如运输工具名称、集装箱号、尺码和封号）、货物的名称、规格型号等。

（五）征税

需要缴税的商品，核定税额后打印税单并盖章。报关员将税单给货主（大连兴和酵母有限公司）要求其到银行缴纳税费。缴税完毕后，拿回执到海关大厅。

（六）放行

对于一般出口货物，在发货人或其代理人如实向海关申报，并如数缴纳应缴税款和有关规费后，海关在出口装货单上盖"海关放行章"，出口货物的发货人凭以装船起运出境。

出口货物离境后，船代向海关发送舱单，海关核对报关单电子数据与舱单数据一致后，办理结关手续。如果报关单信息由"已放行"变成"已结关"，此时可签发出口结关退税核销单、外汇核销单、出口收汇核销单。同时，海关向有关银行和外汇管理部门及国家税务部门发送证明联的电子数据。

相关知识

（一）进出口税则中的商品分类

我国海关自 1992 年 1 月 1 日起采用《商品名称及编码协调制度》（Harmonized

Commodity Description and Coding System，H.S，以下简称《协调制度》），以其为基础结合我国实际进出口货物情况，编制了《中华人民共和国海关进出口税则》（以下简称《进出口税则》）和《中华人民共和国海关统计商品目录》（以下简称《统计商品目录》），自2007年1月1日起我国采用2007版《协调制度》，并据此编制了2007年版《进出口税则》和《统计商品目录》。

《进出口税则》中的每项税号后都列出了该商品的税率；《统计商品目录》中每项商品编号后列出了该商品的计量单位，并增加了第二十二类"特殊交易品及未分类商品"，分别在九十八章、九十九章。

《协调制度》中的商品编码有6位数。我国则有8位数，后两位是根据我国实际情况加入的"本国子目"。商品编码的前两位代表章，三四位代表此种商品在该章的位置（即顺序号），这四位我们通常称之为品目。后四位叫作子目，其中第五位数字叫作一级子目，第六位数字叫二级子目，第七位数字叫三级子目，第八位数字叫四级子目。若第5~8位上出现数字"9"，通常情况下代表具体列名的商品，用来添加新商品。若第5~8位上出现数字"0"，代表无此级子目。

编码中涉及类注、章注、子目注释，注释是具有法律效力的商品归类依据，使用顺序是子目注释优先，章注次之，类注最后。使用注释的目的是限定各类、章、品目和子目所属商品的准确范围，保证商品准确归类。

（二）出口关税

出口关税指海关以出境货物、物品为课税对象所征收的关税。征收出口关税的主要目的是限制、调控某些商品的过度、无序出口，特别是防止本国一些重要自然资源和原材料的无序出口，或者保证国内市场供应。

为鼓励出口，世界各国一般不征收出口税或仅对少数商品征收出口税。

我国出口关税主要以从价税为计征标准。根据实际情况，我国还在一定时期内对部分出口商品临时开征出口暂定关税或者在不同阶段实行不同的出口暂定关税税率或者加征特别出口关税。出口关税税额的计算公式为：

应征出口关税税额=出口货物完税价格×出口关税税率

出口货物完税价格=FOB（中国境内口岸）÷（1+出口关税税率）

技能训练

（一）查询下列商品在《进出口税则》中的税号

（1）化妆用的指甲油。

（2）"鱼泉"榨菜。

（3）餐桌用的台布，手工钩编而成。

（4）生的甜杏仁，零售包装。

（5）塑料制的电灯开关板。

（6）木制的中国象棋。

（7）"晓芹"牌盐渍海参。

（8）红木制家具，卧室用。

（9）配药用干的西洋参片，零售包装，20克/袋。

（10）冷餐的水蜜桃。

（二）根据教师提供的素材，填制出口货物报关单

教研交流

1.本任务的重点和难点

重点是出口报关流程，难点是出口货物电子报关的操作。

2.学生在学习中容易出现的问题

由于出口报关单上的项目与合同、信用证等文件上的名称并不完全一致，学生对部分项目的理解可能出现偏差。

3.教学建议

教师在授课中要有逻辑、分层次讲述、举例并多加实训训练。要结合"电子口岸预录入申报系统"或报关单范本，运用企业实际案例等，使学生掌握出口报关的相关技能。

任务 三

出口投保

凡以 CIF 和 CIP 条件达成的进出口交易，办理投保手续并交付保险单证是出口方的义务。以 DAT、DAP 和 DDP 条件达成的进出口交易，投保不是出口方的义务，但出口方出于防范风险的需要，仍然会将货物投保。

任务描述

大连永达进出口公司（DALIAN YONGDA IMP.& EXP. CO.，Address：100 Shengli Road Dalian China）与英国曼彻斯特的 GETS IMPORTS CO. LTD. 就全棉床单（100% COTTON BED SHEET）达成出口合同，主要交易条件如下：

Unit price：USD 12 per piece CIF MANCHESTER；

Quantity：1 000 cartons

Packing：20 pieces / ctn

Shipment：from Dalian to Manchester not later than June 30，2012

Insurance：For 110 percent of the invoice value covering ALL RISKS & WAR RISK

任务分析

（一）填制"海运出口货物投保单"或"运输险投保申请单"

根据合同或信用证的规定，在备齐货物确定装船出运后（一般是在收到船公司有关配船的资料后，如经船公司签署的配舱回单），出口公司应该在货物装船前向保险公司填制一份"海运出口货物投保单"或"运输险投保申请单"，这是保险公司接受投保、出具保单的依据。投保人投保时，应在投保单中列明货物名称、运输标志、包装及数量、保险金

额、保险险别、运输工具、开航日期、提单号等。

（二）保险公司审核是否承保

保险公司收到出口公司递交的投保单后，根据有关规定，经审核后确定是否承保。

（三）保险公司发回承保回执

保险公司如同意承保，则向投保人发回承保回执，列明保单号码、保单日期、投保日期等，并向投保人收取保费。

（四）保险公司签发保险单

保险单一般由保险公司审单员根据投保人提供的投保单等材料进行缮制，但也有个别保险公司由投保人代其填制保险单的相关栏目内容，再由保险公司填制剩余栏目，签章后生效。投保人收到保险单后，要认真核对其内容是否与进出口合同和信用证有关条款的规定一致。

相关知识

（一）填制投保单的注意事项

（1）"被保险人"一般填出口公司的名称，待交单结汇时，卖方将保险单背书转让给买方。如信用证规定被保险人为受益人以外第三方，或作成"To Order of……"，应视情况确定接受与否。在 FOB 或 CFR 价格条件下，如国外买方委托卖方代办保险，被保险人栏可做成"×××（卖方）On Behalf of ×××（买方）"，并且由卖方按此形式背书。此时，卖方可凭保险公司出示的保费收据（Premium Receipt）作为向买方收费的凭证。

（2）"保险金额"应按进出口合同规定的加成比例计算，但当投保加成达到30%时，保险公司一般不予接受。发票如需扣除佣金或折扣，则须按扣除佣金或折扣前的毛值投保。保险金额小数点后进位成整数，而不采用四舍五入法。

（3）"承保险别"应与进出口合同和信用证的规定一致，如果进出口合同和信用证未做规定，可投保"平安险"或"ICC（C）"。

（二）保险单据的种类

保险单据（Insurance Documents）是保险人与投保人之间有关权利与义务关系的书面证明，也是保险人的承保证明。一旦发生保险责任范围内的损失，它就是投保人要求赔偿的依据。保险单据的形式主要有以下4种：

1.保险单

保险单（Insurance Policy），俗称大保险单或正式保险单，它是使用最多的普通保险单，用于承保一个指定的航区内某一批货物发生的损失。世界各地保险公司签发的货物运输保险单，格式或有差异，但其内容基本一致。

（1）保险单正面的内容

第一，证明双方当事人建立保险关系的文字，说明保险人根据投保人的要求，由投保人交付约定的保险费，按照该保险单条件承保货物运输险。

第二，载明投保货物的情况，包括货物品名、标记、数量、包装；承保险别及保险金额；运输工具；保险责任起讫的时间和地点；保险费等。

第三，理赔地点、开立保单的时间和地点，保险人签字等。

（2）保险单背面的内容

保险单背面所列保险条款，是确立保险人与投保人之间有关权利与义务关系的依据。主要包括承保责任范围、除外责任、责任起讫、投保人的义务、索赔期限等。

2.保险凭证

保险凭证（Insurance Certificate），俗称小保险单，它是简化的保险合同，所以它也是保险公司表示接受承保的一种证明文件。保险凭证仅载明投保人名称，投保货物名称、数量、标记，运输工具种类和名称，承保险别，起讫地点和保险金额等，而对保险公司和投保人的权利和义务等方面的详细条款则不予载明，通常按保险公司的保险单所载条款办理。保险凭证具有与保险单同等的效力。但是，如果信用证内规定要提供保险单时，受益人一般不能以保险凭证代替。但为实现单据规范化，不少保险公司已废弃此类保险凭证。

3.联合凭证

联合凭证（Combined Certificate）是指保险公司将承保险别、保险金额和保险编号加列在投保人开具的出口货物商业发票上，作为已经承保的证据。至于其他项目，均以发票上所列明的为准。它是发票与保险单相结合的一种凭证，是最简单的保险单据。这种单据目前只适用于港澳地区部分华商和少数新加坡、马来西亚地区的出口业务，对其他地区，除双方约定外，一般均不使用。

4.预约保险单

预约保险单（Open Policy）是保险公司承保被保险人一定时期内所有进出口货物使用的保险单。这种保险单载明预约保险货物的范围、险别和保险费率以及每批货物的最高保险金额、保险费结算办法等，凡属于其承保范围内的货物一开始运输即自动按照预约保险单的内容条件承保。一般被保险人要将货物的名称、数量、保险金额、运输工具名称种类、航程起点和终点、起航日期等信息以书面形式通知保险公司。

预约保险单对于经常有进出口货物的公司而言十分方便，既可以防止漏保，又可省去逐笔、逐批投保的若干手续。

技能训练

LIAONING IMPORT AND EXPORT CORPORATION 向美国 ABC 贸易公司出口 LADIES LYCRA LONG PANT 共 2 000 件，每件 22 美元 CIF 纽约，纸箱包装，每箱 10 件。合同规定按发票金额加一成投保英国伦敦保险协会 ICC（A）和战争险，运输标志（唛头）为：ABC/NEWYORK/NOS1-200。该货物于 2015 年 10 月 20 日在上海装 "远洋" 号轮运往纽约，发票号码：INV48792。请根据上列条件用英文填制一份保险单。

教研交流

1.本任务的重点和难点

重点是出口投保的业务流程；投保单和保险单填制。难点是投保单和保险单填制。

2.学生在学习中容易出现的问题

在很多教科书中都提到，CIF 和 CIP 贸易术语下，由于货物在装运港装上船或在装运地交给承运人接管后，风险就由卖方转移给了买方，因而卖方保险的性质是 "替买方保险"。很多学生认为，既然是替买方保险，投保单和保险单 "被保险人" 一栏就应该填进口方名称，而不是出口方名称。另外，有些学生经常混淆"保险金额"和"保险费"两个概念。

3.教学建议

教师在授课中要有逻辑、分层次讲述、举例并多加实训训练。要结合贸易术语、进出口合同、信用证的有关规定，并运用企业实际案例等，使学生掌握出口投保的相关技能。

单元十 出口结汇与退税

学习目标

- 熟悉不同支付方式下的结汇业务流程
- 能够填写托收申请书
- 了解出口退税的业务流程

任务一 托收结汇

与信用证相比，托收方式操作简单，方便易行，银行费用低廉，有利于出口商节约费用、控制成本，如果进口方信誉良好，出口方可采取此种方式结算。

在办理托收业务时，委托人要向托收行递交一份托收委托书，在该委托书中列出各种指示，托收行及代收行均按照委托的指示向付款人代收货款。出口商将作为货权凭证的商业单据与汇票一起通过银行向进口商提示，进口商只有在承兑或付款后才能取得货权凭证。托收根据是否随附货运单据，分为跟单托收和光票托收。国际贸易中使用的多为跟单托收。

任务描述

大连费龙股份有限公司（地址：大连黄河路23号；客户编号：009800722；美元账号：009814241011016792）与美国诺顿公司（纽约杰斐逊大街50号）签订了一份出口贸易合同，并已按合同要求装船发运并取得了相应的单据，大连费龙股份有限公司张托先生携带编号为6945的即期汇票一式两份，编号为S945的发票一式三份，编号为045的全套清洁提单一式三份，保险单一式四份，来到中国银行大连分行填写托收申请书，提交单据，办理托收手续。

任务分析

（一）出口人填写托收申请书，提交所要求的单据

出口人在发货后，应填写托收申请书，连同合同规定的有关单据（通常包括汇票、发

票、提单、保险单、箱单、产地证、许可证、装船通知、检验证书等）送交当地一家具有国际结算资质的银行，委托其向进口人收款。

这些单据不仅种类和份数上要满足合同要求，而且单据的内容也应当符合合同的要求。

（二）托收行审查托收申请书及所附单据

托收行收到托收申请书和所附单据后，首先应对其进行审查，包括申请书的内容是否明确、项目是否齐全，单据的种类和份数是否和申请书所列的相符等。

（三）托收行选择并确定代收行

一般情况下，托收行选用出口人应进口人请求而提名的银行作为代收行。如出口人未对代收行作任何提名，则由托收行视具体情况选择在付款人所在国的银行作为代收行。

（四）托收行办理委托代收手续

托收行在选定代收行后，应立即办理委托代收手续。办理委托代收的主要手续时根据出口人的托收申请书填制托收委托书，之后将托收委托书连同出口人递交的汇票和所附单据一次或分次寄往代收行（为防止遗失，最好分两次航寄）。每次航寄时，都应在托收委托书上列明本次随寄的汇票号码、金额汇票、付款人名称、地址及所附单据名称及份数。

（五）代收行审查托收委托书和有关单据

如同托收行选择代收行一样，代收行也有选择的权利。如果它在核对单据和审查托收委托书的内容后，认为难以按要求行事或是不愿按要求行事时，可以立即通知托收行，或同时将单据和委托书退回至托收行，让托收行重新选择代收行。如果代收行认为可以也愿意代为收款时，则发一份回单给托收行，作为代收行接受委托的凭证（如发现单据有遗漏或短少时，也应及时通知托收行）。

（六）代收行通知进口人并向其提示票据和/或单据

代收行经审查，一旦确定托收委托书及所附汇票、单据无误，并愿意按照托收委托书的要求行事，应立即填制代收通知书，以通知进口人验单付款或承兑。在实际业务中，代收通知书通常一式多份，除代收行自留备查和送交进口人外，另有 份则作为回单寄托收行。代收行通知进口人时，一般将汇票和通知书一起送交进口人。

（七）进口人验单、付款、承兑和领取单据

进口人接到代收行通知后，应立即到银行查验单据。如单据不符合同规定，进口人可以表示拒付，但要说明拒付的理由，即：列明单据的不符点，以便代收行及时通知托收行转告委托人，使委托人得以通过托收行向代收行作出进一步的指示，对货物、单据进行及时的处理；如单据合格，则进口人应向代收行付款或承兑，远期汇票在承兑后付款，然后代收行按照托收委托书的指示在进口人付款或承兑后将单据交给进口人。

进口人凭提单提取货物后，如果货物不符，进口人可以凭有关单据向各相关责任方提出赔偿要求：若由承运人的失误引起，可凭提单向船公司要求赔偿；若属保险公司的承保责任，可凭保险单向保险公司索赔；若货物原装不良系出口人的责任，则可凭到货的检验证书和买卖合同向出口人提出索赔。

（八）代收行通知托收行有关客户的付款或承兑信息

在付款交单条件下，代收行将通知托收行"货款已收妥"或进口人"拒付"的信息，并将收妥的款项贷记托收行账户或托收行指定的账户，或在进口人拒付的情况下，将单据退回托收行；或在承兑交单条件下，通知托收行已承兑或未承兑、拒绝承兑的信息。

（九）托收行将进口人的有关款项或付款信息交出口人

在付款交单条件下，托收行将已收妥货款交给进口人；或在进口人拒付的情况下，通知出口人关于进口人"拒付"的信息，并将单据退回托收行；或在承兑交单条件下，托收行通知出口方有关进口人已承兑或未承兑、拒绝承兑的信息。

相关知识

（一）选择代收行的原则

一般情况下，托收行选用出口人应进口人请求而提名的银行作为代收行。如出口人未对代收行作任何提名，则由托收行视具体情况选择在付款人所在国的银行作为代收行。托收行在选定代收行时，一般遵循以下原则：

（1）在付款地有联行或分支机构，则由联行或分支机构代收行。

（2）在付款地无联行或分支机构，则选择关系密切、资信较好的有账户往来的银行或代理行作为代收行。

（3）如进口人的账户行资信较好，尽管托收行与之关系不甚密切，但考虑到进口人可能利用其账户行对他的信任，要求借单或其他的资金融通，也可考虑选择作为代收行。

（4）在出口人应进口人的要求，指定进口人往来银行为代收行时，如指定银行的资信较好或与托收行的关系密切，则可确定其为代收行；但是，如指定的银行资信不好或情况不明或与托收行往来甚少，选其为代收行有一定风险，则托收行可不管进口人的提名。

（二）跟单托收的风险及其防范

托收的基本特征是商业信用，而商业信用的可靠性一般低于银行信用，所以在国际贸易中只能是有条件地使用。

1.贸易双方的主要风险

托收业务中的银行仅提供服务，而不提供任何信用和担保。银行在传递单据、收取款项的过程中，既不保证付款人一定付款，也不负责审查单据是否齐全、是否符合买卖合同的规定。对货物到达目的地后，遇到进口人拒不赎单而导致的无人提货和办理进口手续等情形，除非事先征得银行同意，银行也无照管货物之责。所以，托收方式作为一种国际贸易结算方式，对出口人有较大风险，对进口人也有一定风险。

（1）出口方的主要风险

在跟单托收中，出口方先向进口方发货所依靠的是进口方的信誉，相信进口方在被提示合格单据时，会履行合同规定的付款或承兑及付款义务。倘若进口方能按期履约，则结算顺利进行。但如进口方违约，或故意挑剔拒绝承兑和／或拒绝付款，或因种种情况无力付款，则出口方将陷于极为被动的局面。

常见的出口方的风险有：

①进口人破产、倒闭或失去偿付能力。

②进口地货物价格下跌，或产生不利于货物的其他情形，进口方借口拒不付款或要求降价后付款，或者拒绝承兑，或者承兑到期后仍拒绝付款。

③进口人借口出口人交付货物的品质、数量、包装、时间等不符合买卖合同的规定，拒绝履行付款义务，或要求降低价格，甚至反向出口人索赔。

④进口人事先未得到进口许可证或未申请到外汇，或者进口国实施进口管制或外汇管制，致使货物到达目的地时被禁止进口或被没收处罚。

⑤进口人在承兑交单（D/A）方式下凭承兑汇票取得单据提取货物后，到期拒付，出口人虽可以凭进口人承兑的汇票要求其承担法律责任，但此时的进口人往往已经破产、倒闭或人去楼空，出口人费尽周折，最终仍落得"货款两空"。

（2）进口方的主要风险

跟单托收业务中，由于银行并不担保出口方会按买卖合同交货，也不负责审单，即使审单，也只是审核单据表面是否与合同一致。所以进口方仍可能面临以下风险：

①在按合同规定对出口人通过银行提示的合格单据付款或承兑付款或承兑后，凭单提到的货物与合同不符或根本是伪劣产品。

②承兑了远期付款交单项下的汇票后，到期不能从代收行处取得单据，而自己却已承担了到期偿付汇票金额的责任。

2.跟单托收的风险防范

由于跟单托收有利于进口方付款人、不利于出口方收款人的显著特点，因此，跟单托收的风险主要是指出口方收款人的风险。作为出口方收款人，必须把握以下几个主要方面：

（1）调查进口方付款人的资信状况和经营作风。具体的调查途径包括上网查询、通过银行查询和通过专业的咨询公司调查。

（2）了解出口商品在进口国的市场动态。

（3）熟悉进口国的贸易管制和外汇管理法规。

（4）了解进口国习惯性贸易做法。

（5）使用适当的贸易术语，争取由出口方办理保险。若商品的"行情"正走"下坡路"，进口人早就有毁约的打算，在货物装运时，进口人可能不办理投保手续。这时，虽然出口人有权与进口人交涉，但往往收效甚微。即使进口人已办理了保险，但由于保险单在进口人手中，虽运输单据因进口人的拒付仍为出口人所掌握，但要向保险人索赔，除非是进口人将保险单转让给出口人；否则，出口人无法取得保险公司的赔款，而往往在这时，双方关系已经破裂，进口人能否合作，转让保险单给出口人很成问题。因此，较为妥当的办法是出口人自行办理保险。

（6）办理出口信用保险。出口信用保险是我国政府为了推动、鼓励出口贸易，保障出口企业的收汇安全而开展的一项由国家财政提供保险准备金的政策性保险业务，一般适用于付款期限不超过180天的承兑交单（D/A）、赊销（O/A）等结算方式项下的保险。出口信用保险可承报商业风险和政治风险。

技能训练

在2005年春季广州出口商品交易会上，我国华振进出口贸易公司（简称华振公司）与尼日利亚日德兰实业公司（日德兰公司）经过友好洽商，就出口化工产品聚乙烯达成一份合同，数量为1 000吨，采用CFR价格，每吨400美元，总金额40万美元，交货期为7～9月，付款方式为即期跟单托收（D／P at sight），由买方指定代收行，不允许分批装运。同时，合同中关于装运货物的品质条款规定"双方同意以装运港中国进出口商品检验局签发的品质和数（重）量检验证书作为议付单据的一部分。买方有权对货物的品质、数（重）量进行复验，复验费用由买方负担。"

根据上述资料模拟出口托收的业务流程。

教研交流

1.本任务的重点和难点

重点是托收结汇的业务流程。难点是跟单托收申请书的填写；跟单托收的风险防范。

2.学生在学习中容易出现的问题

由于托收申请书的项目与合同、信用证等文件上的名称并不完全一致，学生对部分项目的理解可能出现偏差。

3.教学建议

教师在授课中要有逻辑、分层次讲述、举例并多加实训训练。要回顾单元四任务二的有关内容，结合进出口合同的有关规定，并运用企业实际案例等，使学生掌握跟单托收的相关技能。

任务 二
信用证结汇

任务描述

大连新华贸易公司在货物装船后，按时准备好符合信用证要求的各种单据，在信用证有效期内向议付银行中国银行大连分行交单。

任务分析

（一）分析结汇需要准备的单据

业务人员需要根据信用证的单据条款，分析需要准备单据的种类和份数，尤其注意是否有对所有单据加批注的内容，例如注明合同号、信用证号、发票号等要求。

（二）准备和审核单据

业务人员根据信用证的单据条款，准备好所要求的单据，并对每份单据的内容进行审核，做到单证一致、单单一致。

（三）交单结汇

业务人员到议付银行交单。议付银行中国银行大连分行收到出口商大连新华贸易公司提交的单证后，会按照信用证规定进行严格审核。如果审核无误，议付银行即向信用证的开证行或被指定的其他付款银行寄单索汇，同时按照与出口商大连新华贸易公司约定的方法进行结汇。根据我国的外汇管理制度，议付行中国银行大连分行将收到的外汇按照当日人民币市场汇价的银行买入价购入，结算成人民币付给出口商大连新华贸易公司。

相关知识

（一）受益人交单议付的时间要求

受益人可将单据送交银行预审、改单，直至正式交单，但注意最后交单期不得晚于以下三个日期：

（1）信用证的有效期。

（2）信用证规定的交单日期。

（3）运输单据出单后的第21天。

（二）审核单据的要点

（1）单据种类及份数是否符合要求。

（2）各种单据内容是否完整，签章是否有遗漏，背书是否正确。

（3）各种单据的相同和相应栏目的内容是否一致。

（4）单据的名称和内容是否与信用证规定相符。

（5）各种单据签发日期是否符合要求。

（6）各种单据的签发人名称和签字是否符合信用证要求。

技能训练

根据教师提供的信用证对单据进行审核，找出不符点。

教研交流

1.本任务的重点和难点

重点是信用证结汇方式下的单据准备和审核。难点是信用证结汇方式下的单据审核。

2.学生在学习中容易出现的问题

学生在审核信用证项下单据的内容时，有的学生不够细心，未能发现单据中存在的小错误；部分学生对于"单证一致、单单一致"要求的程度把握不准确，对《UCP 600》的要求掌握不牢固。

3.教学建议

教师在授课中要做到精讲细练，要放慢速度，多讲例题和案例，再结合练习题，要求学生多练；要回顾单元四任务一和任务四的有关内容，并结合企业实际案例，让学生理解《UCP 600》的相关规定。

任务 三

出口退税

出口退税是指已报关离境的产品，由税务机关将出口前在生产和流通环节中已征收的中间税款返还给出口企业的一种政策。由于出口商品以不含税的价格进入国际市场已成为国际惯例，因此各国普遍采取出口退税的做法。

任务描述

大连锦程进出口公司向 Gujarat Sulphur Ltd. 出口一批 C 型槽钢。办理好出口手续后，大连锦程进出口公司的业务员李萍负责办理此批货物的出口退税工作。

任务分析

（一）准备出口退税单证

大连锦程进出口公司的业务员李萍首先要准备好出口退税单证，主要包括：报关单（出口退税专用）、出口货物的商业发票、购进货物的增值税专用发票（抵扣联）。这些票据主要起到两方面的作用：一是网上系统出口退税录入数据的主要依据，二是到税务局办理出口退税手续时需要上交的单据。

（二）录入出口退税管理系统

业务员李萍根据报关单（出口退税专用）、出口货物的商业发票、货物的增值税专用发票（抵扣联）提供的信息在出口退税管理系统外贸企业出口退税申报系统进行录入。

登录出口退税申报系统，在"基础数据采集"菜单下依次选择"出口明细申报数据"和"进货明细申报数据"，录入相关信息。在基础数据采集后，选择"数据加工处理"和"预审反馈处理"菜单进行已录入基础数据采集的检验与预审，经过预审无误后，选择退税的正式申报菜单栏，把生成的数据上传，并打印相关数据单据，主要包括：出口明细申报数据、进货明细申报数据以及系统自动生成的出口/进口明细申报汇总表。

（三）持相关单据到税务局办理出口退税手续

按要求准备出口退税的相关单据后，将这些单据装订成册，业务员李萍即可到税务局办理退税手续，然后等待已退税通知。

相关知识

（一）出口退税企业

凡发生出口业务的出口企业，均可申报办理出口退税。享有出口退税的企业有：

（1）具有进出口经营权的企业（包括外商投资企业）。

（2）委托出口企业。一是无进出口经营权的工厂或企业委托有进出口经营权的企业代理出口业务；二是本身有进出口经营权但委托另一家有进出口经营权的企业代理出口业务。代理出口企业收取代理费，委托出口企业自负盈亏并申报办理出口退税。

（3）特定企业。如外轮公司、远洋运输公司等单位发生的一些特定业务，也可以办理出口退税。

（二）出口退税的货物

只有同时具备下列条件的出口货物，才可以办理出口退税。

（1）属于增值税或消费税征收范围的出口货物。

（2）已报关离境的货物。

（3）已收妥货款并结汇的货物。

（4）财务已作出口商品销售处理的货物。

（5）按规定提供全套退税单据。

（三）出口退税的方法

1.先征后退

先征后退的方法是指出口货物时，先视同内销货物计算缴纳增值税（由生产企业先缴纳，外贸企业按含税价收购出口货物），待货物出口报关离境后由税务机关将在生产、流通环节中所缴纳的税款退还给外贸出口企业。此方法主要适用外贸进出口企业。

2.免、抵、退

免、抵、退的方法是指出口货物根据其生产经营情况的不同，分别采用免税、抵税和退税的方法。即免征生产销售环节增值税，用生产企业出口货物应予退还所耗原材料等已纳税款抵内销货物的纳税款，退一个季度内未抵完的税额部分税款。此方法主要适用于生产企业。

（四）出口退税单证

1.外贸企业申报出口退税所需单证

（1）出口货物报关单（出口退税专用联）。

（2）出口收汇核销单（出口退税专用联）。远期收汇货物不需提供出口收汇核销单，但需提供远期收汇证明。

（3）购进货物的增值税发票（税款抵扣联）或普通发票。

（4）出口商业发票。

2.生产企业申报出口退税所需单证

（1）出口货物报关单（出口退税专用联）。

（2）出口收汇核销单（出口退税专用联）。远期收汇货物可不提供出口收汇核销单但需提供远期收汇证明。

（3）出口商业发票。

（五）我国出口退税税种及计算

目前，我国主要包括增值税、消费税两个税种。外贸企业出口货物增值税的计算应依据购进出口货物增值税专用发票上所注明的进项金额和退税率计算。实行出口退（免）税电子化管理后，外贸企业出口货物应退增值税的计算应采用单票对应法。所谓单票对应法，是指在出口与进货的关联号内进货数据和出口数据配齐申报，对进货数据实行加权平均，合理分配各出口占用的数量，计算出每笔出口的实际退税额。

技能训练

（一）熟悉出口退税管理系统外贸企业出口退税申报系统

（二）在网上查阅出口商品化纤短纤、地毯、针织物、风扇、红木制家具、直径小于0.5mm的钽丝的出口退税率

教研交流

1.本任务的重点和难点

重点是出口退税的流程和出口退税的申报。难点是出口退税的申报。

2.学生在学习中容易出现的问题

学生在出口退税申报时，容易漏掉部分规定的项目；还有部分学生不知道相关项目在哪些单据、哪些项目中查找信息。

3.教学建议

教师在授课中要做到精讲细练，多使用出口退税操作系统软件进行练习；要运用企业实际案例，让学生了解出口退税环节申报的相关规定。

模块四
履行进口合同

单元 十一

开证、投保和进口付汇

学习目标

- 掌握申请开立信用证的业务流程，能够正确填制开证申请书
- 熟悉进口投保的业务流程，能够正确填制投保单
- 能够根据合同等材料填写购汇申请书和电汇申请书
- 掌握信用证进口付汇的业务流程

任务 一

开立信用证

在信用证支付方式下，进口合同成立后，进口企业应按合同规定向经营国际结算业务的银行办理开证手续。

任务描述

大连新华贸易公司与日本THOPO IMP&EXP CORP.达成了货物销售合同，双方约定的结算方式为即期信用证。基于此合同规定，买方大连新华贸易公司应按照合同约定及时开立信用证，作为履行信用证结算方式合同的首要工作内容。

任务分析

（一）根据货物销售合同内容填写开证申请书

销售合同

SALES CONTRACT

合同编号： Contract No.: GWM050931	签订日期： Date: JUNE 2, 2015	签订地点： Signed at: DALIAN
1.买方： The Buyers: DALIAN XINHUA TRADING CO., LTD. 地址： Address: SHENGLI 123 RD., DALIAN CHINA 电话（Tel）: 0411-82654321 传真（Fax）: 0411-82654322		

2.卖方：			
The Sellers：THOPO IMP&EXP CORP.			
地址：			
Address：5-18 ISUKI-CHOHAKI，TOKYO，JAPAN			
电话（Tel）：81-465-282828		传真（Fax）：81-465-282829	

经买卖双方确认根据下列条款订立本合同：

The undersigned Sellers and Buyers have confirmed this contract is accordance with the terms and conditions stipulated below：

3.商品名称及规格 Name of Commodity & Specification	4.数量 Quantity	5.单价 Unit Price	6.总金额 Amount
48" COLOUR TELEVISION SET	1 000 SETS	CIFUSD680.00/SET	DALIAN USD680 000.00 合计： Totally： USD680 000.00

7.总值（大写）

Total Value （in words）：SAY U.S.DOLLARS SIX HUNDRED AND EIGHTY THOUSAND ONLY.

8.允许溢短_____%。

____% more or less in quantity and value allowed.

9.成交价格术语：

Terms：

□ FOB　　　　□ CFR　　　☑ CIF　　　□ DDU

10.出产国与制造商：

Country of origin and manufacturers：JAPAN，THOPO IMP&EXP CORP.

11.包装

Packing：1SET/CTN，TOTAL：1 000 CARTONS

12.运输唛头

Shipping Mark：

C/NO 1–1000

SHENZHEN

MADE IN APAN

13.运输起讫：由_____（装运港）到_____（目的港）。

Shipment from　TOKYO　（Port of Shipment）to　DALIAN，CHINA　（Port of Destination）.

14.转运：□允许　☑不允许；　　　分批：□允许　☑不允许

Transhipment：　　□allowed　☑not allowed

Partial shipment：□allowed　☑not allowed

运输时间：

Shipment Time：WITHIN 20DAYS AFTER RECEIPT OF IRREVOCABLE SIGHT L/C.

15. 保险：由_____方按发票金额的_____%投保_____，加保_____从_____到_____。

Insurance：to be covered by the <u>SELLER</u> for <u>110</u> % of the invoice value covering <u>Institute Cargo Clauses (A) 1/1/82</u> additional <u>Institute War and Strikes Clauses-Cargo 1/1/82</u> from <u>TOKYO</u> to <u>DALIAN</u>.

16. 付款条件：

Terms of Payment：

□ 买方应不迟于_____年____月____日前将100%货款用即期汇票/电汇支付给卖方。

The buyers shall pay 100% of the sales proceeds through sight （demand） draft/by T/T remittance to the sellers not later than <u>/</u>.

☑ 买方应于_____年____月____日前通过_____银行开立以卖方为受益人的____天不可撤销信用证，有效期至装运后____天在中国议付，并注明合同号。

The buyers shall issue an irrevocable L/C at _____ sight through <u>BANK</u> in favour of the sellers prior to <u>JUNE 15, 2015</u> indicating L/C shall be valid in <u>TOKYO</u> though negotiation within <u>10</u> days after the shipment effected，the L/C must mention the Contract Number.

□ 付款交单：买方应凭卖方开立给买方的____期跟单汇票付款，付款时交单。

Documents against payment （D/P）：the buyers shall dully make the payment against documentary draft made out to the buyers at <u>/</u> sight by the sellers.

□ 承兑交单：买方应凭卖方开立给买方的____期跟单汇票付款，承兑时交单。

Documents against acceptance （D/A）：the buyers shall dully accept the documentary draft made out to the buyers at <u>/</u> days by the sellers.

17. 单据：卖方应将下列单据提交银行议付/托收。

Documents required：the sellers shall present the following documents required for negotiation/collection to the banks.

☑ 全套清洁海运提单。

Full set of clean on Board Ocean Bills of Lading.

☑ 商业发票一式_____份。

Signed commercial invoice in <u>3</u> copies.

☑ 装箱单/重量单一式_____份。

Packing list/weight memo in <u>3</u> copies.

☑ 由_____签署的质量与数量证明书一式_____份。

Certificate of quantity and quality in <u>3</u> copies issued by <u>BENEFICARY</u>.

☑ 保险单一式_____份。

Insurance policy in <u>2</u> copies.

☑ 由_____签署的产地证一式_____份。

Certificate of Origin in <u>2</u> copies issued by <u>BENEFICARY</u>.

18. 装运通知：一俟装运完毕，卖方应立即电告买方合同号、品名、已装载数量、发票总金额、毛重、运输工具名称及启运日期等。

Shipping advice：the sellers shall immediately，upon the completion of the loading of the goods advise the buyers of the Contract No. names of commodity，loaded quantity，invoice value，gross weight，names of vessel and shipment date by TLX/FAX.

19.质量保证：

Quality guarantee：

货物品质规格必须符合本合同及质量保证书之规定，品质保证期为货到目的港_____个月内。在保证期限内，因制造厂商在设计制造过程的缺陷造成的货物损害应由卖方负责赔偿。

The sellers shall guarantee that the commodity must be in conformity with the quality and specifications specified in this contract and Letter of Quality Guarantee. The guarantee period shall be __4__ months after the arrival of the goods at the port of destination, and during the period the sellers be responsible for the damage due to the defects in designing and manufacturing of the manufacturer.

20.检验与索赔：

Inspection and Claims：

①卖方在发货前由_____检验机构对货物的品质、规格和数量进行检验，并出具检验证明。

The buyer shall have the qualities, specifications, quantities of the goods carefully inspected by the ____/_____ Inspection Authority, which shall issues Inspection Certificate before shipment.

②货物到达目的口岸后，买方可委托当地的商品检验机构对货物进行复验。如果发现货物有损坏、残缺或规格、数量与合同规定不符，买方须于货物到达目的口岸的____天内凭_____检验机构出具的检验证明书向卖方索赔。

The buyers have right to have the goods inspected by the local commodity inspection authority after the arrival of the goods at the port of destination. If the goods are found damaged/short/their specifications and quantities not in compliance with that specified in the contract, the buyers shall lodge claims against the sellers based on the Inspection Certification issued by the Commodity Inspection Authority within ___/____ days after the goods arrival at the destination.

③如买方提出索赔，凡属品质异议须于货物到达目的口岸之日起____天内提出；凡属数量异议须于货物到达目的口岸之日起____天内提出。对艘装货物所提任何异议应由保险公司、运输公司或邮递机构负责的，卖方不负任何责任。

The claims, if any regarding to the quality of the goods, shall be lodged within 120 days after arrival of the goods at the destination, if any regarding to the quantities of the goods, shall be lodged within __15__ days after arrival of the goods at the destination. The sellers shall not take my responsibility if any claims concerning the shipping goods in up to the responsibility of Insurance Company/Transportation Company/Post office.

21.不可抗力：如因人力不可抗拒的原因造成本合同全部或部分不能履约，卖方概不负责，但卖方应将上述发生的情况及时通知买方。

Force Majeure：the sellers shall not hold any responsibility for partial or total non-performance of this contract due to Force Majeure. But the sellers shall advise the buyers on time of such occurrence.

22.争议的解决方式：

任何因本合同而发生或与本合同有关的争议，应提交中国国际经济贸易仲裁委员会，按该会的规则进行仲裁。仲裁地点在_____。仲裁裁决是终局的，对双方均有约束力。

Disputes settlement：All disputes arising out of the contract or in connection with the contract, shall be submitted to the China International Economic and Trade Arbitration Commission for arbitration in accordance with its Rules of Arbitration in __DALIAN__, China. The arbitral award is final and binding upon both parties.

23.法律适用：本合同的签订地或发生争议时货物所在地在中华人民共和国境内或被诉人为中国法人的，适用于中华人民共和国法律，除此规定外，适用《联合国国际货物销售合同公约》。 Law applications: it will be governed by the law of the People's Republic of China under the circumstances that the contract is signed or the goods while the disputes arising are in the People's Republic of China or the defendant is Chinese legal person, otherwise it is governed by United Nations Convention on Contract for the International Sale of Goods. 本合同使用的FOB、CFR、CIF、DDU术语系根据国际商会《INCOTERMS 1990》。 The terms in the contract based on INCOTERMS 1990 of the International Chamber of Commerce.
24.文字：本合同中、英文两种文字具有同等法律效力，在文字解释上，若有异议，以中文解释为准。 Versions: This contract is made out in both Chinese and English of which version is equally effective. Conflicts between these two languages arising therefrom, if any, shall be subject to Chinese version.
25.附加条款：（本合同上述条款与本附加条款有抵触时，以本附加条款为准） Additional Clauses: (conflicts between contract clause hereabove and this additional clause, if any, it is subject to this additional clause)
26.本合同共＿＿＿份，自双方代表签字/盖章之日起生效。 This contract is in 2 copies, effective since being signed/sealed by both parties.

买方代表人： Representative of the buyers: 签字 Authorized signature: （买方公司盖章）	卖方代表人： Representative of the sellers: 签字 Authorized signature: （卖方公司盖章）

根据合同，大连新华贸易公司业务员王丽填写的开立信用证的申请书如下：

IRREVOCABLE DOCUMENTARY CREDIT APPLICATION

TO: BANK OF CHINA   DATE: June 5, 2015

Beneficiary (full name and address) THOPO IMP&EXP CORP. 5-18 ISUKI-CHOHAKI, TOKYO, JAPAN 电话（Tel）: 81-465-282828 传真（Fax）: 81-465-282829		L/C NO. Contract No. GWM050931
		Date and place of expiry of the credit JULY 15, 2015 TOKYO, JAPAN
Partial shipments □allowed ■not allowed	Transshipment □allowed ■notallowed	□ Issue by airmail □ With brief advice by teletransmission □Issue by express delivery ■ Issue by teletransmission (which shall be the operative instrument)
Loading on board / dispatch /taking in charge at / from not later than for transportation to DALIAN		Amount (both in figures and words) USD 680 000.00 (SAY U.S.DOLLARS SIX HUNDRED AND EIGHTY THOUSAND ONLY.)

Continued

Description of goods: 1 000 SETS OF 48" COLOUR TELEVISION SET Packing: ONE SET TO A CARTON	Credit available with ■ by sight payment □ by acceptance □ by negotiation □ by deferred payment at against the documents detailed herein ■ and beneficiary's draft for 100% of the invoice value at SIGHT on THE ISSUING BANK
	□ FOB □ CFR ■ CIF □ or other terms

Documents required: (marked with x)

1. (X) Signed Commercial Invoice in _3_ copies indication L/C No.and contract no. GWM050931

2. (X) Full set of clean on board ocean Bills of Lading made out <u>to order</u> and blank endorsed, marked "freight ( ) to collect / (X) prepaid"

3. ( ) Air Waybills showing "freight ( ) to collect / ( ) prepaid ( ) indicating freight amount" and consigned to _____.

4. ( ) Memorandum issued by _____ consigned to _____.

5. (X) Insurance Policy / Certificate in _2_ copies for _110_ % of the invoice value showing claims payable in China in currency of the draft, bank endorsed, covering (X) Ocean Marine Transportation / ( ) Air Transportation / ( ) Over Land Transportation) All Risks, War Risks.

6. (X) Packing List / Weight Memo in _3_ copies indicating quantity / gross and net weights of each package and packing conditions as called for by the L/C.

7. (X) Certificate of Quantity / Weight in _3_ copies issued an independent surveyor at the loading port, indicating the actual surveyed quantity / weight of shipped goods as well as the packing condition.

8. (X) Certificate of Quality in _3_ copies issued by (X) manufacturer / ( ) public recognized surveyor / ( )

9. (X) Certificate of Origin in __2__ copies issued by _BENEFICARY_ .

10. ( ) Beneficiary's certified copy of FAX dispatched to the accountees with 3 days after shipment advising ( ) name of vessel / ( ) date, quantity, weight and value of shipment.

11. ( ) Beneficiary's Certificate certifying that extra copies of the documents have been dispatched according to the contract terms.

12. ( ) Shipping Co's Certificate attesting that the carrying vessel is chartered or booked by accountee or their shipping agents:

13. ( ) Other documents, if any:

Additional instructions:

1. ( ) All banking charges outside the opening bank are for beneficiary's account.

2. ( ) Documents must be presented with 15 days after the date of issuance of the transport documents but within the validity of this credit.

3. ( ) Third party as shipper is not acceptable. Short Form / Blank Back B/L is not acceptable.

4. ( ) Both quantity and amount 10 % more or less are allowed.

5. ( ) prepaid freight drawn in excess of L/C amount is acceptable against presentation of original charges voucher issued by Shipping Co. / Air line / or it's agent.

6. ( ) All documents to be forwarded in one cover, unless otherwise stated above.

7. ( ) Other terms, if any:

Account No.: _1359713086_   with <u>BANK OF CHINA</u> (name of bank)

Telephone No._0411-82654321_ Transacted by: _周亮胜_

(Applicant: name signature of authorized person)

（二）到开证行办理开证手续

大连新华贸易公司业务员王丽将有关文件送交中国银行办理开证手续。

银行在核实外汇来源后，针对不同情况要求开证人交付全额或一定比例的押金，或者适当的担保文件，或者凭企业的核准信用额度正式对外开证。

相关知识

（一）开证申请书简介

进口企业按贸易合同规定向当地银行申请开立信用证，填制开证申请书，开证申请书是银行开具信用证的依据，是开证申请人与开证银行之间的有关开立信用证的权利与义务的契约。开证申请书是依据合同开立的，但信用证一经开出就成为独立于合同以外的自足的文件，因而在开立信用证时应审慎查核贸易合同的主要条款并将其列入开证申请书中。

开证申请书通常为一式两联，由银行专门印发。开证申请书有正面和背面两个部分内容。正面主要内容包括受益人名称和地址、信用证及合同号码、信用证的有效期及到期地点、装运期、信用证的性质、货物的描述、对单据的要求、信用证的金额和种类、信用证中的特别条款及其他一些条款等。背面内容是开证行与开证申请人之间的约定，一般由开证行根据相关的国际惯例和习惯做法事先确定并印制，申请人只需签字盖章即可。

（二）信用证的开立形式

见单元四任务一"相关知识"（五）。

（三）申请开立信用证的基本要求

（1）提供准确的开证路线（L/C Guidance）。开证路线由受益人在签订合同后向申请人提供，通常包括 Payee's Name，Address and A/C No.（收款人名、地址和账号），Name and address of Payee's Bank（收款行名、地址）等内容。

（2）开证资料。首次到银行办理进口开证手续的企业应提交：营业执照副本、企业有权从事外贸经营活动的文件原件、法人代表授权书、被授权人的签样、外汇局备案表等。

（3）手续。递交有关合同的副本及附件、填写开证申请书（有的银行称开证承诺书）、缴纳保证金、支付手续费等。

（4）按时开证。如合同规定开证日期，进口方应在规定期限内开立信用证；如合同只规定了装运期的起止日，则应保证受益人在装运期开始前收到信用证；如合同只规定最迟装运日期，则应在合理时间内开证，以使卖方有足够时间备妥货物并予出运，通常掌握在交货期前一个月至一个半月左右。

（5）信用证的条件应单据化。进口方在申请开证时，应将合同的有关规定转化成单据。比如，合同以 CFR/CIF 条件成交，信用证应要求受益人在提交的清洁已装船提单上注明"运费已付"字样等。

（6）银行单证中心的开证人员对开证申请人提交的有关文件进行审核，确认资料完整、符合规定后，通常按 SWIFT 规定的 MT700 格式将信用证开出。

（7）除非有特殊要求和规定，信用证申请书原则上应以英文开立。

技能训练

这是辽宁锦州市进出口公司与日本 NAKAKO CO.，LTD. 签订的出售 19 吨花生的一笔业务。以 USD700/MT CIF KOBE 价格成交，以即期不可撤销信用证结算。货物由锦州出入境检验检疫局于 2015 年 8 月 15 日检验合格出证，运往天津港出口。货物的基本情况如下：

合同号：JZIE040801

发票日期：2015 年 8 月 16 日

包装：新麻袋 50 公斤/袋

净重：19 公吨

每个麻袋重：950 克

装运期：2015 年 8 月 18 日

船名/航次：COSCO SHANGHAI V.009W

提单号：CSC02000867

集装箱号/封号：CBHU0611758/25783 CY/CY

体积：20 立方米

成分：ADMIXTURE：0.03%，

MOISTURE 6.0%，

BROKEN/SPLITS 1.5%，

IMPERFECT 3%，

AFLATOXIN B1 4 PPB

唛头：NAKAKO

　　　KOBE

　　　1-UP

保险索赔代理：HUDIG & SON B.V.

　　　　　　　MARCONISTRAT 16，3029 AK KOBE

　　　　　　　P.O.BOX 438，3000 AK JAPAN

议付行：BANK OF CHINA，JINZHOU BRANCH

单据条款：商业发票一式五份，注明信用证号和合同号

　　　　　装箱单一式四份

　　　　　全套清洁已装船正本提单，做成空白抬头，空白背书，注明运费预付

　　　　　检验检疫机构出具的品质检验证书一份

　　　　　保险单正本一份，作空白背书

请根据合同资料填写开证申请书。

教研交流

1.本任务的重点和难点

重点和难点是信用证开证申请书填制。

2.学生在学习中容易出现的问题

有的合同中并没有单独的单据条款，学生需要从合同内容中归纳总结要求出口方提供的单据。有的学生本着"宁多不少"的原则填写信用证的单据条款，导致与合同要求不一致，例如对 FOB 条件成交的合同要求出口方提供保险单等。

3.教学建议

针对中职学生而言开立信用证这部分业务难度很大，教师在讲授和训练过程中要有针对性，本着共性问题和难点进行训练；要回顾单元四任务一和任务四的有关内容，并运用企业实际案例，让学生掌握《UCP 600》的相关规定。

任务 二 进口投保

按 FOB、CFR、FCA 和 CPT 条件成交的进口货物，一般是由进口公司作为投保人向保险公司办理投保手续。

任务描述

大连永达进出口有限公司与伊朗 JAM FARAYAND CO.就糠醛榨出油（FURFURAL EXTRACT OIL）达成进口协议。在接到出口方的装船通知后，大连永达进出口有限公司要办理投保手续。

大 连 永 达 进 出 口 公 司

DALIAN YONGDA IMP.& EXP.CO.

100 SHENGLI ROAD DALIAN CHINA

POST CODE：116000 FAX：86-411-83614789   TEL：86-411-83614789

PURCHASE CONTRACT

Contract Number：YDP2015520

REF NO.：2015-925R/B

Date：APRIL 8，2015

Signed at：DALIAN，CHINA

Seller：JAM FARAYAND CO.

ADD：******************

The buyer agrees to buy and the seller agrees to sell the undermentioned commodities according to the terms and conditions stipulated below：

1.Description of Commodity

Name of Commodity and Specifications	Quantity	Price Terms	Total Amount
FURFURAL EXTRACT OIL （RUBBER PROCESS OIL）	3 500.00M/T	FOB BANDAR ABBAS/IRAN USD229.00/MT	USD 801 000.00
10% more or less are allowed both in quantity and amount	total contract value：USD 801 000.00		

2.Packing：BY BULK

3.Shipping Marks：N/M

4.Origin & Manufacturers：I.R.OF Iran

5.Time of Shipment：BEFORE END OF MAY，2015

6.Ports of Shipment：BANDAR ABBAS/IRAN PORT

7.Destination：DALIAN，CHINA

8.Transshipment：PROHIBITED

9.Partial Shipment：PROHIBITED

10.Insurance：Insurance shall be covered by the BUYER for 110 percent of the invoice value against all risk

11.Terms of Payment：PAID BY IRREVOCABLE L/C AT SIGHT

12.Documents Required：

（1）Full Set of Clean on Board Bills of Lading

（2）Commercial Invoice

（3）Weight Memo/Packing List

（4）Certificate of Quality

（5）Certificate of Quantity/Weight

（6）Notice of Shipment

（7）Certificate of Origin To Be Issued By Chamber of Iran

INSPECTION CERTIFICATE REPORT FOR WEIGHT AND QUALITY ISSUED BY SGS IN IRAN QUALITY，CERTIFICATE MUST INDICATE THE VISCOSITY DATA

13.Shipping Advice

The seller shall，within 48 hours after the completion of the loading of the goods，advise by cable/fax/telex the Buyer of the contract number，commodity，quantity，gross and net weight，invoice value，bill of lading number，name of vessel，sailing date and ETA date etc.

14.Commodity Inspection

The certificate of quantity，quality and weight issued by the inspection institute confirmed by both parties shall be part of the documents for payment under the relevant L/C.The buyer has the right to apply to the China Exit and Entry Inspection and Quarantine Bureau for final re-inspection.

15.Claims

In case the quality，quantity or weight of the goods be found not in conformity with those stipulated in the contract after re-inspection by the China Exit and Entry Inspection and Quarantine Bureau，the buyer shall，within 90 days after the arrival of the goods at the destination，return the goods to or lodge claim against the Seller for compensation upon the strength of Inspection Certificate issued by the said Bureau.All expenses and losses arising from the return of the goods or claims should be borne by the seller.

16.Force Majeure

The seller shall not be responsible for late or non-delivery of the goods due to the flood，fire，earthquake，war or any other events which could not be predicted at the time of the conclusion of the Contract and could not controlled，avoided or overcome y the parties.

17.Arbitration

All disputes arising from the execution of or in connection with the Contract should be settled through friendly negotiations，if no settlement can be reached through negotiation，the case shall then be submitted to the China International Economic and Trade Arbitration Commission （Beijing） for arbitration in accordance with its provisional rules of procedure.The award of the arbitration shall be final and binding upon both parties.

18.Governing Law

This contract shall be construed in accordance with and governed by the laws of P.R.China.

19.Other Condition

Any alterations to the contract shall be valid only if they are made out in writing and signed by both parties.

Neither party is entitled to transfer its obligation under the Contract to a third party before obtaining a written consent from the other party.

20.Other Terms

This contract becomes effective while signed by authorized representatives of both parties and sealed by the sellers.Each party holds one copy.The copies are equally valid.All annexes to this contract shall form the integral parts of this contract.

21.Bank Detail：EXPORT DEVELOPMENT BANK OF IRAN，CENTRAL BRANCH

P.Q.BOX15875-5964.SWIFT CODE：EDBIIRTHCEN

EUR ACCOUNT NO.010225907   USD ACCOUNT NO.010226961

22.REMARKS：DRAFT CLAUSE TO BE EXCLUDED FROM THE L/C CLAUSES.

ALL BANKING CHARGES OUTSIDE IRAN ARE FOR THE BUYER'S ACCOUNT

THE COST OF INSPECTION BY SGS IRAN ARE FOR THE BUYER'S ACCOUNT

"IF THE L/C IS NOT POSSIBLE TO BE SETTLED IN USD，IT WILL BE SETTLED IN EUR AT THE EXCHANGE RATE ANNOUNCED BY THE CURRENCY ISSUING CENTRAL BANK IN THE PAYMENT DATE.

THE BUYER：   THE SELLER：

CHINA DALIAN YONGDA IMP.& EXP.CO.   JAM FARAYAND CO.

Contract no.	YDP2015520		L/C no.	BONY070068
SHIPPING ADVICE				
To	Dalian Yongda Imp. & Exp. Co. 100 Shengli Road Dalian China			
From	Jam Farayand Co.			
Commodity	FURFURAL EXTRACT OIL （RUBBER PROCESS OIL）			
Packing conditions	In Bulk			
Quantity	3 500.00 m/t			
Gross weight	3 500 000 kgs			
Net weight	3 500 000 kgs			
Total value	USD 801 000.00			
Please be informed that these goods have been shipped from Bandar Abbas/Iran Port to Dalian，China with mv Sunflower. Shipment date MAY 24，2015.				
B/L no.	SEAU871107101			
We herewith certify this message to be true and correct.				
Jam Farayand Co. as beneficiary				
Bandar Abbas/Iran Port，MAY 24，2015				

任务分析

（一）进口方填制投保单

进口投保单的填写与前述的出口方填写的投保单大致相同，只是"被保险人"一栏应填写进口方。

中保财产保险有限公司大连市分公司

The People's Insurance（Property）Company of China，Ltd.Dalian Branch

进出口货物运输保险投保单

Application From form I/E Marine Cargo Insurance

被保险人 Assured's Name	DALIAN YONGDA imp. & exp. co.		
发票号码（出口用）或合同号码（进口用） Invoice No. or Contract No.	包装数量 Quantity	保险货物项目 Description of Goods	保险金额 Amount Insured
AS PER Contract No.YDP2015520	3 500.00 M/T	FURFURAL EXTRACT OIL （RUBBER PROCESS OIL）	USD801 500.00

装载运输工具 <u>SUNFLOWER</u> 航次、航班或车号 <u>V.1396</u> 开航日期 <u>MAY 24，2015</u>

Per Conveyance   Voy. No.   Slg. Date

自 <u>BANDAR ABBAS/IRAN PORT</u> 至 <u>DALIAN</u> 转运地 <u>   </u> 赔款地 <u>DALIAN</u>

From   To   W/Tat   Claim Payable at

承保险别：   for 110% of the invoice value covering all risks　AS PER

Condition & / or　PICC DATE 1/1/1981

Special Coverage

投保人签章及公司名称、电话、地址：

Applicant's Signature and Co.'s Name，Add. And Tel. No.

DALIAN YONGDA imp. & exp. co.

100 SHENGLI ROAD DALIAN

86-411-83614789

备注：   投保日期：2015.05.24

Remarks   Date

保险公司填写：   报单号：   费率：   核保人：

（二）保险公司签发保险单

保险人（保险公司）接受承保后将签发一份保险单作为双方之间保险合同的证明文件。

中保财产保险有限公司

The People's Insurance（Property）Company of China，Ltd.

发票号码   保险单号次

Invoice No.JY352   Policy No.SH052001445

海 洋 货 物 运 输 保 险 单

MARINE CARGO TRANSPORTATION INSURANCE POLICY

被保险人

Insured：**DALIAN YONGDA imp & exp co**

中保财产保险有限公司（以下简称本公司）根据被保险人的要求，及其所缴付约定的保险费，按照本保险单承担的险别和背面所载条款与下列特别条款承保下列货物运输保险，特签发本保险单。

This policy of Insurance witnesses that The People's Insurance （Property） Company of China， Ltd. （hereinafter called "The Company"）， at the request of the Insured and consideration of the premium paid by the Insures， undertakes to insure the under-mentioned goods in transportation subject to the condition of this Policy as per the Clauses printed overleaf and other special clauses attached hereon.

保险货物项目 Descriptions of Goods	包装　单位　数量 Packing　Unit　Quantity	保险金额 Amount Insured
FURFURAL EXTRACT OIL （RUBBER PROCESS OIL）	3 500.00 M/T	USD801 500.00

承保险别　for 110% of the invoice value covering　　　货物标记　AS PER INVOICE NO.IJY352
Condition all risks AS PER PICC DATE 1/1/1981　　　Marks of Goods
总 保 险 金 额：
Total Amount Insured：SAY US DOLLARS EIGHT HUNRED AND ONE THOUSAND FIVE HUNDRED ONLY
保费　　　As arranged　　　运输工具　　　　　开航日期：
Premium　　　　　Per conveyance S.S SUNFLOWER V.1396 Slg.On or abt MAY.24.2015
起运港　　　　　　　　　　　　目的港
From　BANDAR ABBAS/IRAN PORT　　　To　　　DALIAN

所保货物，如发生本保险单项下可能引起索赔的损失或损坏，应立即通知本公司下述代理人查勘。如有索赔，应向本公司提交保险单正本（本保险单共有 2 份正本）及有关文件。如一份正本已用于索赔，其余正本则自动失效。

In the event of loss or damage which may result in a claim under this Policy， immediate notice must be given to the Company's Agent as mentioned hereunder.Claims， if any， one of the Original Policy which has been issued in TWO Original （s） together with the relevant documents shall be surrendered to the Company， If one of the Original Policy has been accomplished， the others to be void.

中保财产保险有限公司
THE PEOPLE'S INSURANCE （PROPERTY） COMPANY OF CHINA， LTD.
赔款偿付地点
Claim payable at　　DALIAN
日期　　　　　在
Date　　MAY.24.2015　　at　　DALIAN　　　General Manager：
地址：
Address：

技能训练

根据教师提供的货物信息和运输路线，设计合理的保险险别。

教研交流

1.本任务的重点和难点
重点和难点是投保单填制。
2.学生在学习中容易出现的问题
在出口投保业务中，保险险别通常在合同或信用证中有明确规定，而在进口投保中，合同中没有此类信息，部分学生会无所适从。

3.教学建议

教师在授课中要运用企业实际案例，使学生掌握选择投保险别的技巧，并结合保险公司的业务规定，做好进口投保的业务训练。

任务 二

电汇付汇

进口方的基本义务之一是向出口方支付货款，货款的支付直接影响双方资金的周转和融通，以及各种金融风险和费用的负担，这关系买卖双方的利益。对外贸易付款可以采用电汇的方法。电汇速度快，汇款人可及时付款，树立良好信誉，赢得收款人信任。电汇操作简单易行，适用范围较广。

任务描述

大连兴工进出口公司与菲律宾 EVENT MARKETING SERVICES LTD 签订购货合同书后，张汇先生准备了相关单据，填写购买外汇申请书，获准后填写汇款申请书，支付手续费办理25%货款的电汇。菲律宾 EVENT MARKETING SERVICES LTD 收到货款后，按时发货装运、制单，并将全套结汇单据直接寄给大连兴工进出口公司。大连兴工进出口公司张汇先生对外方提供的商业发票、装箱单、空运单等有关单据进行审核，核准无误后将75%的余款电汇至菲律宾。

任务分析

（一）汇款人填写购汇申请书

如果进口企业账户没有外汇，对外付款时首先需要填写购汇申请书，向银行购汇。

中国农业银行　　　　　　　　　　　**购汇申请书**

日期：__2015__ 年 __1__ 月 __10__ 日 NO.SH

客户填写	申请人名称	大连兴工进出口公司											
	人民币账号	513 920 000 181 240 000 198											
	购汇币种	USD	购汇金额	亿	千万	百万	十万	万	千	百	十	元	角	分
								1	3	7	2	0	0	0
	购汇金额（大写）	壹万叁仟柒佰贰拾美元整											
	购汇资金去向	入外汇账户 □				账号：							
		汇出汇款　☑											
		其他　　□											
	购汇用途	经常项目 ☑　　资本项目□											
		用途说明：进口竹制品											
	备注												

续表

银行填写	成交日期	
	成交汇率	
	人民币金额	
	结售汇项目代码	
申请人签章： （加盖预留银行印鉴）	申请人申明： 1.本公司向贵行申请购汇，请审核相关资料，请贵行按照业务处理时的即时汇率办理售汇，并授权贵行主动扣划我公司人民币账户。 2.本购汇申请书自签发日期，有效期为十天。 3.购汇申请书日期、购汇币种、购汇金额经涂改，或购汇大小写金额不一致的，申请书无效。 4.本公司保证所提供资料的真实性，并承担由此产生的一切后果及法律责任。	

主管： 经办： 审核

（二）汇款人填写汇款申请书

在进口贸易方式下，进口方是债务方，即汇款人。汇款人应根据实际情况准确填写申请书，主要内容有收款人的名称、地址、国别，开户行名称、账号，汇款的货币、金额，使用何种汇款方式（如电汇、票汇、信汇），汇款的用途等，汇出汇款申请书是汇款人和汇出行之间的一种契约。若由于汇款申请书的错漏而引起的延误、差错等，后果由汇款人负责。汇款申请书的格式如下。

中国农业银行　　境 外 汇 款 申 请 书
AGRICULTURAL BANK OF CHINA　　APPLICATION FOR FUNDS TRANSFERS（OVERSEAS）

致：中国农业银行

日　期＿＿＿＿＿＿＿
Date＿＿＿＿＿＿＿

TO：AGRICULTURAL BANK OF CHINA BRANCH	☑电汇T/T □票汇D/D □信汇M/T		发电等级 Priority ☑普通Normal □加急Urgent	
申报号码 BOP Reporting No.	□□□□□□ □□□□ □□ □□□□□□ □□□□			
20	银行业务编号 Bank Transac. Ref. No.		收电行/付款行 Receiver/Drawn on	
32A	汇款币种及金额 Currency & Interbank Settlement Amount	USD13 720.00	金 额 大 写 Amount in Words	美元壹万叁仟柒佰贰拾元整
其中	现汇金额 Amount in FX		账号 Account No./Credit Card No.	
	购汇金额 Amount of Purchase	USD13 720.00	账号 Account No./Credit Card No.	513920000181240000198
	其他金额 Amount of Others		账号 Account No./Credit Card No.	

第三联 申报主体留存联

续表

50a	汇款人名称及地址 Remitter's Name & Address	DALIAN XINGGONG IMP.AND EX P.CO LTD ADD: NO.121		
		HUALE STR DALIAN CHINA	□对私	个人身份证件号码 Individual ID NO.
	☑对公 组织机构代码 Unit Code □□□□□□□□-□		□中国居民个人 Resident Individual □中国非居民个人 Non-Resident Individual	
54/56a	收款银行之代理行名称及地址 Correspondent of Beneficiary's Bank Name & Address			
57a	收款人开户银行名称及地址 Beneficiary's Bank Name & Address	收款人开户行在其代理行账号 Bene's Bank A/C No.		
		BANCO DE ORO MONTEVERDE BRANCH NO.1QUEEN'S ROADE CENTRAL		
		5036076234（SWIFT：BNORPHMM）		
59a	收款人名称及地址 Beneficiary's Name & Address	收款人账号 Bene's A/C No.		
		EVENT MARKETING SERVICES LTD NO.171 SEC MIN SHENG E ROAD		

70	汇款附言 Remittance Information	只限140个字位 Not Exceeding 140 Characters	71A	国内外费用承担 ALL Bank's Charges If Any Are To Be Borne By □汇款人 OUR ☑收款人 BEN □共同 SHA
		CONTRCT NO.XINGG09-01		

收款人常驻国家（地区）名称及代码 Resident Country/Region Name & Code	□□□ 菲律宾608

请选择：☑预付货款 Advance Payment □货到付款 Payment Against Delivery □退款 Refund □其他 Others	最迟装运日期	20150830

交易编码 BOP Transac. Code	□□□□□□ □□□□□□	相应币种及金额 Currency & Amount	USD13 720.00	交易附言 Transac. Remark	进口竹制品支出

是否为进口项下付款	□是 □否	合同号	XINGG09-01	发票号	INVXINGG09-01-01

外汇局批件/备案表号		报关单经营单位代码	□ □ □ □ □ □ □ □ □ □

报关单号	109100484	报关单币种及总金额	USD54 820.00	本次核注金额	USD13 000.00

银行专用栏 For Bank Use Only		申请人签章 Applicant's Signature	银行签章 Bank's Signature
购汇汇率 @ Rate		请按照贵行背页所列条款代办以上汇款并进行申报 Please Effect The Upwards Remittance, Subject To The Conditions Overleaf:	
等值人民币 RMB Equivalent			
手续费 Commission			
电报费 Cable Charges			
支付费用方式 In Payment of The Remittance	□ 现金 by Cash □ 支票 by Check □ 账户 form Account	申请人姓名 张汇 Name of Applicant 电话 Phone No.	核准人签字 Authorized Person 日期 Date
核印		经办 Make	复核 Checker

（三）汇款人准备外汇管理要求的材料

在进行汇款时，汇款人首先应当根据我国外汇管理局的要求，在汇出汇款时将有关单据交银行审核。张汇先生需要准备的材料包括境外汇款申请书、购汇申请书、进口合同、形式发票。根据需要还可能要提供预付款保函、进口许可证、登记表、进口证明、进口付汇备案表、委托代理进口合同。

（四）汇出行审核提交的材料

汇出行首先应对汇款人填写的申请书予以审核，对不符合国家规定的款项不予受理；对需要修改的内容应及时退还汇款人，请求修改、补充后再予办理。汇出行还应该根据国家外汇管理机构的有关规定，审核汇款人提交的相关资料和有关单据，以保证汇出业务的顺利进行。

（五）汇出行向汇入行发汇款指示

汇出行办理电汇时，根据汇款申请书内容以电报或电传向汇入行发出解付指示。电文内容主要有：汇款金额及币种、收款人名称、地址或账号、汇款人名称、地址、附言、头寸拨付办法、汇出行名称或SWIFT地址等。为了使汇入行证实电文内容确实是由汇出行发出的，汇出行在正文前要加列双方银行约定使用的密押（Testkey）。

（六）汇入行解付汇款

汇入行收到电报或电传后，即核对密押是否相符，若不符，应立即拟电文向汇出行查询。若相符，即缮制电汇通知书，通知收款人取款。收款人持通知书一式两联向汇入行取款，并在收款人收据上签章后，汇入行即凭以解付汇款。实务中，如果收款人在汇入行开有账户，汇入行往往不缮制汇款通知书，仅凭电文将款项划入收款人账户，然后给收款人一收账通知单，也不需要收款人签具收据。最后，汇入行将付讫借记通知书（Debit Advice）寄给汇出行。

相关知识

（一）不同付款类型下汇款人需要准备的材料

在进行汇款时，汇款人首先应当根据我国外汇管理局的要求，在汇出汇款时将有关单据交银行审核。汇付项下对外付款类型不同，所需要的材料也会有所不同。

（1）货到付款所需资料：境外汇款申请书、购汇申请书、进口合同、发票、正本进口报关单、运输单据。可能要求的资料：进口付汇备案表、进口许可证、登记表、特定产品进口证明、各种不同贸易方式及运输方式应提供的单据。

（2）预付款：境外汇款申请书、购汇申请书、进口合同、形式发票。可能要求的资料：预付款保函、进口许可证、登记表、进口证明、进口付汇备案表、委托代理进口合同。上述预付款保函是指国外出口商银行开出的履约保函。

（3）佣金的汇出：境外汇款申请书、非贸易对外付款申报单、买汇申请书（若申请购汇）。暗佣（是指未在合同中表明有佣金及佣金比例的佣金）还需佣金协议。超过合同金额的5%，或/并超过1万美元以上的佣金汇出，还需要提供外汇管理局的批准件。

（4）尾款的汇出：境外汇款申请书、进口贸易合同、验货合格证明（或设备终验报告）。

（5）进口项下的海运运费汇出：境外汇款申请书、非贸易对外付款申报单、运输合同、运费发票、提单正本（或副本）。

（二）汇款的付款方式

不论采用以上哪一种方式，在贸易项下，汇款都可以分为预付货款和货到付款两种。

预付货款是指买方（进口商）先将货款的全部或者一部分通过银行汇交卖方（出口方），卖方收到货款后，根据买卖双方事先约定好的合同规定，在一定时间内或立即将货物发运给出口商。预付货款对出口商是有利的，因为对于出口商来说，货物未发出，已经收到一笔货款，等于利用他人的款项，或者等于得到无息贷款；收款后再发货，预收的货款成为货物担保，降低了货物出售的风险，如果进口商毁约，出口商即可没收预付款；出口商甚至还可以做一笔无本钱的生意，在收到货款后再去购货。反过来，预付货款对进口商是不利的，因为进口商未收到货物，已经先垫款，将来如果货物不能收到或不能如期收到，或即使收到货物又有问题时，将遭受损失和承担风险；而且，货物到手前付出货款，资金被他人占用，造成利息损失甚至是资金周转困难。

货到付款，是出口商先发货、进口商后付款的结算方式。这种方式实际上是属于赊账交易或者延期付款性质。显然，这种方式对进出口商产生了同预付货款截然相反的影响，有利于进口商而不利于出口商。所以在国际贸易中，进口商倾向于运用货到付款的方式，而出口商则偏好预付货款的方式。在实际操作中，采用哪一种方式是由市场形势等造就的买卖双方力量对比决定的，为了避开这种明显不利于一方的结果，贸易结算方式向托收演进。

（三）SWIFT 简介

"SWIFT" 是 环 球 银 行 电 信 协 会 （Society for Worldwide Interbank Financial Telecommunication）的英文简称，由于国际银行业之间经济活动日益频繁，账务往来与日俱增，传统的手工处理手段无法满足客户的要求，为了适应瞬息万变的市场发展，客户要求在一个国家内，甚至世界范围内的转账结算与资金清算能迅速完成。所以，从 20 世纪60 年代末 70 年代初，欧洲七家银行就酝酿建立一个国际通信系统以提供国际间金融数据及其他信息的快速传递服务，开始对通用的国际金融电文交换处理程序进行可行性研究。研究结果表明，应该建立一个国际化的金融处理系统，该系统要能正确、安全、低成本和快速地传递标准的国际资金调拨信息。到 1973 年 5 月，来自美国、加拿大和欧洲的 15 个国家的 239 家银行宣布正式成立 SWIFT，其总部设在比利时的布鲁塞尔，它是为了解决各国金融通信不能适应国际间支付清算的快速增长而设立的非营利性组织，负责设计、建立和管理 SWIFT 国际网络，以便在该组织成员间进行国际金融信息的传输和确定路由。从1974 年开始设计计算机网络系统，1977 年夏，完成了环球同业金融电信网络（SWIFT 网络）系统的各项建设和开发工作，并正式投入运营。

该组织创立之后，其成员银行数逐年迅速增加。从 1987 年开始，非银行的金融机构，包括经纪人、投资公司、证券公司和证券交易所等，开始使用 SWIFT。1980 年SWIFT 连接到中国香港。我国的中国银行于 1983 年加入 SWIFT，是 SWIFT 组织的第 1 034家成员行，并于 1985 年 5 月正式开通使用，成为我国与国际金融标准接轨的重要里程碑。之后，我国的各国有商业银行及上海和深圳的证券交易所，也先后加入 SWIFT。进入 90年代后，除国有商业银行外，中国所有可以办理国际银行业务的外资和侨资银行以及地方性银行纷纷加入 SWIFT。SWIFT 的使用也从总行逐步扩展到分行。1995 年，SWIFT 在北京电报大楼和上海长话大楼设立了 SWIFT 访问点 SAP（SWIFT Access Point），它们分别与新加坡和中国香港的 SWIFT 区域处理中心主节点连接，为用户提供自动路由选择。为更好地为亚太地区用户服务，SWIFT 于 1994 年在中国香港设立了除美国和荷兰之外的第三个支持中心，这样，中国用户就可得到 SWIFT 支持中心讲中文的员工的技术服务。SWIFT还在全球 17 个地点设有办事处，其 2 000 名的专业人员来自 55 个国家，其中北京办事处于1999 年成立。

SWIFT 提供的服务包括全世界金融数据传输、文件传输、直通处理 STP（straight through process）、撮合、清算和净额支付服务、操作信息服务、软件服务、认证技术服务、客户培训和 24 小时技术支持。SWIFT 自投入运行以来，以其高效、可靠、低廉和完善的服务，在促进世界贸易的发展，加速全球范围内的货币流通和国际金融结算，促进国际金融业务的现代化和规范化方面发挥了积极的作用。中国银行、中国农业银行、中国工商银行、中国建设银行、交通银行、中信实业银行等已成为环球银行金融通信协会的会员。这也就是为什么 PP 只支持电汇这几家国内银行的原因。SWIFT 的设计能力是每天传输 1 100 万条电文，而当前每日传送 500 万条电文，这些电文划拨的资金以万亿美元计，它依靠的便是其提供的 240 种以上电文标准。SWIFT 的电文标准格式，已经成为国际银行间数据交换的标准语言。这里面用于区分各家银行的代码，就是 "SWIFT Code"，依靠SWIFT Code 便会将相应的款项准确汇入指定的银行。SWIFT Code 是由该协会提出并被

ISO通过的银行识别代码，其原名是BIC（Bank Indentifier Code），但是BIC这个名字意思太泛，担心有人理解成别的银行识别代码系统，故渐渐大家约定俗成地把BIC叫作SWIFT Code了。

每个银行（包括每个分行、支行）都有一个代码，是由银行名称的英文缩写和总行所在地的英文缩写（也有用数字加字母表示某城市的）以及该分行所在地的代码（字母、数字或混合）组成。在国际上，银行的SWIFT Code都是统一的格式，例如：BKCHCNBJ110，1~4位为一家银行的统一代码（中国银行为BKCH），5~6位代表国家代码（中国为CN），7~8位代表城市代码（北京为BJ），110代表北京市分行。其中总行的SWIFT Code没有所在地代码，位数为8位（如中国银行总行BKCHCNBJ），其余都为11位。要查询某家银行的SWIFT Code，可以直接打电话咨询，但对于很多人来说，在网上查询更方便！登陆环球银行电信协会网站便可查询任意一个银行的SWIFT Code。

查找办法：进入网站，如果你知道银行的代码（BIC）或关键字（Institution Keyword）可以快速查找它的信息。比如中国银行的关键字是Bank of China，输入就可以查询中国银行在全世界的分行的SWIFT Code，当然包括大陆各地的代码。从搜索结果可以看到，内地分行的开始8位全部是BKCHCNBJ，可以直接在BIC搜索下输入这8位，列出国内中国银行各地分行的SWIFT Code。

技能训练

（一）填写购汇申请书

大连图书进出口公司与日本凡人株式会社（BOJINXYA LTD.，CO.）签订了购货合同书，为此，大连图书进出口公司根据合同的规定办理电汇付款。具体资料如下：

买方：大连图书进出口公司

（DALIAN BOOK IMPORT&EXPORT CORPORATION）

地址：288 NANXIANG ROAD DALIAN CHINA

TEL：0411 6578312　FAX：0411-65782313

卖方：BOJINGXYA LTD.，CO.

地址：82OTOLI MACHI TOKYO，JAPAN

TEL：028-548-742　FAX：028-548-743

货名规格：教学书籍（EDUCATIONAL BOOKS）Order No.SK0626215

单　价：CIP DALIAN USD 25.15

支付方式：提前电汇（BY T/T IN ADVANCE）

数　量：200套（200 SETS）

包　装：每20套装入一个出口纸箱（PACKED IN 1 CARTON OF 20 SETS EACH）

装运期：不迟于2015年5月5日前装运（LATEST DATE OF SHIPMENT：20150505）

装运港：日本东京机场（TOKYO AIRPORT，JAPAN）

目的地港：大连国际机场（DALIAN INTERNATIONAL AIRPORT CHINA）

分批装运：允许（ALLOWED）

合同号：TX200523

购汇银行：中国农业银行大连分行

银行账号：SZR80066686

用　途：进口商品

附　件：合同一份

汇　率：6.8元人民币/美元

汇入银行：日本东京银行

请你以大连图书进出口公司业务员张汇的身份，根据上述资料填写购买外汇申请书。

（二）填写汇款申请书

请你以大连图书进出口公司业务员张汇的身份，根据上述资料填写汇款申请书。

教研交流

1.本任务的重点和难点

重点和难点是购汇申请书的填写。

2.学生在学习中容易出现的问题

在教学中，要注意学生容易忽视的填单细节。

3.教学建议

教师在授课中要做到精讲细练。

任务 四
信用证进口付汇

任务描述

大连新华贸易公司接到开证行的通知，要求进口商大连新华贸易公司付款赎单。大连新华贸易公司委派业务员王丽付款赎单。

任务分析

（一）进口商查验单据

王丽接到开证行通知后，立即到银行查验单据。如单据不符合信用证的规定，进口人可以表示拒付，但要说明拒付的理由；如单证相符，则向开证行买汇赎单。

（二）进口商买汇赎单

在审核单证相符后，王丽向开证行填购汇申请书（与任务二中的单据相同）买汇赎单。

相关知识

卖方交货后，将汇票和全套单据经议付银行寄交开证行收取货款。开证行作为第一付款人，在收到议付行寄来的单据后，根据"单证相符、单单相符"的原则，对照信用证的条款，核对单据的种类、份数和内容，如果相符，即由开证行按即期或远期汇票向国外付款或承兑。开证行或由开证行在信用证中指定的付款行经审单后付款，付款无追索权。

如经开证行审核国外单据，发现单证不符，往往会与开证申请人洽商，但这不改变开证行第一付款人的地位和义务。由开证行与我进口企业取得联系后向国外银行提出异议，并根据不同情况采取必要的处理办法：由国外银行通知发货人更正单据；接受单据不符点，付款或承诺付款；改为货物到达检验后付款；拒绝付款。

开证行在审单无误向外付款的同时，通知我进口企业查验单据并在查验单据无误后按国家规定的外汇牌价，向开证行买汇赎单。

技能训练

（一）业务流程模拟

大连兴发有限公司（地址：大连胜利路 23 号；客户编号：0722；美元账号：75981459657）与 KING TRADING CORPORATION 签订了一份进口贸易合同，合同金额为 USD508 190.80，付款方式为即期付款信用证，信用证要求的单据为：商业发票一式三份，全套清洁提单一式三份，箱单三份，产地证书三份，品质证明三份，质检证一份，保险单一式四份。根据上述资料自行模拟信用证进口付汇的业务流程。

（二）根据教师提供的信用证和单据，对照信用证对单据进行查验

教研交流

1.本任务的重点和难点

重点和难点是信用证项下单据的查验。

2.学生在学习中容易出现的问题

部分学生容易在信用证进口付汇单据审核时出现审单不细致的问题。

3.教学建议

教师在授课中要做到精讲细练。要运用企业实际案例，让学生对信用证付汇过程中的风险与义务有准确理解。

单元十二 进口报检、报关、提货与索赔

学习目标

- 了解进口报检的业务流程
- 了解进口报关的业务流程
- 了解提货的业务流程
- 掌握进口索赔的要点

任务一 进口报检

与出口商品相同，进口商品也分法定检验商品和非法定检验商品。法定检验商品在到货后，收货人或其代理人必须向口岸或到达站商检机构办理进口商品登记手续，然后按商检机构规定的地点和期限向到货地商检机构办理进口商品报验。非法定检验进口商品到货后，由收、用货部门直接办理进口通关手续，提货后，可按合同的约定自行检验。若发现问题需凭商检证书索赔的，应向所在地商检机构办理进口商品报验。

任务描述

大连永达进出口有限公司与日本 Jusk Trading Co. 就化纤制针织男式 T 恤（MEN 65%P 35%C KNITTED T-SHIRT）达成进口协议。货物到港后，进口企业办理报检手续。

任务分析

（一）判断进口商品报检的性质

登录中国海关网上服务大厅，在"商品信息查询"栏下搜索"化纤制针织或钩编男式恤衫"，其"监管条件"显示为"AB"，其中 A 是指"进境法检"，B 是指"出口法检"。可见，该商品属于强制性检验的商品，其商品编号为 6109909051。

（二）电子报检

有关操作与出口报检基本相同。

（三）提供资料到商检局报检

收货人持合同、发票、装箱单、提单等必要的凭证和相关批准文件，向海关报关地的出入境检验检疫机构报检；商检人员对所提供的书面材料进行审核，根据书面资料对货物

的描述来判定是否需要对货物进行场地查验。场地查验的项目通常为动植检疫、商品检验、卫生检疫等，并出具入境通关单，凭此通关单向海关报关。如果商检人员对货物开出"场地商检"的话，那么在海关放行之后，还需要将货物托运到商检局指定的场地做场地商检，之后货物才被允许运到目的地。

（四）获得入境货物通关单

法定检验的进口商品、实行验证管理的进口商品，海关凭出入境检验检疫机构签发的货物通关单办理海关通关手续。

相关知识

（一）入境货物的报检范围

（1）国家法律、行政法规规定必须由出入境检验检疫机构实施检验检疫的。

（2）对外贸易合同约定须凭检验检疫机构签发的证书进行结算的。

（3）有关国际条约规定必须经检验检疫的。

（4）国际贸易关系人申请的其他检验检疫、鉴定工作。

（二）入境货物检验检疫报检方式

1.进境一般报检

进境一般报检是指法定检验检疫入境货物的货主或其代理人，持有关单证向卸货口岸检验检疫机构申请取得《入境货物通关单》，并对货物进行检验检疫的报检。对进境一般报检业务而言，签发《入境货物通关单》和对货物的检验检疫都由口岸检验检疫机构完成，货主或其代理人在办理完通关手续后，应主动与检验检疫机构联系落实施检工作。

2.进境流向报检

进境流向报检亦称口岸清关转异地进行检验检疫的报检，指法定入境检验检疫货物的收货人或其代理人持有关证单在卸货口岸向口岸检验检疫机构报检，获取《入境货物通关单》并通关后由进境口岸检验检疫机构进行必要的检疫处理，货物调往目的地后再由目的地检验检疫机构进行检验检疫监管。申请进境流向报检货物的通关地与目的地属于不同辖区。

3.异地施检报检

异地施检报检是指已在口岸完成进境流向报检，货物到达目的地后，该批进境货物的货主或其代理在规定的时间内，向目的地检验检疫机构申请进行检验检疫的报检。因进境流向报检只在口岸对装运货物的运输工具和外包装进行了必要的检疫处理，并未对整批货物进行检验检疫，只有当检验检疫机构对货物实施了具体的检验、检疫，确认其符合有关检验检疫要求及合同、信用证的规定，货主才能获得相应的准许进口货物销售使用的合法凭证，完成进境货物的检验检疫工作。异地施检报检时应提供口岸局签发的《入境货物调离通知单》。

（三）报检的地点和时限

（1）审批、许可证等有关政府批文中规定检验检疫地点的，在规定的地点报检。

（2）大宗散装商品、易腐烂变质商品、废旧物品及在卸货时发现包装破损、重（数）量短缺的商品，必须在卸货口岸检验检疫机构报检。

（3）需结合安装调试进行检验的成套设备、机电仪产品以及在口岸开件后难以恢复包装的商品，应在收货人所在地检验检疫机构报检并检验。

（4）其他入境货物，应在入境前或入境时向报关地检验检疫机构办理报检手续。

（5）入境的运输工具及人员应在入境前或入境时向入境口岸检验检疫机构申报。

（6）入境货物需对外索赔出证的，应在索赔有效期前不少于20天内向到货口岸或货物到达地的检验检疫机构报检。

（7）输入微生物、人体组织、生物制品、血液及其制品或种畜、禽及其精液、胚胎、受精卵的，应当在入境前30天报检。

（8）输入其他动物的，应在入境前15天报检。

（9）输入植物、种子、种苗及其他繁殖材料的，应在入境前7天报检。

（四）入境货物报检应提供的单据

（1）入境报检时，应填写《入境货物报检单》，并提供外贸合同、发票、提（运）单、装箱单等有关单证。

（2）凡实施安全质量许可、卫生注册、强制性产品认证、民用商品验证或其他需经审批审核的货物，应提供有关审批文件。

（3）报检品质检验的还应提供国外品质证书或质量保证书、产品使用说明书及有关标准和技术资料；凭样成交的，须加附成交样品；以品级或公量计价结算的，应同时申请重量鉴定。

（4）报检入境废物时，还应提供国家环保部门签发的《进口废物批准证书》、废物利用风险报告和经认可的检验机构签发的装运前检验合格证书等。

（5）报检入境旧机电产品的还应提供与进口旧机电产品相符的进口许可证明。

（6）申请残损鉴定的还应提供理货残损单、铁路商务记录、空运事故记录或海事报告等证明货损情况的有关证单。

（7）申请重（数）量鉴定的还应提供重量明细单，理货清单等。

（8）货物经收、用货部门验收或其他单位检测的，应随附验收报告或检测结果以及重量明细单等。

（9）入境的动植物及其产品，在提供贸易合同、发票、产地证书的同时，还必须提供输出国家或地区官方的检疫证书；需办理入境审批手续的，还应提供入境动植物检疫许可证。

（10）过境动植物及其产品报检时，应持分配单和输出国家或地区官方出具的检疫证书；运输动物过境时，还应提交国家质检总局签发的动植物过境许可证。

（11）入境旅客、交通员工携带伴侣动物的，应提供进境动物检疫审批单及预防接种证明。

（12）入境食品报检时，应按规定提供《进出口食品标签审核证书》或《标签审核受理证明》。

（13）入境化妆品报检时，应按规定提供《进出口化妆品标签审核证书》或《标签审核受理证明》。

（14）来自美国、日本、欧盟和韩国的入境货物报检时，应按规定提供有关包装情况的证书和声明。

（15）因科研等特殊需要，输入禁止入境物的，必须提供国家质检总局签发的特许审批证明。

（16）入境特殊物品的，应提供有关的批件或规定的文件。

技能训练

查询了解非强制性检验的业务流程。

教研交流

1.本任务的重点

重点是了解进口报检的业务流程。

2.教学建议

教师在授课中可以回顾出口报检的业务流程，通过对比分析和训练，加深学生对相关内容的了解。

任务 二 进口报关

任务描述

2015年10月12日，大连国富水产食品有限公司（货主）进口冻狭鳕鱼一批，数量256 168千克，单价1.765美元，委托大连鸿元国际货运代理有限公司代为向海关申报。

任务分析

（一）准备进口报关单证

鸿元货代根据大连国富水产食品有限公司的要求准备进口报关单证，包括报关单、基本单证和特殊单证。根据交易双方的要求提供所需要的单据。本票货物需提供的单据为发票、箱单、提货单（用提单换的）、原产地证、入境货物通关单、合同复印件和报关委托书等。

（二）填写进口报关单手写联、预录入、核对相关单证

鸿元货代公司的报关员或操作填制进口报关单手写联，然后将手写联的内容自行或委托预录入单位预录入。录入完毕后，系统根据手写联打出核对联。

报关员要认真核对手写联各栏目内容和预录入报关单各栏目内容的一致性，同时要与箱单、发票等原始单据核对，如果有错误要在系统中及时更正。

（三）电子数据申报与现场申报

将电子数据申报到海关通关管理处审单中心H2000系统。如果发送成功，计算机则显示"申报成功"。计算机审单之后，报关员可到H2000系统中查"回执"看审核后的结果。结果有两种，一是电子退单，二是接单交单。电子退单的报关员查明原因修改后重新申报。接单交单的，如需人工审单，系统自动对外发布"等待处理"的指令。人工审单的结果出现"现场交单"或"办理放行交单手续"的，报关员办理现场通关预备。出现"退

回修改通知"的，报关员要将需修改内容修改后重新申报。还有出现"与审单中心联系"的，报关员要了解实际情况，需补充资料的，报关员要联系客户，取得相关资料送审单中心。

收到"现场交单"回执后，打印纸质报关单并加盖报关单位（鸿元货代）的报关专用章，同时报关员签名，到申报地海关办理现场申报。审核无误的，海关关员在纸质报关单上盖章。有些复审工作的关员还要审申报价格和商品归类并进行批注。

需要缴税的商品，核定税额后打印税单并盖章。报关员将税单给货主（大连国富水产食品有限公司）要求其到银行缴纳税费。缴税完毕后，拿回执到海关大厅。如果税费没有问题，关员盖章。

（四）查验与放行

无须查验的，货物申报审核完毕，海关关员在纸质报关单相应位置签名和日期，加盖"验讫章"，在提货单上盖"放行章"及"工号章"，口岸海关直接放行。

海关需要布控查验的，持"查验单"，海关关员和报关员进行现场查验。查验结束后，关员填写"海关进出境货物查验记录单"，配合查验的报关员认真阅读，记录准确清楚的，立即签署确认。现场接单（查验）关员予以放行，在纸质报关单的相应位置签名和填写日期，盖"验讫章"，在提货单上盖"放行章"和"工号章"，完毕后，口岸海关放行。

相关知识

（一）进口报关时提供的相关单证

进口报关相关单证为进口报关单和随附单证。随附单证包括基本单证和特殊单证。基本单证主要有进口提货单、商业发票、装箱单等。一般来说，任何货物的申报都必须有基本单证。特殊单证主要有进口许可证件、加工贸易手册、特定减免税证明、作为有些货物进境证明的原进口货物报关单证、原产地证明书、贸易合同等。

（二）与报关相关的进口税费

（1）海关征收的各种税款其缴纳形式为人民币。如果货物的成交价格及相关费用以外币计价的，应按照该票货物适用税率之日所适用的汇率折合成人民币计算完税价格。

（2）一票货物的税费征收起点为人民币50元，低于50元的免征。货物的完税价格和关税税额计算到分，并采用四舍五入的形式。

（3）海关每月使用的计征汇率为上一个月第三个星期三（如果是法定节假日顺延采用第四个星期三）中国人民银行对外公布的外币对人民币的基准汇率。以基准汇率外的外币形式计征的，以同一时间中国银行公布的现汇买入价和现汇卖出价的中间值为标准。

（4）进口关税：指一国海关以进出境货物和物品为课税对象所征收的关税。它的计征方法包括从价税、从量税、复合税、滑准税等。

从价税应征税额=进口货物完税价格×进口从价税税率

从量税应征税额=进口货物数量×单位税额

复合税应征税额=进口货物数量×单位税额+进口货物完税价格×进口从价税税率

滑准税：

①从价应征进口关税税额=完税价格×暂定关税税率

②从量应征进口关税税额=进口货物数量×暂定关税税率

（5）进口增值税：是以商品的生产、流通和劳务服务各个环节所创造的新增价值为课税对象的一种流转税。

增值税组成计税价格=进口关税完税价格+进口关税税额+消费税税额

应纳税额=增值税组成计税价格×增值税税率

消费税税额=消费税组成计税价格×消费税税率

进口消费税：是以消费品或消费行为的流转额作为课税对象而征收的一种流转税。

从价消费税组成计税价格=（进口关税完税价格+进口关税税额）÷（1−消费税比例税率）

消费税应纳税额=从价消费税组成计税价格×消费税比例税率

从量税应纳税额=应征消费税消费品数量×消费税单位税额

（6）进口滞纳金：指应纳税的单位或个人因逾期向海关缴纳税款而依法缴纳的款项。

进口环节海关代征税滞纳金金额=滞纳进口环节海关代征税税额×0.05%×滞纳天数

技能训练

（一）查询下列商品在《进出口税则》中的税号

（1）改良种用的猪，重量为30千克。

（2）冷藏的鳕鱼片，供食用。

（3）活的淡水小龙虾种苗。

（4）烤的鱿鱼丝，供食用。

（5）冻的中华绒螯蟹。

（6）熏的田鸡腿，供食用。

（7）炸的多瑙哲罗鱼，整条，真空包装。

（8）一种美味鸭舌，经过深加工处理，20克/袋。

（9）蒸煮过的对虾虾仁，真空包装，30克/袋。

（10）改良种用的野鸡。

（11）冷藏的猪肝，供食用。

（12）煮熟的猪肝罐头。

（13）摩托车用链条。

（14）含棉40%，涤纶短纤40%，桑蚕丝20%的灯芯绒（已割绒）已染色，每平方米250克。

（15）宽1米，厚3毫米的非合金钢热轧卷板，表面涂有防锈漆。

（16）"心相印"牌盒装面巾纸，300张/盒，规格19厘米×20厘米。

（17）零售包装的改正液。

（18）病员监护仪。

（19）家用电动牙刷。

（20）装在纸盒中的削笔刀。

（21）家用绞肉机，手工操作重量8千克。

（22）外科用的手术刀。

（23）不锈钢制法兰。

（24）电动轮货运自卸车用变速箱。

（25）香水喷雾器。

（26）内充丝棉的棉被。

（27）已装弦的草地网球拍。

（28）"格兰仕"牌微波炉。

（29）全棉针织女衬衫。

（30）木制的衣架。

（二）根据教师提供的素材，填制进口货物报关单

教研交流

1.本任务的重点

重点是掌握进口报关的业务流程。

2.学生在学习中容易出现的问题

由于进口报关单上的项目与合同、信用证等文件上的名称并不完全一致，学生对部分项目的理解可能出现偏差。

3.教学建议

教师在授课中可以回顾进口报关的业务流程，通过对比分析和训练，加深学生对相关内容的了解；要结合"电子口岸预录入申报系统"或报关单范本，运用企业实际案例等，使学生掌握进口报关的相关技能。

任务 二
提货

任务描述

进口商（上海啼鸣进出口公司）收到船公司发出的货物于 2008 年 1 月 27 日达到上海港的到货通知书，并委托百通货运代理到港口提货。

任务分析

（一）货代接收和审核单据

货主收到船公司的到货通知书后，连同正本提单、发票等转交给货代，货代接收后进行审核。

（二）货代凭到货通知单和正本提单换提货单并领取设备交接单

货代将提单和到货通知书交给外运公司工作人员（船代），审核无误后向货代收取费用。船代收取的费用为换单费、单证费，如果运费为到付，还需付海运费。

外运公司工作人员收费后在提货单上盖外运公司"进口提货章"，并将提货单、港区的"费用账单"联、"交货记录"联交给货代，同时签发设备交接单。

（三）货代到堆场办理提货预约手续

为了便于码头结算港杂费，提前处理有关文件并安排移箱和做好交货准备，避免提

等待和交通堵塞等现象发生，码头一般都规定收货人在办妥提货手续后，应在码头规定的时间内提前向码头商务受理部门办理货物提取的申请，即通常所称的提货"预约"。预约流程如下：

（1）递交提货单、费用账单（两联）、交货记录（两联），码头受理员审核与船代公司传递的信息是否一致。

（2）码头工作人员收取港杂费用后，打印提箱凭证；提箱凭证主要记录：船名、航次、提单号、提箱时间。

（3）码头工作人员在交货记录联上盖章并退还给货代，货代据此提货。留下提货单和费用账单联作为放货、结算依据。

（四）提货

货运代理办妥提货手续后，应在码头规定的时间内到码头集装箱堆场提取货物，并根据委托代理协议将货物运达收货人指定地点。

相关知识

（一）提货单

1.提货单的含义和作用

提货单是指收货人凭正本提单或副本提单随同有效的担保向船公司或其代理人换取的，可向港口装卸部门提取货物的凭证。提货单的性质与提单完全不同，它是船公司或其代理人指令仓库或装卸公司向收货人交付货物的凭证，不具备流通或其他作用。

2.提货单的主要内容

第一部分为运输和货物的相关信息；第二部分为签章栏，包括"收货人章""海关章""检验检疫章"以及需要的其他签章。进口人必须持盖有海关放行章的提货单才能向海关监管仓库提取货物。

（二）交货记录联单

集装箱班轮运输中普遍采用"交货记录"联单以代替件杂货运输中使用的"提货单"。"交货记录"的性质实质上与"提货单"一样，仅仅是在其组成和流转过程方面有所不同。

"交货记录"标准格式一套共五联：①到货通知书；②提货单；③费用账单（蓝色）；④费用账单（红色）；⑤交货记录。其流转程序为：

（1）船舶代理人在收到进口货物单证资料后，缮制"交货记录"联单，并向收货人或其代理人发出"到货通知书"。

（2）收货人或其代理人在收到"到货通知书"后，凭海运正本提单向船舶代理人换取后四联。船代收回提单，在"提货单"上盖章。

（3）收货人或其代理人持"提货单"及其他货物报关资料向海关申报。海关验放后在"提货单"上盖放行章。

（4）收货人及其代理人持后四联到场站提货。场站核对无误后，将"提货单""费用账单"联留下，作为放货、结算费用及收费依据。在"交货记录"联上盖章。提货完毕后，提货人应在规定的栏目内签名，完成货物的交接，承运人对货物的责任终止。

1.本任务的重点

重点是掌握提货的业务流程。

2.教学建议

教师在授课中要运用企业实际的案例，让学生了解相关单据流转的程序；可以通过角色扮演法来熟悉交货记录联单的流转程序。

任务 四
进口索赔

在履行进口合同过程中，往往因卖方未按期交货或货到后发现品质、数量和包装等方面与合同规定不符，致使买方遭受损失，而需向有关方面提出索赔。进口索赔事件虽不是每笔交易一定发生，但为了维护我方的利益，我们对此项工作应当常备不懈，随时注意一旦出现卖方违约或发生货运事故，应切实做好进口索赔工作。

任务描述

上海美德公司从德国进口食品1 000箱，货物装运后，船公司签发了清洁的已装船提单。货到目的港后，经进口人复验，发现下列情况：

（1）该批货物共有10个批号，抽查20箱，发现其中2个批号涉及200箱内含沙门氏细菌超过进口国的标准。

（2）收货人只实收998箱，短少2箱。

（3）有10箱包装严重破损，箱内货物已散失40%。

（4）有15箱货物表面状况良好，但箱内货物共短少60公斤。

上海美德公司业务员林海需要与有关责任方进行交涉，并提起索赔事宜。

任务分析

（一）确定索赔对象

在国际贸易中，进口商品的索赔对象主要有卖方、承运人及保险公司3个方面。林海需要根据发生损失的情形，确定是何方责任，并与之交涉，提起索赔。

（二）提供索赔证据

林海首先需要制作索赔清单（详细货物损失细节及索赔金额），随附商检机构签发的商检证书、发票、装箱单、提单副本。其次，针对不同索赔对象还须随附其他有关证件，它们分别是：如系FOB或CFR合同，须随附保险单一份；向船公司索赔时，须另附由船长及港务局理货员签证的理货报告及船长签字的短卸或残损证明；向保险公司索赔时，应另附保险公司与买方的联合检验报告等。

（三）确定索赔金额

关于索赔金额，除受损商品价值外，有关的费用也可提出。如商品检验费、装卸费、银行手续费、仓租、利息等都可包括在索赔金额内。至于包括哪几项，应根据具体情况确定。

（四）掌握索赔期限

向责任方提出索赔，应在规定的期限内提出，过期提出索赔无效，在合同内一般都规定了索赔期限：向卖方索赔，应在约定期限内提出，如合同未规定索赔期限，按《公约》的规定，买方向卖方声称货物不符合合同时限，是买方实际收到货物之日起2年；向船公司索赔的时限，按《海牙规则》规定，是货物到达目的港交货后1年；根据中国人民保险公司制定的《海洋运输货物保险条款》，向保险公司索赔的时限为货物全部卸离海轮后2年。

相关知识

（一）向卖方索赔的情形

《公约》第3条规定，卖方的基本义务是按合同规定的时间交付符合合同规定的货物，交付符合合同规定的各种单据和转移货物的所有权。如果发生卖方不交货、延迟交货以及交货与合同规定不相符等，即构成卖方违约，此时，买方有权向卖方索赔。当然，对于不同性质的违约，买方可以行使的权利也不相同。

1.卖方不交货

所谓卖方不交货，是指卖方不交货或不提交单据。根据《公约》规定，买方可以采取以下几种救济方法：（1）要求实际履约。《公约》第46条规定，只要买方未采取其他与此相抵触的补救措施，买方完全可以要求卖方履行合同规定的义务。（2）解除合同。按《公约》规定，卖方不交货属于根本性违反合同，买方可以解除合同；或者卖方不交货，买方可以规定一段合理时间，让卖方履行其义务，如果卖方仍未按时交货，买方可以解除合同，宣布合同无效。（3）请求损害赔偿。《公约》第45条规定，如果卖方不交货，买方可享有要求损害赔偿的任何权利。

2.卖方延迟交货

在国际货物买卖合同中，延迟交货是一种较常见的违约形式。在国际市场价格波动幅度较大时，常会给买方带来比较严重的损失。根据《公约》规定，一旦卖方违约，买方可行使《公约》允许的各种救济方法，包括解除合同和请求损害赔偿。

3.卖方所交货物与合同不符

《公约》规定，当卖方所交货物与合同不符时，买方可行使多种救济方法。但是，《公约》要求买方在行使各种救济方法之前，有义务通知对方，否则他将无权行使《公约》所规定的各种救济方法。对卖方所交货物与合同不符的，买方可以采取的救济方法包括：（1）要求卖方交付替代货物。但是，根据《公约》规定，此权利只有在卖方交货不符构成根本性违约时，方可行使。同时，买方要求卖方交付替代货物必须事先通知卖方。（2）要求卖方对不符合合同的货物进行修补。根据《公约》的规定，买方要求修补的通知必须在声称货物不符时或在发出不符通知后一段合理时间内作出。（3）要求减低货价。根据《公约》的规定，减价的幅度应按实际交付的货物在交货时的价值与符合合同的货物在当时的价值两者之间的比例计算。但如卖方已对货物进行了修补，买方就不能再要求减低货价，只能请求损害赔偿。（4）解除合同。根据《公约》规定，在下列两种情况下，买方可以主张解除合同：一是卖方所交货物不符合合同，构成了根本性违约；二是如卖方违约未构成根本性违约，但卖方未能在合理的时间内对货物进行修补或采取相应的补救措施或卖方声明不采取补救措施。（5）请求损害赔偿。按《公约》规定，买方在卖方交货与合同不符时，可以要求损害赔偿，而且不因行使了其他的救济方法而丧失请求损害赔偿的权利。

（二）向承运人索赔的情形

凡属下列情形者，均可向船公司索赔。例如，原装数量少于提单所载数量；提单是清洁提单，而货物有残缺情况，且属于承运人过失所致；货物所受的损失，根据租船合约有关条款应由承运人负责等。

（三）向保险公司索赔的情形

凡属下列情况者，均可向保险公司索赔。例如，由于自然灾害、意外事故或运输中其他事故的发生致使货物受损，并且属于承保险别范围以内的；凡船公司赔偿金额不足抵补损失的部分，并且属于承保范围内的。

技能训练

（1）中国某公司出口一批哑铃，合同规定："每套装一小盒，每6套装一纸箱，7月装运"。合同订立后，买方出于销售需要，要求将装运期提前到6月，卖方同意。卖方备货时发现小盒数量不足，交货期已临近，因此改将每两套装一中盒，每6套装一纸箱。买方收到货物后，提出损害赔偿要求。卖方认为货物数量符合合同规定，每个纸箱内的货物数量也与合同规定一致，而且改变包装完全是由于买方修改合同所致，买方的索赔要求不合理。你认为买方应如何处理该争议？为什么？

（2）中国某公司进口一批食用油，合同的检验条款规定"以装船前出口国检验检疫机构出具的品质检验证书和数量检验证书作为最后依据"。卖方按合同规定的装运期交货并提交了符合合同规定的单据。货到目的港，经买方复验发现食用油的黄曲霉素含量超标，买方提出拒收货物并要求损害赔偿。买方的要求是否合理？为什么？

教研交流

1.本任务的重点和难点

重点和难点是确定索赔的对象和索赔金额。

2.学生在学习中容易出现的问题

在已投保货物发生损失时，部分学生就向保险公司索赔还是向有关直接责任方索赔拿不定主意；部分学生只关注损失是何造成的，往往容易忽略相关的免责条款。

3.教学建议

教师要大量使用案例开展教学，同时可以采用角色扮演、模拟仲裁等形式发现学生在学习方面存在的问题，并加深学生对相关要点的理解。

附录1 货物进出口合同示例

销 售 合 同
SALES CONTRACT

（正本）
（ORIGINAL）

合同号码： 日期： 签约地点：
Contract No.：CE102   Date：November 5，2015   Signed at：Guangzhou

卖方：中国化工进出口公司广东省分公司
Sellers：China National Chemicals Import & Export Corporation，Guangdong Branch

地址：中国广州沿江一路61号
Address：61，Yenjiang Road （1），Guangzhou，China

电报挂号： 传真：
Cable Address：SINOCHEMIC   Fax：

网址： 电子信箱：
Web site：Http：//www.guangdongchem.com   E-mail address：xx@guangdongchem.com

买方：
Buyers：Smith & Sons Co.，Ltd.

地址：
Address：No.1118 Green Road，Singapore

电报挂号： 传真：
Cable Address： Fax：

网址： 电子信箱：
Web Site： E-mail address：

　　兹经买卖双方同意由卖方售出买方购进下列货物，并按下列条款签订本合同：

This Sales Contract is made by and between the Sellers and the Buyers whereby the Sellers agree to sell and the Buyers agree to buy the under-mentioned goods according to the terms and conditions stipulated below：

1.商品名称、规格及包装 Name of Commodity Specifications & Packing	数量 Quantity	单价 Unit Price	总值 Total Value
Lithopone ZnS content 28% min. Paper-lined glass-fiber bags	50 m/tons	RMB￥892 per M/T CIFC3% Singapore	RMB￥44 600

（卖方可多装或少装5%，价格仍按上述单价计算）

（The Sellers are allowed to load 5% more or less and the price shall be calculated according to the unit price）

2.唛头：由卖方指定

Shipping Mark：To be designated by the Sellers：

3.保险：由卖方按中国人民保险公司海洋货物运输保险条款照发票总值110%投保综合险及战争险。如买方欲增加其他险别或超过上述保额时须于装船前征得卖方同意，所增加的保险费由买方负担。

Insurance：To be covered by the Sellers for 110% of invoice value against All Risks and War Risk as per the relevant Ocean Marine Cargo Clauses of the

People's Insurance Company of China.If other coverage or an additional insurance amount is required，the Buyers must have the consent of the Sellers before shipment，and the additional premium is to be borne by the Buyers.

4.装船口岸：广州

Port of Shipment：Guangzhou

5.目的口岸：新加坡，允许转船

Port of Destination：Singapore，with transhipment allowed

6.装船期限：2015年12月份装船，允许分批

Time of Shipment：During December，2015，allowing partial shipments.

7.付款条件：买方应由卖方可接受的银行于装运月份前30天开立并送达卖方不可撤销即期信用证，至装运月份后第15天在中国议付有效。

Terms of Payment：The Buyers shall open with a bank acceptable to the Sellers an Irrevocable

Sight Letter of Credit to reach the Sellers 30 days before the month of shipment，valid for negotiation in China until the 15th day after the month of shipment.

8.商品检验：买卖双方同意以装运口岸中国进出口商品检验局签发的品质和重量检验证书作为品质和数量的交货依据。

Commodity Inspection：It is mutually agreed that the Certificate of Quality and Weight issued by the China Import and Export Commodity Inspection Bureau at the port of shipment shall be taken as the basis of delivery.

9.异议和索赔：买方对于装运货物的任何索赔，必须于货到目的港30天内提出，并须提供经卖方同意的公证机构出具的检验报告。属于保险公司或轮船公司责任范围内的索赔，卖方不予接受。

Discrepancy and Claim：Any claim by the Buyers on the goods shipped shall be filed within 30 days after arrival of the goods at port of destination and supported by a survey report issued by a surveyor approved by the Sellers.Claims in respect of matters within the responsibility of the insurance company or of the shipping company will not be considered or entertained by the Sellers.

10.不可抗力：如由于不可抗力的原因，致使卖方不能全部或部分装运或延迟装运合同货物时，卖方对于这种不能装运或延迟装运不负有责任。但卖方须用电报或电传通知买

方，并须在15天内以航空挂号信件向买方提交中国国际贸易促进委员会出具的证明此类事故的证明书。

Force Majeure: If shipment of the contracted goods is prevented or delayed in whole or in part due to Force Majeure, the Sellers shall not be liable for non-shipment or late shipment of the goods under this Contract.However, the Sellers shall notify the Buyers by cable or telex and furnish the latter within 15 days by registered airmail with a certificate issued by the China Council for the Promotion of International Trade attesting such event or events.

11.仲裁：凡因执行本合同所发生的或与本合同有关的一切异议，双方应通过友好协商解决。如果协商不能解决时，应提交北京中国国际经济贸易仲裁委员会根据该会仲裁程序规则进行仲裁。仲裁是终局性的，对双方都有约束力。

Arbitration: All disputes arising out of the performance of, or relating to this Contract, shall be settled amicably through negotiation.In case no settlement can be reached through negotiation, the case shall then be submitted to the China International Economic and Trade Arbitration Commission, Beijing, China, for arbitration in accordance with its Rules of Procedure of Arbitration.The arbitral award is final and binding upon both parties.

12.其他条款：Other Terms:

卖方 The Sellers　　　　　　　　买方 The Buyers

CHINA NATIONAL LIGHT INDUSTRIAL PRODUCTS
IMPORT AND EXPORT CORPORATION SHANGHAI BRANCH

128 Huqiu Road Shanghai, China

Cable Address: INDUSTRY	Telex: 33054 INDUS CN
Web Site: http://www.sinolight.com	E-mail Address: xx@sinolight.com

SALES CONFIRMATION

No.: CRE1890   Your Letter: 30/4/2015

Date: May 12, 2015   Our Letter: 12/5/2015

To Messrs

J.B.Lawson & Company

854 California Street

San Francisco, California 94104

Cable: LAWSON

The undersigned Sellers and Buyers have agreed to close the following transaction according to the terms and conditions stipulated below:

1.Commodity and Description: Canvas Folding Chairs with Wooden Frame

    Quantity: 500 pcs

    Unit Price: US$12.00 per piece CFR San Francisco

    Total Amount: US$6 000

2.Loading Port and Destination: From China Ports to San Francisco.

3.Time of Shipment: During July, 2015.

4.Packing: In cartons.

5.Shipping Marks: At the Sellers' option.

6.Insurance: To be effected by the Buyers.

7.Terms of Payment: By confirmed, irrevocable, transferable, divisible L/C with transhipment and partial shipment allowed, and with 5% more or less in quantity and value permissible, payable at sight and valid in China till the 15th day after shipment.

REMARKS:

(1) The Buyers shall establish the covering letter of Credit before June 1, 2015, failing which the Sellers reserve the right to rescind this Confirmation without further notice, or to accept whole or any part thereof unfulfilled by the Buyers, or to lodge a claim for direct losses sustained, if any.

(2) Quality/Quantity discrepancy: In case of quality discrepancy, claim should be raised by the Buyers within 30 days after arrival of the goods at port of destination; while for quantity discrepancy, claim should raise by the Buyers within 15 days after arrival of the goods at port of destination.It is understood that the Sellers shall not be liable for any discrepancy of the goods

shipped due to causes for which the insurance company, shipping company, other transportation organization or post office is liable.

(3) The Sellers shall not be held liable for failure or delay in delivery of the entire lot or a portion of the goods under this Confirmation in consequence of any Force Majeure incidents.

(4) The Buyers are requested to countersign and return one copy of this Sales Confirmation immediately after receipt of the same.Objection, if any, should be raised by the Buyers within 5 days after receipt of this Confirmation, in the absence of which it is understood that the Buyers have accepted the terms and conditions of the Sales Confirmation.

Accepted by:

The Buyers   The Sellers

参考译文

中国轻工业品进出口公司上海市分公司

中国上海虎丘路128号

电报挂号：INDUSTRY   电传：33054INDUS ON

网址：http：//www.sinolight.com   电子信箱：xx@sinolight.com

销售确认书

编号：CRE1890   你方来信：2015年4月30日

日期：2015年5月12日   我方去信：2015年5月12日

致：加利福尼亚州旧金山市94104

加利福尼亚大街854号

劳森公司

电挂：LAWSON

签署本约的售买双方同意按下列条款成交：

1.商品名称规格：帆布木架折椅

数量：500把

单价：成本加运费到旧金山每把12美元

总值：6 000美元

2.装货港和目的港：由中国港口至美国旧金山

3.装船日期：2015年7月

4.包装：纸箱装

5.装运唛头：由卖方选定。

6.保险：由买方投保。

7.付款条件：保兑的、不可撤销的、可转让的、可分割的信用证，准许转船和分批装运，允许价值和数量有5%的上下幅度，见票即付，且于装船后15天内在中国议付有效。

备注：

（1）买方须于2015年6月1日前开出本批交易的信用证，否则，卖方有权不经通知，取消本确认书，或接受买方对本契约未执行的全部或一部分，或对因此遭受的直接损失提出索赔。

（2）品质/数量异议：如买方提出索赔，凡属品质异议，须于货到目的地口岸之日起30天内提出，凡属数量异议，须于货到目的地口岸之日起15日内提出。对所装货物所提任何异议属于保险公司、轮船公司、其他有关运输机械或邮递机构应负责者，卖方不负任何责任。

（3）本确认书内所述全部或部分商品，如因人力不可抗拒的原因，以至于不能履约或延迟交货，卖方概不负责。

（4）买方于收到售货确认书后请立即签字退回一份。如买方对本确认书有异议，应于收到后5天内提出，否则认为买方已同意接受确认书所规定的各项条款。

（买方签字）   （卖方签字）

购买确认书
Purchase Confirmation

确认书号码　　　　　　　　　　　　　　日期

Confirmation No.：PT152　　　　　　　　Date：March 1，2015

签约地点

Signed at：Guangzhou

买方：中国土产畜产进出口总公司广东土产分公司

Buyers： China National Native Produce & Animal By - products Import & Export Corporation，Guangdong Native Produce Branch

地址：中国广州市六二三路486号

Address：No.486，"623" Road，Guangzhou，China

电报挂号：　　　　　　　　　　　　　　电传：

Cable Address：PROCANTON　　　　　　Telex：44072 KTNB CN

网址：　　　　　　　　　　　　　　　　电子信箱：

Web site：http：//www.procanton.com　　E-mail address：XX@procanton.com

卖方：

Sellers：Datung Trading Co.，Ltd

地址：

Address：No.165，Censa Road，Rangoon

电报挂号：　　　　　　　　　　　　　　电传：

Cable Address：DATUNGCT　　　　　　　Telex：4563DATUNG BM

网址：　　　　　　　　　　　　　　　　电子信箱：

Web site：http：//www.datimgct.com　　　E-mail address：xx@www.datimgct.com

兹经买卖双方同意按下列条款达成如下交易：

The undersigned Buyers and Sellers have agreed to close the following transaction according to the terms and conditions stipulated hereunder：

1.商品：缅甸烟叶

Commodity： Burmese Tobacco Leaves

2.规格：一级，水分最低11%，最高12%

Specifications：First grade，moisture 11% minimum and 12% maximum

3.数量：100公吨

Quantity：100 metric tons

4.单价：每公吨成本加运费到黄埔价格1 890美元

Unit Price：US$1 890.00per metric ton CFR Huangpu

5.总值：18.9万美元

Total Value：US$189 000.00

6.包装：袋装，每袋净重100公斤

Packing：In bales of 100 kgs net each

7.装船唛头：KCT 120

Shipping Mark：KCT120

8.交货期：2015年5月份

Shipment：During May，2015

9.装卸港：由仰光到黄埔

Loading Port & Destination：From Rangoon to Huangpu

10.保险：由买方投保

Insurance：To be covered by the Buyers.

11.付款条件：按货物金额90%开立以卖方为受益人的不可撤销信用证，凭卖方汇票跟单向开证行议付，其余10%货款在货到目的地检验合格后付清。

Terms of Payment：By Irrevocable Letter of Credit for 90% of the total invoice value of the goods to be shipped，in favour of the Sellers，payable at the issuing bank against the Sellers' draft at sight accompanied by the shipping documents stipulated in the Credit.The balance of 10% of the proceeds is to be paid only after the goods have been inspected and approved at the port of destination.

交货条件：需附品质、数量、重量、产地证书，买方有权在货到后由中国商品检验局进行复检，有关复检证书，可作为买方向卖方提出索赔的依据。

12.Delivery Terms：Certificates of Quality，Quantity，Weight and Origin are required.The Buyers have the right to have the goods re-inspected by the China Commodity Inspection Bureau at the port of discharge.The relevant Inspection Certificates may serve as the basis of any claim to be lodged by the Buyers.

13.索赔期限：货到目的地卸货后60天内买方有权向卖方提出索赔。

Validity of Claim：The Buyers have the right to lodge a claim for all losses sustained within 60 days after discharge of the goods at the port of destination.

14.仲裁：凡有关本合同或因执行本合同所发生的一切争执，双方应以友好方式协商解决，如协商不能解决，可提交仲裁。仲裁应在原告或被告的国家进行。仲裁费如未另行裁定应由败诉方负担。

Arbitration：All disputes in connection with this Contract or arising in the execution thereof shall first be settled amicably by negotiation.In case no settlement can be reached，the case under dispute may then be submitted for arbitration.The arbitration shall take place in the plaintiff's or defendant's country.The fees for arbitration shall be borne by the losing party unless otherwise awarded.

15.其他条件：Other Terms：

卖方 The Sellers   买方 The Buyers

Purchase Contract

No.3XQA77750US

This Contract is made by and between China National Chemicals Import & Export Corporation, Erh Li Kou, Hsi Chiao, Beijing, China (Hereinafter called the Buyers) and Unisobin Chemicals Export Corporation, 251 West Hasting Street, Vancouver B.C., Canada (hereinafter called the Sellers) whereby the Buyers agree to buy and the Sellers agree to sell the under-mentioned commodity on the following terms and conditions:

1.Name of Commodity and Quantity: Rock Phosphate, 100 000 (One Hundred Thousand) Metric Tons- 10% more or less at Buyers' option.The Buyers shall inform the Sellers of this option within one month prior to the completion of this Contract.

2.Specifications: Rock Phosphate must contain 72% Tribasic Phosphate of Lime $(Ca_3P_2O_8)$, and the guaranteed content of Tribasic Phosphate of Lime in a dry state, i.e.dried at 105℃: 72% min.

Phosphoric anhydride (P_2O_5)	32.95%
Iron and Aluminums Oxides combined:	2.8 %max.
Moisture:	3%max.
Fluorine (F):	3.65%max.
Carbon Dioxide (CO_2):	3.8%max.

Screen analysis: All Rock passing through one half inch mesh and retained on plus 150 meshes Tyler screen.

3.Price: US$12.00 (US Dollars Twelve) per M/T FOB stowed and trimmed Vancouver B.C. or Prince Rupert.

Total value: US$1 200 000 (US Dollars One Million Two Hundred Thousand Only)

4.Destination: China Ports.

5.Period of Delivery: 50 000 M/T in October, 2015 at Vancouver Port.

25 000 M/T from October to December, 2015 at Prince Rupert Port.

6.Weighing: The Rock Phosphate shall be weighed under the supervision of both Sellers'and Buyers' representatives (the captain of the carrying vessel may be appointed as the Buyers' representative), during loading operation at Vancouver or Prince Rupert by a selfacting balance, at the expense of the Sellers.

7.Inspection: The determination of quality of Rock Phosphate is subject to the results of analysis of the representative samples drawn from the actually landed cargo, conducted by the China Commodity Inspection Bureau after arrival of the goods at destination.The samples for testing moisture will be drawn during loading, two bottles of the same should be sent by the Sellers, c/o the vessel, to the China National Foreign Trade Transportation Corporation at destination.The Buyers shall have the right to claim against the Sellers for compensation of losses within 60 days after arrival of the goods at the port of destination, should the quality of the goods be found not in conformity with the specifications stipulated in the Contract after reinspection by the China Commodity Inspection Bureau.The Buyers shall have the right to claim against the Sellers for compensation of short‑weight within 60 days after arrival of the goods at the port of destination, should the weight be found not in conformity with that stipulated in the Bill of Lading after reinspection by the China Commodity Inspection Bureau.

8.Invoicing: The provisional Invoice will be made out for quality of 72% of $Ca_3P_2O_8$ and on shipped weight in B/L less 1% .Should the content of Tribasic Phosphate of Lime fall below the guaranteed 72% , and allowance on the basis of 2% of the sales price for each unit shall be calculated and deducted from the purchase price fractions pro rata.Should the content of Tribasic Phosphate of Lime fall below 70% , the Buyers have the right to refuse the cargo.In such case, all the losses and expenses arising therefrom shall be borne by the Sellers, or alternatively the price shall be renegotiated.If the Iron and Aluminum Oxides combined content exceeds 2.8% , an allowance on the basis of 2.8% of the sales price for each unit shall be calculated and deducted from the purchase price fractions pro rata.At the time of loading, the moisture content of the whole cargo should be indicated in the quality certificate and should be also deducted from the invoiced weight.

9.Payment: The Buyers shall open with the Bank of China, Beijing, an irrevocable letter of credit in favour of the Sellers in US Dollars covering the FOB stowed and trimmed value of each shipment payable against receipt by the issuing Bank of the following shipping documents:

1) Full set (including three copies each of the negotiable and non‑negotiable) of clean on board Bill of Lading or Charter Party Bill of Lading in accordance with the Charter Party, made out to order, blank endorsed, notifying the China National Foreign Trade Transportation Corporation at the port of destination.

2) Provisional invoice covering an amount corresponding to the full value of each shipment, weight 1% less than that in B/L, and quality bases on 72% Tribasic Phosphate of Lime.

3) Certificate of quality and weight determination issued by the Sellers at the port of loading. The Buyers should open the relative letter of credit latest 20 days before the arrival of the carrying vessel at the port of loading with validity for 90 days from the date of opening.

10.Terms of Shipment:

1) Insurance to be covered by the Buyers.

2) The Buyers shall undertake to charter the carrying vessel.The Buyers or their chartering agent shall advise the Sellers by facsimile or teleprinter, 10 days prior to the arrival of the carrying vessel at the port of shipment, of the contract number, name of the carrying vessel, approximate loading capacity, laydays and port of loading, in order to enable the Sellers to make preparations for loading.The Sellers shall confirm by fax upon receipt of the above advice.The Buyers' chartering agent shall make direct contact with the Sellers from time to time.Should for certain reasons the Buyers not be able to inform the Sellers of the foregoing details 10 days prior to the arrival of the vessel at the port of loading or should the carrying vessel be advanced or delayed, the Buyers or their chartering agent shall advise the Sellers immediately and make necessary arrangements.

3）Should the Sellers fail to effect loading in time when the vessel chartered by the Buyers arrives at the port of shipment, the Sellers shall be held fully responsible for the dead freight, demurrage and all other losses thus sustained.

4）Time to Commence: From 8 a.m.on the first working day following receipt of written notice from the Master during office hours that the vessel has entered port and is in free pratique and in every respect ready to load, whether in berth or not.

5）The shipowners will pay light dues, extra quarantine dues, gratuities to pilots and boatmen, shore labour (if labour required by Master) as well as all ship's disbursement such as night watchmen, stores and provisions, laundry, medical assistance, telegraphic and postal expense.Pilotage fees at the rate of £ 50 per vessel.

6）It should be noted that the ship's draught will be as follows:

Vancouver port draft: 33 feet 6 inches max.

Prince Rupert port draft: 33 feet 6 inches max.

Vancouver port length: no restriction.

Prince Rupert port length: 640 feet max.

7）First opening and last closing of vessel's hatches to be performed by ship's crew at Owner's expense.

8）Loading rate: 10 000 metric tons per weather working day of 24 consecutive hours (weather permitting), Sundays and holidays at the port of loading included.

9）Demurrage/Despatch Money to be settled direct between the Shippers and the Owners according to the Charter Party.

It is understood that all Charter Parties involved under this Contract shall stipulate that despatch money to be half the demurrage for all working time saved at loading port.

10）For any other clauses not stipulated in this Contract, the parties concerned shall act in accordance with the Charter party stipulations.The Buyers shall furnish the Sellers with one copy of each such Charter Party as soon as signed.

11.Advice of Shipment:

1）Immediately after loading the goods on board the ship, the Sellers shall advise the Buyers by fax of the contract number, name of commodity, net weight loaded, invoice value, name of vessel, port of departure and sailing date.

2）Should the Buyers be unable to cover insurance in due time owing to the Sellers' failure to advise the Buyers of the foregoing details by fax, the losses thus sustained shall be borne by the Sellers.

12.Force Majeure: The Sellers shall not be held responsible for late delivery or non-delivery of the goods owing to the generally recognized "Force Majeure" causes.However, in such case, the Sellers shall telegraph the Buyers immediately and deliver in 14 days to the Buyers a certificate of the occurrence issued by the Government Authorities or the Chamber of Commerce at the place where the accident occurs as evidence thereof.

13.Arbitration: All disputes in connection with this Contract or the execution thereof shall be settled amicably by negotiation.In case no settlement can be reached, the case under dispute may then be submitted for arbitration.The arbitration shall be conducted in the country of the defendant.If in China, the China International Economic and Trade Arbitration Commission, Beijing, shall execute the arbitration in accordance with the Rules of Procedure of Arbitration of the said Commission.The decision of the arbitration shall be accepted as final and binding upon both parties.The fees for arbitration shall be borne by the losing party unless otherwise awarded.

In Beijing, China on 25th July, 2015.

THE SELLERS   THE BUYERS
UNISOBIN CHEMICALS   CHINA NATIONAL CHEMICALS
EXPORT CORPORATION   IMPORT & EXPORT CORPORATION

参考译文

购买合同

编号：3XQA7775OUS

本合同由中国化工进出口公司（以下简称买方），中国北京西郊二里沟，与尤尼苏滨化工出口公司（以下简称卖方），加拿大温哥华西海士汀大街251号订立，经双方同意按下列条款由买方购进并由卖方出售下列货物：

1.商品名称及数量：磷酸岩100 000公吨，短溢10%由买方选择，买方须于合同完成前一个月内将此项选择通知卖方。

2.规格：

磷酸岩应含72%的磷酸三钙（$Ca_3P_2O_8$），（P_2O_5），在105℃的干态下，磷酸三钙的保证含量不得低于72%。

五氧化二磷（P_2O_5）	32.95%
氧化铁及氧化铝混合成分不得超过	2.8%
含水量不得超过	3%
氟（F）不得超过	3.65%
二氧化碳（CO_2）不得超过	3.8%

筛析颗粒大小：矿石能通过半寸的筛目，不小于150泰勒筛目。

3.价格

每公吨12美元（拾贰美元）温哥华或鲁珀特离岸价，包括理舱、平舱费。

总值：1 200 000美元（美元壹百贰拾万元整）

4.目的地：中国港口。

5.交货期：

2015年10月温哥华港交货50 000公吨

2015年10月至12月鲁珀特港交货25 000公吨

6.过磅：

磷酸岩的过磅须在买卖双方的代表（载货船船长可被指定为买方代表）共同监视下，在温哥华或鲁珀特装货操作时以自动磅秤进行，费用由卖方负担。

7.检验：

磷酸岸质量的确定，以代表性样品的化验结果为准。代表性样品在货物到达目的地后自实际到货中抽取，抽样及化验均由中国商品检验局办理。测验含水量的样品在装货时抽取，由卖方将两瓶该样品由轮船转交给目的地中国对外贸易运输公司。中国商品检验局复验后，发现货物质量与合同规定的规格不符，买方有权在货物到目的港后60天之内要求卖方赔偿损失。如在中国商品检验局复验后发现重量与提单规定不符，货到目的地卸货60天内买方有权向卖方提出短重补偿的索赔。

8.开具发票：

临时性的发票按质量为72%磷酸三钙并按提单所列的装运重量减1%开具。磷酸三钙含量低于所保证的72%，须按每单位售价的2%计算补贴，自货款中扣除。不足一个单位者按比例计算。

如磷酸三钙含量低于70%，买方有权拒绝收货。在这种情况下，一切由此引起的损失和费用均由卖方负担，或者重新谈判价格。

如氧化铁和氧化铝的混合含量超过2.8%，须按每单位售价的2.8%计算补贴，自货款中扣除，不足一个单位者按比例计算。在装货时，全部货物的含水量须列明于品质证明书，同时须从发票重量中扣除。

9.付款：

买方应通过北京中国银行开立不可撤销的美元信用证，以卖方为受益人，按每批船货包括理舱、平舱费的离岸价总值，由开证行凭收妥下列装船单据付款：

1）全套（包括可转让的与不可转让的各三份）洁净无疵的装船提单或与合同一致的租船合同下的提单，空白抬头、空白背书，在目的港通知中国对外贸易运输公司。

2）临时发货票，金额为每批船货的总值，重量为提单所列重量减1%，质量以含磷酸三钙72%为基础。

3）确定质量与重量的证明书，由卖方在装货港签发。

买方最迟须于货船到达装货港前20天开立有关信用证，自开证日起有效期90天。

10.装运条款：

1）保险由买方负责。

2）买方须承办租船。买方或其租船代理人须于货船到达装运港口10天之前，以传真或电传将合同号码、船名、约计装载量、受载期及装货港通知卖方，以便使卖方能为装货作好准备。卖方在收到该传真后，应以传真证实收妥。买方租船代理人应随时与卖方直接联系。如由于某些原因，买方未能在货船到达装货港10日前将前述细节通知卖方，或者，如货船提前或延迟，买方或期租船代理人应立即通知卖方并作出必要的安排。

3）当买方租赁的货船到达装运港口时，如卖方未能按时装船，卖方必须对由此而遭受的空舱费、滞期费及一切其他损失承担全部责任。

4）开始时间：在办公时间接到船长的书面通知的次日上午8时起，为第一个工作日；船长书面通知的内容是货船已进港，已取得无疫通行证，且不论是否进入泊位，已在各方面作好装货的准备。

5）船主应支付灯塔费、额外检疫费、领航员及船工酬劳费、岸上劳务费（如系船长要求之劳务）以及船只的一切支出诸如守夜人、补给品及供应品、洗衣费、医疗费及邮电费。领航费按每艘轮船50英镑的费率计算。

6）注意轮船吃水深度如下：

温哥华港吃水深度：最大量33尺6寸

鲁珀特港吃水深度：最大量33尺6寸

温哥华港长度：不限

鲁珀特港长度：最大量640尺

7）首次启舱与最后闭舱由轮船水手执行，并由船主负担费用。

8）装货量：每晴天工作日连续24小时（如果天气许可）装货10 000公吨，星期日及装货港的节假日包括在内。

9）滞期货/速遣费由托运人与船主按租船合同直接商定。

双方理解，涉及本合同的一切租船合同中均须订明对在装货港节省的全部时间而支付的速遣费应按滞期费额的一半计算。

10）凡属本合同未作规定的其他条款，有关各方须按租船合同的规定办理，一俟租船合同签订，买方应立即向卖方提供一份。

11.装船通知

1）货物装上轮船之后，卖方应立即发传真将合同号码、货物名称、装载净重、发票金额、船名、驶离港口及启航日期通知买方。

2）如由于卖方未能将前述细节电告买方，致使买方不能如期保险，则由此而遭受的损失由卖方负担。

12.不可抗力：

由于一般公认的人力不可抗拒的原因，致使迟期交货或不能交货，卖方不负责。但在此情况下，卖方须立即电告买方，并在14天内向买方交付一份事故证明书作为证据，该证明书须由在出事地点的政府机关或商会出具。

13.仲裁：

凡与本合同或执行本合同有关的一切争执，均应友好协商解决。如不能得到解决，争议中的案件可以提交仲裁。仲裁须在被告所在国进行。如在中国进行，由北京中国国际经济贸易仲裁委员会按照该会仲裁程序规则执行仲裁。仲裁的裁决应作为终局的裁决而予以接受，对双方均具有约束力。除非另有规定，仲裁费由败诉的一方负担。

2015年7月25日于中国北京

卖方　　　　　　　　　　　　　卖方

尤尼苏滨化工出口公司　　　　　中国化工进出口公司

附录2 联合国国际货物销售合同公约

联合国国际货物销售合同公约①
（1980年4月11日订于维也纳）

本公约各缔约国：

铭记联合国大会第六届特别会议通过的关于建立新的国际经济秩序的各项决议的广泛目标。

考虑到在平等互利基础上发展国际贸易是促进各国间友好关系的一个重要因素，认为采用照顾到不同的社会、经济和法律制度的国际货物销售合同统一规则，将有助于减少国际贸易的法律障碍，促进国际贸易的发展，兹协议如下：

第一部分　适用范围和总则

第一章　适用范围

第一条

（1）本公约适用于营业地在不同国家的当事人之间所订立的货物销售合同：

（a）如果这些国家是缔约国；或

（b）如果国际私法规则导致适用某一缔约国的法律。

（2）当事人营业地在不同国家的事实，如果从订立合同前任何时候或订立合同时，当事人之间的任何交易或当事人透露的情报均看不出，应不予考虑。

（3）在确定本公约的适用时，当事人的国籍和当事人或合同的民事或商业性应不予考虑。

第二条

本公约不适用于以下的销售：

（a）购供私人、家人或家庭使用的货物的销售，除非卖方在订立合同前任何时候或订立合同时不知道而且没有理由知道这些货物是购供任何这种使用；

（b）经由拍卖的销售；

（c）根据法律执行令状或其他令状的销售；

（d）公债、股票、投资证券、流通票据或货币的销售；

---

① 本公约于1988年1月1日生效。1981年9月30日我国政府代表签署本公约，1986年12月11日交存核准书。核准书载明，中国不受公约第一条第1款（b）、第十一条及与第十一条内容有关的规定的约束。

（e）船舶、船只、气垫船或飞机的销售；

（f）电力的销售。

第三条

（1）供应尚待制造或生产的货物的合同应视为销售合同，除非订购货物的当事人保证供应这种制造或生产所需的大部分重要材料。

（2）本公约不适用于供应货物一方的绝大部分义务在于供应劳力或其他服务的合同。

第四条

本公约只适用于销售合同的订立和卖方和买方因此种合同而产生的权利和义务。特别是，本公约除非另有明文规定，与以下事项无关：

（a）合同的效力，或其任何条款的效力，或任何惯例的效力；

（b）合同对所售货物所有权可能产生的影响。

第五条

本公约不适用于卖方对于货物对任何人所造成的死亡或伤害的责任。

第六条

双方当事人可以不适用本公约，或在第十二条的条件下，减损本公约的任何规定或改变其效力。

第二章　总则

第七条

（1）在解释本公约时，应考虑到本公约的国际性质和促进其适用的统一以及在国际贸易上遵守诚信的需要。

（2）凡本公约未明确解决的属于本公约范围的问题，应按照本公约所依据的一般原则来解决，在没有一般原则的情况下，则应按照国际私法规定适用的法律来解决。

第八条

（1）为本公约的目的，一方当事人所作的声明和其他行为，应依照他的意旨解释，如果另一方当事人已知道或者不可能不知道此一意旨。

（2）如果上一款的规定不适用，当事人所作的声明和其他行为，应按照一个与另一方当事人同等资格、通情达理的人处于相同情况中，应有的理解来解释。

（3）在确定一方当事人的意旨或一个通情达理的人应有的理解时，应适当地考虑到与事实有关的一切情况，包括谈判情形、当事人之间确立的任何习惯做法、惯例和当事人其后的任何行为。

第九条

（1）双方当事人业已同意的任何惯例和他们之间确立的任何习惯做法，对双方当事人均有约束力。

（2）除非另有协议，双方当事人应视为已默示地同意对他们的合同或合同的订立适用双方当事人已知道或理应知道的惯例，而这种惯例，在国际贸易上，已为有关特定贸易所涉同类合同的当事人所广泛知道并为他们所经常遵守。

第十条

为本公约的目的：

（a）如果当事人有一个以上的营业地，则以与合同及合同的履行关系最密切的营业地为其营业地，但要考虑到双方当事人在订立合同前任何时候或订立合同时所知道或所设想的情况；

（b）如果当事人没有营业地，则以其惯常居住地为准。

第十一条

销售合同无须以书面订立或书面证明，在形式方面也不受任何其他条件的限制。销售合同可以用包括人证在内的任何方法证明。

第十二条

本公约第十一条、第二十九条或第二部分准许销售合同或其更改或根据协议终止，或者任何发价、接受或其他意旨表示得以书面以外任何形式作出的任何规定不适用，如果任何一方当事人的营业地是在已按照本公约第九十六条作出了声明的一个缔约国内；各当事人不得减损本条或改变其效力。

第十三条

为本公约的目的，"书面"包括电报和电传。

第二部分　合同的订立

第十四条

（1）向一个或一个以上特定的人提出的订立合同的建议，如果十分确定并且表明发价人在得到接受时承受约束的意旨，即构成发价。一个建议如果写明货物并且明示或暗示地规定数量和价格或规定如何确定数量和价格，即为十分确定。

（2）非向一个或一个以上特定的人提出的建议，仅应视为邀请作出发价，除非提出建议的人明确地表示相反的意向。

第十五条

（1）发价于送达被发价人时生效。

（2）一项发价，即使是不可撤销的，得予撤回，如果撤回通知于发价送达被发价人之前或同时，送达被发价人。

第十六条

（1）在未订立合同之前，发价得予撤销，如果撤销通知于被发价人发出接受通知之前送达被发价人。

（2）但在下列情况下，发价不得撤销：

（a）发价写明接受发价的期限或以其他方式表示发价是不可撤销的；或

（b）被发价人有理由信赖该项发价是不可撤销的，而且被发价人已本着对该项发价的信赖行事。

第十七条

一项发价，即使是不可撤销的，于拒绝通知送达发价人时终止。

第十八条

（1）被发价人声明或作出其他行为表示同意一项发价，即是接受。缄默或不行动本身不等于接受。

（2）接受发价于表示同意的通知送达发价人时生效。如果表示同意的通知在发价人所规定的时间内，如未规定时间，在一段合理的时间内，未曾送达发价人，接受就成为无效，但须适当地考虑到交易的情况，包括发价人所使用的通信方法的迅速程度。对口头发价必须立即接受，但情况有别者不在此限。

（3）但是，如果根据该项发价或依照当事人之间确立的习惯做法或惯例，被发价人可以作出某种行为，例如与发运货物或支付价款有关的行为，来表示同意，而无须向发价人发出时通知，则接受于该项行为作出通知，但该项行为必须在上一款所规定的期间内作出。

第十九条

（1）对发价表示接受但载有添加、限制或其他更改的答复，即为拒绝该项发价并构成还价。

（2）但是，对发价表示接受但载有添加或不同条件的答复，如所载的添加或不同条件在实质上并不变更该项发价的条件，除发价人在不过分迟延的期间内以口头或书面通知反对其间的差异外，仍构成接受。如果发价人不作出这种反对，合同的条件就以该项发价的条件以及接受通知内所载的更改为准。

（3）有关货物价格、付款、货物质量和数量、交货地点和时间、一方当事人对另一方当事人的赔偿责任范围或解决争端等等的添加或不同条件，均视为在实质上变更发价的条件。

第二十条

（1）发价人在电报或信件内规定的接受期间，从电报交发时刻或信上载明的发信日期起算，如信上未载明发信日期，则从信封上所载日期起算。发价人以电话、电传或其他快速通信方法规定的接受期间，从发价送达被发价人时起算。

（2）在计算接受期间时，接受期间内的正式假日或非营业日应计算在内。但是如果接受通知在接受期间的最后一天未能送到发价人地址，因为那天在发价人营业地是正式假日或非营业日，则接受期间应顺延至下一个营业日。

第二十一条

（1）逾期接受仍有接受的效力，如果发价人毫不迟延地用口头或书面将此种意见通知被发价人。

（2）如果载有逾期接受的信件或其他书面文件表明，它是在传递正常、能及时送达发价人的情况下寄发的，则该项逾期接受具有接受的效力，除非发价人毫不迟延地用口头或书面通知被发价人：他认为他的发价已经失效。

第二十二条

接受得予撤回，如果撤回通知于接受原应生效之前或同时，送达发价人。

第二十三条

合同于按照本公约规定对发价的接受生效时订立。

第二十四条

为公约本部分的目的，发价、接受声明或任何其他意旨表示"送达"对方，系指用口头通知对方或通过任何其他方法送交对方本人，或其营业地或通信地址，如无营业地或通信地址，则送交对方惯常居住地。

第三部分　货物销售

第一章　总则

第二十五条

一方当事人违反合同的结果，如使另一方当事人蒙受损害，以至于实际上剥夺了他根据合同规定有权期待得到的东西，即为根本违反合同，除非违反合同一方并不预知而且一个同等资格、通情达理的人处于相同情况中也没有理由预知会发生这种结果。

第二十六条

宣告合同无效的声明，必须向另一方当事人发出通知，方始有效。

第二十七条

除非公约本部分另有明文规定，当事人按照本部分的规定，以适合情况的方法发出任何通知、要求或其他通知后，这种通知如在传递上发生耽搁或错误，或者未能到达，并不使该当事人丧失依靠该项通知的权利。

第二十八条

如果按照本公约的规定，一方当事人有权要求另一方当事人履行某一义务，法院没有义务作出判决，要求具体履行此一义务，除非法院依照其本身的法律对不属本公约范围的类似销售合同愿意这样做。

第二十九条

（1）合同只需双方当事人协议，就可更改或终止。

（2）规定任何更改或根据协议终止必须以书面作出的书面合同，不得以任何其他方式更改或根据协议终止。但是，一方当事人的行为，如经另一方当事人寄以信赖，就不得坚持此项规定。

第二章　卖方的义务

第三十条

卖方必须按照合同和本公约的规定，交付货物，移交一切与货物有关的单据并转移货物所有权。

第一节　交付货物和移交单据

第三十一条

如果卖方没有义务要在任何其他特定地点交付货物，他的交货义务如下：

（a）如果销售合同涉及到货物的运输，卖方应把货物移交给第一承运人，以运交给买方；

（b）在不属于上一款规定的情况下，如果合同指的是特定货物或从特定存货中提取的或尚待制造或生产的未经特定化的货物，而双方当事人在订立合同时已知道这些货物是在某一特定地点，或将在某一特定地点制造或生产，卖方应在该地点把货物交给买方处置；

（c）在其他情况下，卖方应在他于订立合同时的营业地把货物交给买方处置。

第三十二条

（1）如果卖方按照合同或本公约的规定将货物交付给承运人，但货物没有以货物上加标记、或以装运单据或其他方式清楚地注明有关合同，卖方必须向买方发出列明货物的发货通知。

（2）如果卖方有义务安排货物的运输，他必须订立必要的合同，以按照通常运输条件，用适合情况的运输工具，把货物运到指定地点。

（3）如果卖方没有义务对货物的运输办理保险，他必须在买方提出要求时，向买方提供一切现有的必要资料，使他能够办理这种保险。

第三十三条

卖方必须按以下规定的日期交付货物：

（a）如果合同规定有日期，或从合同可以确定日期，应在该日期交货；

（b）如果合同规定有一段时间，或从合同可以确定一段时间，除非情况表明应由买方选定一个日期外，应在该段时间内任何时候交货；或者

（c）在其他情况下，应在订立合同后一段合理时间内交货。

第三十四条

如果卖方有义务移交与货物有关的单据，他必须按照合同所规定的时间、地点和方式移交这些单据。如果卖方在那个时间以前已移交这些单据，他可以在那个时间到达前纠正单据中任何不符合同规定的情形，但是，此一权利的行使不得使买方遭受不合理的不便或承担不合理的开支。但是，买方保留本公约所规定的要求损害赔偿的任何权利。

第二节 货物相符与第三方要求

第三十五条

（1）卖方交付的货物必须与合同所规定的数量、质量和规格相符，并须按照合同所定的方式装箱或包装。

（2）除双方当事人业已另有协议外，货物除非符合以下规定，否则即为与合同不符：

（a）货物适用于同一规格货物通常使用的目的；

（b）货物适用于订立合同时曾明示或默示地通知卖方的任何特定目的，除非情况表明买方并不依赖卖方的技能和判断力，或者这种依赖对他是不合理的；

（c）货物的质量与卖方向买方提供的货物样品或样式相同；

（d）货物按照同类货物通用的方式装箱或包装，如果没有此种通用方式，则按照足以保全和保护货物的方式装箱包装。

（3）如果买方在订立合同时知道或者不可能不知道货物不符合同，卖方就无须按上一款（a）项至（d）项负有此种不符合同的责任。

第三十六条

（1）卖方应按照合同和本公约的规定，对风险移转到买方时所存在的任何不符合同情形，负有责任，即使这种不符合同情形在该时间后方始明显。

（2）卖方对在上一款所述时间后发生的任何不符合同情形，也应负有责任，如果这种不符合同情形是由于卖方违反他的某项义务所致，包括违反关于在一段时间内货物将继续适用于其通常使用的目的或某种特定目的，或将保持某种特定质量或性质的任何保证。

第三十七条

如果卖方在交货日期前交付货物，他可以在那个日期到达前，交付任何缺漏部分或补足所交付货物的不足数量，或交付用以替换所交付不符合同规定的货物，或对所交付货物中任何不符合同规定的情形作出补救，但是，此一权利的行使不得使买方遭受不合理的不便或承担不合理的开支。但是，买方保留本公约所规定的要求损害赔偿的任何

权利。

第三十八条

（1）买方必须在按情况实际可行的最短时间内检验货物或由他人检验货物。

（2）如果合同涉及到货物的运输，检验可推迟到货物到达目的地后进行。

（3）如果货物在运输途中改运或买方须再发运货物，没有合理机会加以检验，而卖方在订立合同时已知道或理应知道这种改运或再发运的可能性，检验可推迟到货物到达新目的地后进行。

第三十九条

（1）买方对货物不符合同，必须在发现或理应发现不符情形后一段合理时间内通知卖方，说明不符合同情形的性质，否则就丧失声称货物不符合同的权利。

（2）无论如何，如果买方不在实际收到货物之日起两年内将货物不符合同情形通知卖方，他就丧失声称货物不符合同的权利，除非这一时限与合同规定的保证期限不符。

第四十条

如果货物不符合同规定指的是卖方已知道或不可能不知道而又没有告知买方的一些事实，则卖方无权援引第三十八条和第三十九条的规定。

第四十一条

卖方所交付的货物，必须是第三方不能提出任何权利或要求的货物，除非买方同意在这种权利或要求的条件下，收取货物。但是，如果这种权利或要求是以工业产权或其他知识产权为基础的，卖方的义务应依照第四十二条的规定。

第四十二条

（1）卖方所交付的货物，必须是第三方不能根据工业产权或其他知识产权主张任何权利或要求的货物，但以卖方在订立合同时已知道或不可能不知道的权利或要求为限，而且这种权利或要求根据以下国家的法律规定是以工业产权或其他知识产权为基础的：

（a）如果双方当事人在订立合同时预期货物将在某一国境内转售或做其他使用，则根据货物将在其境内转售或做其他使用的国家的法律；或者

（b）在任何其他情况下，根据买方营业地所在国家的法律。

（2）卖方在上一款中的义务不适用于以下情况：

（a）买方在订立合同时已知道或不可能不知道此项权利或要求；或者

（b）此项权利或要求的发生，是由于卖方要遵照买方所提供的技术图样、图案、款式或其他规格。

第四十三条

（1）买方如果不在已知道或理应知道第三方的权利或要求后一段合理时间内，将此一权利或要求的性质通知卖方，就丧失援引第四十一条或第四十二条规定的权利。

（2）卖方如果知道第三方的权利或要求以及此一权利或要求的性质，就无权援引上一款的规定。

第四十四条

尽管有第三十九条第（1）款和第四十三条第（1）款的规定，买方如果对他未发出所需的通知具备合理的理由，仍可按照第五十条规定减低价格，或要求利润损失以外的损害赔偿。

第三节 卖方违反合同的补救办法

第四十五条

（1）如果卖方不履行他在合同和本公约中的任何义务，买方可以：

（a）行使第四十六条至第五十二条所规定的权利；

（b）按照第七十四条至第七十七条的规定，要求损害赔偿。

（2）买方可能享有的要求损害赔偿的任何权利，不因他行使采取其他补救办法的权利而丧失。

（3）如果买方对违反合同采取某种补救办法，法院或仲裁庭不得给予卖方宽限期。

第四十六条

（1）买方可以要求卖方履行义务，除非买方已采取与此一要求相抵触的某种补救办法。

（2）如果货物不符合同，买方只有在此种不符合同情形构成根本违反合同时，才可以要求交付替代货物，而且关于替代货物的要求，必须与依照第三十九条发出的通知同时提出，或者在该项通知发出后一段合理时间内提出。

（3）如果货物不符合同，买方可以要求卖方通过修理对不符合同之处作出补救，除非他考虑了所有情况之后，认为这样做是不合理的。修理的要求必须与依照第三十九条发出的通知同时提出，或者在该项通知发出后一段合理时间内提出。

第四十七条

（1）买方可以规定一段合理时限的额外时间，让卖方履行其义务。

（2）除非买方收到卖方的通知，声称他将不在所规定的时间内履行义务，买方在这段时间内不得对违反合同采取任何补救办法。但是，买方并不因此丧失他对迟延履行义务可能有的要求损害赔偿的任何权利。

第四十八条

（1）在第四十九条的条件下，卖方即使在交货日期之后，仍可自付费用，对任何不履行义务作出补救，但这种补救不得造成不合理的迟延，也不得使买方遭受不合理的不便，或无法确定卖方是否将偿付买方预付的费用。但是，买方保留本公约所规定的要求损害赔偿的任何权利。

（2）如果卖方要求买方表明他是否接受卖方履行义务，而买方不在一段合理时间内对此一要求作出答复，则卖方可以按其要求中所指明的时间履行义务。买方不得在该段时间内采取与卖方履行义务相抵触的任何补救办法。

（3）卖方表明他将在某一特定时间内履行义务的通知，应视为包括根据上一款规定要买方表明决定的要求在内。

（4）卖方按照本条第（2）和第（3）款作出的要求或通知，必须在买方收到后，始生效力。

第四十九条

（1）买方在以下情况下可以宣告合同无效：

（a）卖方不履行其在合同或本公约中的任何义务，等于根本违反合同；或

（b）如果发生不交货的情况，卖方不在买方按照第四十七条第（1）款规定的额外时间内交付货物，或卖方声明他将不在所规定的时间内交付货物。

（2）但是，如果卖方已交付货物，买方就丧失宣告合同无效的权利，除非：

（a）对于迟延交货，他在知道交货后一段合理时间内这样做；

（b）对于迟延交货以外的任何违反合同事情：

①他在已知道或理应知道这种违反合同后一段合理时间内这样做；或

②他在买方按照第四十七条第（1）款规定的任何额外时间满期后，或在卖方声明他将不在这一额外时间履行义务后一段合理时间内这样做；或

③他在卖方按照第四十八条第（2）款指明的任何额外时间满期后，或在买方声明他将不接受卖方履行义务后一段合理时间内这样做。

第五十条

如果货物不符合同，不论价款是否已付，买方都可以减低价格，减价按实际交付的货物在交货时的价值与符合合同的货物在当时的价值两者之间的比例计算。但是，如果卖方按照第三十七条或第四十八条的规定对任何不履行义务作出补救，或者买方拒绝接受卖方按照该两条规定履行义务，则买方不得减低价格。

第五十一条

（1）如果卖方只交付一部分货物，或者交付的货物中只有一部分符合合同规定，第四十六条至第五十条的规定适用于缺漏部分及不符合合同规定部分的货物。

（2）买方只有在完全不交付货物或不按照合同规定交付货物等于根本违反合同时，才可以宣告整个合同无效。

第五十二条

（1）如果卖方在规定的日期前交付货物，买方可以收取货物，也可以拒绝收取货物。

（2）如果卖方交付的货物数量大于合同规定的数量，买方可以收取也可以拒绝收取多交部分的货物。如果买方收取多交部分货物的全部或一部分，他必须按合同价格付款。

第三章　买方的义务

第五十三条

买方必须按照合同和本公约规定支付货物价款和收取货物。

第一节　支付价款

第五十四条

买方支付价款的义务包括根据合同或任何有关法律和规章规定的步骤和手续，以便支付价款。

第五十五条

如果合同已有效地订立，但没有明示或暗示地规定价格或规定如何确定价格，在没有任何相反表示的情况下，双方当事人应视为已默示地引用订立合同时此种货物在有关贸易的类似情况下销售的通常价格。

第五十六条

如果价格是按货物的重量规定的，如有疑问，应按净重确定。

第五十七条

（1）如果买方没有义务在任何其他特定地点支付价款，他必须在以下地点向卖方支付价款：

（a）卖方的营业地；或者

（b）如凭移交货物或单据支付价款，则为移交货物或单据的地点。

（2）卖方必须承担因其营业地在订立合同后发生变动而增加的支付方面的有关费用。

第五十八条

（1）如果买方没有义务在任何其他特定时间内支付价款，他必须于卖方按照合同和本公约规定将货物或控制货物处置权的单据交给买方处置时支付价款。卖方可以支付价款作为移交货物或单据的条件。

（2）如果合同涉及到货物的运输，卖方可以在支付价款后方可把货物或控制货物处置权的单据移交给买方作为发运货物的条件。

（3）买方在未有机会检验货物前，无义务支付价款，除非这种机会与双方当事人议定的交货或支付程序相抵触。

第五十九条

买方必须按合同和本公约规定的日期或从合同和本公约可以确定的日期支付价款，而无须卖方提出任何要求或办理任何手续。

第二节 收取货物

第六十条

买方收取货物的义务如下：

（a）采取一切理应采取的行动，以期卖方能交付货物；和

（b）接收货物。

第三节 买方违反合同的补救办法

第六十一条

（1）如果买方不履行他在合同和本公约中的任何义务，卖方可以：

（a）行使第六十二条至第六十五条所规定的权利；

（b）按照第七十四条至第七十七条的规定，要求损害赔偿。

（2）卖方可能享有的要求损害赔偿的任何权利，不因他行使采取其他补救办法的权利而丧失。

（3）如果卖方对违反合同采取某种补救办法，法院或仲裁庭不得给予买方宽限期。

第六十二条

卖方可以要求买方支付价款、收取货物或履行他的其他义务，除非卖方已采取与此一要求相抵触的某种补救办法。

第六十三条

（1）卖方可以规定一段合理时限的额外时间，让买方履行义务。

（2）除非卖方收到买方的通知，声称他将不在所规定的时间内履行义务，卖方不得在这段时间内对违反合同采取任何补救办法。但是，卖方并不因此丧失他对迟延履行义务可能享有的要求损害赔偿的任何权利。

第六十四条

（1）卖方在以下情况下可以宣告合同无效：

（a）买方不履行其在合同或本公约中的任何义务，等于根本违反合同；或

（b）买方不在卖方按照第六十三条第（1）款规定的额外时间内履行支付价款的义务或收取货物，或买方声明他将不在所规定的时间内这样做。

（2）但是，如果买方已支付价款，卖方就丧失宣告合同无效的权利，除非：

（a）对于买方迟延履行义务，他在知道买方履行义务前这样做；或者

（b）对于买方迟延履行义务以外的任何违反合同事情：

①他在已知道或理应知道这种违反合同后一段合理时间内这样做；或

②他在卖方按照第六十三条第（1）款规定的任何额外时间满期后或在买方声明他将不在这一额外时间内履行义务后一段合理时间内这样做。

第六十五条

（1）如果买方应根据合同规定订明货物的形状、大小或其他特征，而他在议定的日期或在收到卖方的要求后一段合理时间内没有订明这些规格，则卖方在不损害其可能享有的任何其他权利的情况下，可以依照他所知的买方的要求，自己订明规格。

（2）如果卖方自己订明规格，他必须把订明规格的细节通知买方，而且必须规定一段合理时间，让买方可以在该段时间内订出不同的规格，如果买方在收到这种通知后没有在该段时间内这样做，卖方所订的规格就具有约束力。

第四章　风险移转

第六十六条

货物在风险移转到买方承担后遗失或损坏，买方支付价款的义务并不因此解除，除非这种遗失或损坏是由于卖方的行为或不行为所造成。

第六十七条

（1）如果销售合同涉及到货物的运输，但卖方没有义务在某一特定地点交付货物，自货物按照销售合同交付给第一承运人以转交给买方时起，风险就移转到买方承担。如果卖方有义务在某一特定地点把货物交付给承运人，在货物于该地点交付给承运人以前，风险不移转到买方承担。卖方受权保留控制货物处置权的单据，并不影响风险的移转。

（2）但是，在货物以货物上加标记，或以装运单据，或向买方发出通知或其他方式清楚地注明有关合同以前，风险不移转到买方承担。

第六十八条

对于在运输途中销售的货物，从订立合同时起，风险就移转到买方承担。但是，如果情况表明有此需要，从货物交付给签发载有运输合同单据的承运人时起，风险就由买方承担。尽管如此，如果卖方在订立合同时已知道或理应知道货物已经遗失或损坏，而他又不将这一事实告知买方，则这种遗失或损坏应由卖方负责。

第六十九条

（1）在不属于第六十七条和第六十八条规定的情况下，从买方接收货物时起，或如果买方不在适当时间内这样做，则从货物交给他处置但他不收取货物从而违反合同时起，风险移转到买方承担。

（2）但是，如果买方有义务在卖方营业地以外的某一地点接收货物，当交货时间已到而买方知道货物已在该地点交给他处置时，风险方始移转。

（3）如果合同指的是当时未加识别的货物，则这些货物在未清楚注明有关合同以前，不得视为已交给买方处置。

第七十条

如果卖方已根本违反合同，第六十七条、第六十八条和第六十九条的规定，不损害买

方因此种违反合同而可以采取的各种补救办法。

第五章　卖方和买方义务的一般规定

第一节　预期违反合同和分批交货合同

第七十一条

（1）如果订立合同后，另一方当事人由于下列原因显然将不履行其大部分得要义务，一方当事人可以中止履行义务：

（a）他履行义务的能力或他的信用有严重缺陷；或

（b）他在准备履行合同或履行合同中的行为。

（2）如果卖方在上一款所述的理由明显化以前已将货物发运，他可以阻止将货物交付给买方，即使买方持有其有权获得货物的单据。本款规定只与买方和卖方间对货物的权利有关。

（3）中止履行义务的一方当事人不论是在货物发运前还是发运后，都必须立即通知另一方当事人，如经另一方当事人对履行义务提供充分保证，则他必须继续履行义务。

第七十二条

（1）如果在履行合同日期之前，明显看出一方当事人将根本违反合同，另一方当事人可以宣告合同无效。

（2）如果时间许可，打算宣告合同无效的一方当事人必须向另一方当事人发出合理的通知，使他可以对履行义务提供充分保证。

（3）如果另一方当事人已声明将不履行其义务，则上一款的规定不适用。

第七十三条

（1）对于分批交付货物的合同，如果一方当事人不履行对任何一批货物的义务，便对该批货物构成根本违反合同，则另一方当事人可以宣告合同对该批货物无效。

（2）如果一方当事人不履行对任何一批货物的义务，使另一方当事人有充分理由断定对今后各批货物将会发生根本违反合同，该另一方当事人可以在一段合理时间内宣告合同今后无效。

（3）买方宣告合同对任何一批货物的交付为无效时，可以同时宣告合同对已交付的或今后交付的各批货物均为无效，如果各批货物是互相依存的，不能单独用于双方当事人在订立合同时所设想的目的。

第二节　损害赔偿

第七十四条

一方当事人违反合同应负的损害赔偿额，应与另一方当事人因他违反合同而遭受的包括利润在内的损失额相等。这种损害赔偿不得超过违反合同一方在订立合同时，依照他当时已知道或理应知道的事实和情况，对违反合同预料到或理应预料到的可能损失。

第七十五条

如果合同被宣告无效，而在宣告无效后一段合理时间内，买方已以合理方式购买替代货物，或者卖方已以合理方式把货物转卖，则要求损害赔偿的一方可以取得合同价格和替代货物交易价格之间的差额以及按照第七十四条规定可以取得的任何其他损害赔偿。

第七十六条

（1）如果合同被宣告无效，而货物又有时价，要求损害赔偿的一方，如果没有根据第七十五条规定进行购买或转卖，则可以取得合同规定的价格和宣告合同无效时的时价之间的差额以及按照第七十四条规定可以取得的任何其他损害赔偿。但是，如果要求损害赔偿的一方在接收货物之后宣告合同无效，则应适用接收货物时的时价，而不适用宣告合同无效时的时价。

（2）为上一款的目的，时价指原应交付货物地点的现行价格，如果该地点，没有时价，则指另一合理替代地点的价格。但应适当地考虑货物运费的差额。

第七十七条

声称另一方违反合同的一方，必须按情况采取合理措施，减轻由于该另一方违反合同而引起的损失，包括利润方面的损失。如果他不采取这种措施，违反合同一方可以要求从损害赔偿中扣除原可以减轻的损失数额。

第三节　利息

第七十八条

如果一方当事人没有支付价款或任何其他拖欠金额，另一方当事人有权对这些款额收取利息，但不妨碍要求按照第七十四条规定可以取得的损害赔偿。

第四节　免责

第七十九条

（1）当事人对不履行义务，不负责任，如果他能证明此种不履行义务，是由于某种非他所能控制的障碍，而且对于这种障碍，没有理由预期他在订立合同时能考虑到或能避免或克服它或它的后果。

（2）如果当事人不履行义务是由于他所雇佣履行合同的全部或一部分规定的第三方不履行义务所致，该当事人只有在以下情况下才能免除责任：

（a）他按照上一款的规定应免除责任；和

（b）假如该款的规定也适用于他所雇佣的人，这个人也同样会免除责任。

（3）本条所规定的免责对障碍存在的期间有效。

（4）不履行义务的一方必须将障碍及其对他履行义务能力的影响通知另一方。如果该项通知在不履行义务的一方已知道或理应知道此一障碍后一段合理时间内仍未为另一方收到，则他对由于另一方未收到通知而造成的损害应负赔偿责任。

（5）本条规定不妨碍任何一方行使本公约规定的要求损害赔偿以外的任何权利。

第八十条

一方当事人因其行为或不行为而使得另一方当事人不履行义务时，不得声称该另一方当事人不履行义务。

第五节　宣告合同无效的效果

第八十一条

（1）宣告合同无效解除了双方在合同中的义务，但应负责的任何损害赔偿仍应负责。宣告合同无效不影响合同中关于解决争端的任何规定，也不影响合同中关于双方在宣告合同无效后权利和义务的任何其他规定。

（2）已全部或局部履行合同的一方，可以要求另一方归还他按照合同供应的货物或支付的价款。如果双方都须归还，他们必须同时这样做。

第八十二条

（1）买方如果不可能按实际收到货物的原状归还货物，他就丧失宣告合同无效或要求卖方交付替代货物的权利。

（2）上一款的规定不适用于以下情况：

（a）如果不可能归还货物或不可能按实际收到货物的原状归还货物，并非由于买方的行为或不行为所造成；或者

（b）如果货物或其中一部分的毁灭或变坏，是由于按照第三十八条规定进行检验所致；或者

（c）如果货物或其中一部分，在买方发现或理应发现与合同不符以前，已为买方在正常营业过程中售出，或在正常使用过程中消费或改变。

第八十三条

买方虽然依第八十二条规定丧失宣告合同无效或要求卖方交付替代货物的权利，但是根据合同和本公约规定，他仍保有采取一切其他补救办法的权利。

第八十四条

（1）如果卖方有义务归还价款，他必须同时从支付价款之日起支付价款利息。

（2）在以下情况下，买方必须向卖方说明他从货物或其中一部分得到的一切利益：

（a）如果他必须归还货物或其中一部分；或者

（b）如果他不可能归还全部或一部分货物，或不可能按实际收到货物的原状归还全部或一部分货物，但他已宣告合同无效或已要求卖方交付替代货物。

第六节 保全货物

第八十五条

如果买方推迟收取货物，或在支付价款和交付货物应同时履行时，买方没有支付价款，而卖方仍拥有这些货物或仍能控制这些货物的处置权，卖方必须按情况采取合理措施，以保全货物。他有权保有这些货物，直至买方把他所付的合理费用偿还给他为止。

第八十六条

（1）如果买方已收到货物，但打算行使合同或本公约规定的任何权利，把货物退回，他必须按情况采取合理措施，以保全货物。他有权保有这些货物，直至卖方把他所付的合理费用偿还给他为止。

（2）如果发运给买方的货物已到达目的地，并交给买方处置，而买方行使退货权利，则买方必须代表卖方收取货物，除非他这样做需要支付价款而且会使他遭受不合理的不便或需承担不合理的费用。如果卖方或受权代表他掌管货物的人也在目的地，则此一规定不适用。如果买方根据本款规定收取货物，他的权利和义务与上一款所规定的相同。

第八十七条

有义务采取措施以保全货物的一方当事人，可以把货物寄放在第三方的仓库，由另一方当事人担负费用，但该项费用必须合理。

第八十八条

（1）如果另一方当事人在收取货物或收回货物或支付价款或保全货物费用方面有不合理的迟延，按照第八十五条或第八十六条规定有义务保全货物的一方当事人，可以采取任

何适当办法，把货物出售，但必须事前向另一方当事人发出合理的意向通知。

（2）如果货物易于迅速变坏，或者货物的保全牵涉到不合理的费用，则按照第八十五条或第八十六条规定有义务保全货物的一方当事人，必须采取合理措施，把货物出售。在可能的范围内，他必须把出售货物的打算通知另一方当事人。

（3）出售货物的一方当事人，有权从销售所得收入中扣回为保全货物和销售货物而付的合理费用。他必须向另一方当事人说明所余款项。

第四部分　最后条款

第八十九条

兹指定联合国秘书长为本公约保管人。

第九十条

本公约不优于业已缔结或可能缔结并载有与属于本公约范围内事项有关的条款的任何国际协定，但以双方当事人的营业地均在这种协定的缔约国内为限。

第九十一条

（1）本公约在联合国国际货物销售合同会议闭幕会议上开放签字，并在纽约联合国总部继续开放签字，直至1981年9月30日为止。

（2）本公约须经签字国批准、接受或核准。

（3）本公约从开放签字之日起开放给所有非签字国加入。

（4）批准书、接受书、核准书和加入书应送交联合国秘书长存放。

第九十二条

（1）缔约国可在签字、批准、接受、核准或加入时声明它不受本公约第二部分的约束或不受本公约第三部分的约束。

（2）按照上一款规定就本公约第二部分或第三部分作出声明的缔约国，在该声明适用的部分所规定事项上，不得视为本公约第一条第（1）款范围内的缔约国。

第九十三条

（1）如果缔约国具有两个或两个以上的领土单位，而依照该国宪法规定，各领土单位对本公约所规定的事项适用不同的法律制度，则该国得在签字、批准、接受、核准或加入时声明本公约适用于该国全部领土单位或仅适用于其中的一个或数个领土单位，并且可以随时提出另一声明来修改其所做的声明。

（2）此种声明应通知保管人，并且明确地说明适用本公约的领土单位。

（3）如果根据按本条作出的声明，本公约适用于缔约国的一个或数个但不是全部领土单位，而且一方当事人的营业地位于该缔约国内，则为本公约的目的，该营业地除非位于本公约适用的领土单位内，否则视为不在缔约国内。

（4）如果缔约国没有按照本条第（1）款作出声明，则本公约适用于该国所有领土单位。

第九十四条

（1）对属于本公约范围的事项具有相同或非常近似的法律规则的两个或两个以上的缔约国，可随时声明本公约不适用于营业地在这些缔约国内的当事人之间的销售合同，也不适用于这些合同的订立。此种声明可联合作出，也可以相互单方面声明的方式作出。

（2）对属于本公约范围的事项具有与一个或一个以上非缔约国相同或非常近似的法律规则的缔约国，可随时声明本公约不适用于营业地在这些非缔约国内的当事人之间的销售合同，也不适用于这些合同的订立。

（3）作为根据上一款所做声明对象的国家如果后来成为缔约国，这项声明从本公约对该新缔约国生效之日起，具有根据第（1）款所作声明的效力，但以该新缔约国加入这项声明，或作出相互单方面声明为限。

第九十五条

任何国家在交存其批准书、接受书、核准书或加入书时，可声明它不受本公约第一条第（1）款（b）项的约束。

第九十六条

本国法律规定销售合同必须以书面订立或书面证明的缔约国，可以随时按照第十二条的规定，声明本公约第十一条、第二十九条或第二部分准许销售合同或其更改或根据协议终止，或者任何发价、接受或其他意旨表示得以书面以外任何形式作出的任何规定不适用，如果任何一方当事人的营业地是在该缔约国内。

第九十七条

（1）根据本公约规定在签字时作出的声明，须在批准、接受或核准时加以确认。

（2）声明和声明的确认，应以书面提出，并应正式通知保管人。

（3）声明在本公约对有关国家开始生效时同时生效。但是，保管人于此种生效后收到正式通知的声明，应于保管人收到声明之日起六个月后的第一个月第一天生效。根据第九十四条规定作出的相互单方面声明，应于保管人收到最后一份声明之日起六个月后的第一个月第一天生效。

（4）根据本公约规定作出声明的任何国家可以随时用书面正式通知保管人撤回该项声明。此种撤回于保管人收到通知之日起六个月后的第一个月第一天生效。

（5）撤回根据第九十四条作出的声明，自撤回生效之日起，就会使另一个国家根据该条所作的任何相互声明失效。

第九十八条

除本公约明文许可的保留外，不得作任何保留。

第九十九条

（1）在本条第（6）款规定的条件下，本公约在第十件批准书、接受书、核准书或加入书、包括载有根据第九十二条规定作出的声明的文书交存之日起12个月后第一个月的第一天生效。

（2）在本条第（6）款规定的条件下，对于在第十件批准书、接受书、核准书或加入书交存后才批准、接受、核准或加入本公约的国家，本公约在该国交存其批准书、接受书、核准书或加入本公约的国家，本公约在该国交存其批准书、接受书、核准书或加入书之日起12个月后的第一个月第一天对该国生效，但不适用的部分除外。

（3）批准、接受、核准或加入本公约的国家，如果是1964年7月1日在海牙签订的《关于国际货物销售合同的订立统一法公约》（《1964年海牙订立合同公约》）和1964年7月1日在海牙签订的《关于国际货物销售统一法的公约》（《1964年海牙货物销售公约》）中一项或两项公约的缔约国，应按情况同时通知荷兰政府声明退出《1964年海牙货物销售公约》或《1964年海牙订立合同公约》或退出该两公约。

（4）凡为《1964年海牙货物销售公约》缔约国并批准、接受、核准或加入本公约和根据第九十二条规定声明或业已声明不受本公约第二部分约束的国家，应于批准、接受、核准或加入时通知荷兰政府声明退出《1964年海牙货物销售公约》。

（5）凡为《1964年海牙订立合同公约》缔约国并批准、接受、核准或加入本公约和根据第九十二条规定声明或业已声明不受本公约第三部分约束的国家，应于批准、接受、核准或加入时通知荷兰政府声明退出《1964年海牙订立合同公约》。

（6）为本条的目的，《1964年海牙订立合同公约》或《1964年海牙货物销售公约》的缔约国的批准、接受、核准或加入本公约，应在这些国家按照规定退出该两公约生效后方始生效。本公约保管人应与1964年两公约的保管人荷兰政府进行协商，以确保在这方面进行必要的协调。

第一百条

（1）本公约适用于合同的订立，只要订立该合同的建议是在本公约对第一条第（1）款（a）项所指缔约国或第一条第（1）款（b）项所指缔约国生效之日或其后作出的。

（2）本公约只适用于在它对第一条第（1）款（a）项所指缔约国或第一条第（1）款（b）项所指缔约国生效之日或其后订立的合同。

第一百〇一条

（1）缔约国可以用书面正式通知保管人声明退出本公约，或本公约第二部分或第三部分。

（2）退出于保管人收到通知十二个月后的第一个月第一天起生效。凡通知内订明一段退出生效的更长时间，则退出于保管人收到通知后该段更长时间期满时起生效。

1984年4月11日订于维也纳，正本一份，其阿拉伯文本、中文本、英文本、法文本、俄文本和西班牙文本都具有同等效力。

参考文献

［1］武振山. 国际贸易英文契约实务［M］. 4版. 大连：东北财经大学出版社，1996.

［2］汪尧田. 国际贸易实务与合同全书［M］. 北京：中国对外经济贸易出版社，1995.

［3］兰天. 国际商务合同翻译教程［M］. 大连：东北财经大学出版社，2007.

［4］徐景霖. 国际贸易实务［M］. 10版. 大连：东北财经大学出版社，2015.

［5］冷柏军. 国际贸易实务［M］. 2版. 北京：北京大学出版社，2012.

［6］陈岩. 国际贸易理论与实务［M］. 3版. 北京：清华大学出版社，2014.

［7］黄海东. 国际贸易实务［M］. 2版. 大连：东北财经大学出版社，2014.

［8］祝卫，程杰，谈英. 国际贸易操作能力实用教程［M］. 上海：上海人民出版社，2006.